打破社交媒体棱镜

〔美〕克里斯·贝尔 著

李坤 译

BREAKING THE SOCIAL MEDIA PRISM

How to Make Our Platforms Less Polarizing

Chris Bail

浙江人民出版社

Copyright © 2021 by Chris Bail. All rights reserved.

图书在版编目（CIP）数据

打破社交媒体棱镜 / （美）克里斯·贝尔著；李坤
译. — 杭州 ： 浙江人民出版社，2024.3
ISBN 978-7-213-11220-1

Ⅰ.①打… Ⅱ.①克… ②李… Ⅲ.①互联网
络-传播媒介-影响-文化社会学-研究 Ⅳ.①G05

中国国家版本馆 CIP 数据核字（2023）第 229062 号

浙 江 省 版 权 局
著 作 权 合 同 登 记 章
图字：11-2022-341号

打破社交媒体棱镜

DAPO SHEJIAO MEITI LENGJING

[美] 克里斯·贝尔 著 李 坤 译

出版发行：浙江人民出版社（杭州市体育场路347号 邮编 310006）
　　　　市场部电话：(0571)85061682　85176516
策划编辑：鲍夏挺
责任编辑：周思逸　鲍夏挺
责任校对：王欢燕
责任印务：程 琳
封面设计：甘信宇
电脑制版：杭州兴邦电子印务有限公司
印　　刷：浙江新华印刷技术有限公司
开　　本：880毫米×1230毫米　1/32
印　　张：9.375　　　　　字　　数：190千字
版　　次：2024年3月第1版　印　　次：2024年3月第1次印刷
书　　号：ISBN 978-7-213-11220-1
定　　价：58.00元

如发现印装质量问题，影响阅读，请与市场部联系调换。

献给理查德·贝尔（Richard Bail，1943—2019）

兼听则明还是屁股决定脑袋？（推荐序）

设想这么一个情景。某天你上网，发现微信群里有人正在发表让你觉得荒唐至极的暴论，你顿感肾上腺素上升，忍不住写了一大段话驳斥他。就这样，你们两个一来一往，争吵起来，更多人加入讨论。为了在辩论中获胜，你开始引用极端的例子和观点，话赶话，观点越来越极端。到最后，你发现自己被迫站到了一个自己之前并不太认同的激进立场上，但是因为群里都是熟人，认输很丢面子，最后还得自己死扛。

当然很多时候我们可能扮演的是另一种角色：一看群里有两派人吵起来，就不敢讲话了。我们一边"吃瓜"一边庆幸，还好自己没下场，原来周围人看法有这么大的分歧，否则自己准成为被攻击的靶子，今后再碰到类似问题，说话一定要小心。

上述这两个场景，相信大家不会陌生。在一些热点事件中，这样的故事时有发生。而且不知道大家有没有感觉到，这几年在微博、微信、直播间里，人们常常一点就着，争吵、退群、举报等激烈冲突发生频率越来越高。

中国有句老话，叫"兼听则明，偏信则暗"。人们一直认为能听到不同意见是件好事，可以帮助我们考虑得更加全面。西方的传统民主理论也持同样的看法，所谓好公民（good citizen）就是积极获取各方信息和观点，仔细权衡后再做出决策的理性人。这样的传统智慧也得到了现代政治学家们的肯定。比如大名鼎鼎的德国哲学家、社会学家于尔根·哈贝马斯（Jürgen Habermas）提出的商谈民主（deliberative democracy）就是这样一个规范化的理想民主模式。他认为，公民在理性商谈的基础上达成的共识，才能让民主不至于成为一个徒具其表的统治工具。

美国斯坦福大学的政治学家詹姆斯·菲什金（James Fishkin）通过实证研究证明了哈贝马斯的看法。他在包括中国浙江温岭的全球多个地点进行过若干实地实验（field experiments），均发现公民在听取了不同观点和论据后，会不同程度地修正自己原来的观点，变得更加温和与理性。

然而这些规范理论和研究都带有理想主义色彩，制造一个理想的交流环境，需要投入相当的资源。无论是哈贝马斯提出的"公共领域"，还是菲什金的"商谈民意测验"（deliberative polling），在现实政治运作中，均难以大规模实现。更不必提政治和商业集团骨子里其实并不希望公众过于理性。

在现实中我们更常遭遇的是另一种情况：人们会回避相反的观点和个体。这似乎更符合经典的认知不协调理论所证明的人类本性。早在20世纪30年代，传播学先驱、社会学家保罗·拉扎斯菲尔德（Paul Lazarsfeld）的团队就发现，持一定党派立场的选民会选择性地接触和理解大众媒体的信息。也就是说，立场上更接近共和党的选民有一半以上只接触共和党的竞选宣传内容，回避民主党的内容；倾向于民主党的选民也类似。这也被称为"选择性接触假说"。选民接触不到相反的观点，当然就很难发生显著的改变；只接触与自己倾向一致的信息，会让选民越来越坚定。所以他们得出结论：大众媒体的主要作用不是改变选民的观点，而是强化其既有观点。

人们不仅会回避相反的信息和观点，社会学家戴安娜·穆茨（Diana Mutz）还发现，在日常生活中，人们会有意回避那些有可能与自己观点相左的人，尽量不与他们交流政治议题。关于这一点，中国人可能更有体会：不要轻易挑起不愉快的话题，免得伤了和气。

不过上述两个结论都是在大众媒体环境下得出的，在社交媒体时代又会有哪些新变化呢？首先，我们能够明显地感受到，线上的观点冲突要比日常生活中激烈、极端得多，出现了所谓"极化现象"。极化或极端化（polarization）最早指同一个阵营内部出现的社会心理学现象。持相同立场的人在讨论中会相互激发，变得越来越激进。比如法国大革命中，革命派就会变得越来越激进，昨天的革命派，今天就可能被认为是保守派。随着时间推移，极化这个概念的重点渐渐转向了不同立场相遇后出现的极端化现象。

从20世纪90年代以来，我们可以观察到一个现象：在全世界范围内，政治极化现象和民粹主义越来越明显。这个时间段，正好与互联网和社交媒体的普及重合。于是就有学者提出，数字技术在为个人带来便利的定制化信息的同时，也使得个体生活在自己营造的"过滤泡"（filter bubbles）中。由于接触不到对立的信息与观点，只接触与自己立场相似的信息，人们就会将己方阵营合理化，将对立阵营妖魔化，变得越来越极端。在这些理论中，中国人最熟悉的就是哈佛法学家卡斯·桑斯坦（Cass Sunstein）在《网络共和国》（*Republic.com*）中提出的"信息茧房"（information cocoons）概念。不过在西方社会科学界，使用得更多的是"回声室"（echo chambers）或者"过滤泡"这两个概念。这些成果建立起了一个被广为接受的因果链条：

互联网/社交媒体—回声室—群体极化

研究者们还发现，大众媒体也能够产生回声室效果。在《回声室》（*Echo Chamber*）一书中，凯瑟琳·霍尔·贾米森和约瑟夫·N.卡佩拉（Kathleen Hall Jamieson & Joseph N. Cappella）发现，如果人们长期只接触保守派的广播脱口秀节目，回声室效果和政治极化现象也会产生。因此，回声室和极化并不是社交媒体的专利，使用什么媒体并不重要，关键在于人们的信息渠道接触是否多样。

回声室效果的支持者都有一个未经证明的预设，那就是只要让人们接触多样化的信息，回声室效果就会消除，就能减少极化。例如桑斯坦就认为，用户无法选择传统大众媒体的内容，会偶遇各类信息，这就会打破网络媒体产生的信息茧房。

但是这一"常识"在《打破社交媒体棱镜》这本书里受到致命挑战。杜克大学社会学家、"政治极化实验室"（Polarization Lab）的克里斯·贝尔（Chris Bail）提出了一个貌似天真的问题：如果个体在社交媒体上接触到了对立的观点，是否真的会有助于他们反思自己的观点，从而变得不那么极端化？事实是真像桑斯坦说的那样，具有选择性的网络媒体和社交媒体塑造了人们的政治信念，还是反过来，是因为人们的政治信念导致他们在网络和社交媒体上形成了单一的信息来源？

表面上看，社交媒体和极化究竟谁是因、谁是果，这是一个"先有鸡还是先有蛋"的问题。实际上，这是一个关于我们如何理解极化产生原因的问题：究竟极化是群体交流的必然结果，还是在某个技术条件下才会出现的情境性的结果？

贝尔颠倒了回声室效果的研究条件，不是去考察社交媒体对极化的促进，而是把人放到一个存在对立观点的环境中，看他们是否会变得不那么极化。具体的做法就是招募被试，让他们关注一个与自己政治立场（民主党或共和党）相反的推特号。在一个月里，这个号每天转发24条政治消息（最初几天只转发自然图片，目的是掩盖真实的研究意图）。这个研究的特色在于，它不是在实验室的虚假环境中进行的，而是在不打扰被试日常生活的基础上进行的实地实验，避免了所谓"霍桑效应"（Hawthorne effect）。关于这个实验的细节，这里不再赘述，诸君如果感兴趣可以参考附录。

比较有趣的是实验的结果。贝尔发现，用户在社交媒体的日常使用中接触到对立观点后，不但没有反思、修正自己的观点，反而让他们的政治立场变得更加极端。这说明，虽然社交媒体会促进极化，但是并不需要经过回音室效应这个中介变量，哪怕用户接触多元信息，仍会产生极化，所以极化的真正原因应该在其他地方。只是简单地打破回声室，并不能有效地减少极化现象。于是传统的极化因果链条就被改写为：

社交媒体—极化

为什么在社交媒体上即使打破回声室，仍然会导致政治立场极化呢？贝尔提出了一个"棱镜"的比喻。他认为社交媒体并不是一面如实反映世界的镜子，而是一面会扭曲用户对自我和他人认知的棱镜。这种扭曲会让用户形成错误的自我身份认同和虚假政治极化（false polarization），从而变得越来越极端。

首先社交媒体的棱镜会扭曲用户的自我身份认同。美国社会学家欧文·戈夫曼（Erving Goffman）认为，个体的身份认同并不是与生俱来的，而是在展演过程中逐渐形成的。美国社会学家查尔斯·霍顿·库利（Charles Horton Cooley）曾提出过一个著名的"镜中我"（looking-glass self）理论。该理论认为，我们从与其他人的互动中，根据他人的反应形成自我。如果自我感觉良好，但是他人不承认，觉得我没有这么厉害，那么他人的反馈就会使我调整对自我的认知和身份认同，下次我们就会变得稍微谦虚些。"镜中我"的理论来自经济学家亚当·斯密的镜子理论。斯密认为卖家要通过买家的眼睛，才能正确地认识自己。

贝尔在深度访谈中发现，社交媒体起到了用户监测他人评价自我的作用，用户会在社交媒体上呈现不同版本的身份认同，然后根据他人的反馈，再修正自己的身份认同。具体来说，用户在社交媒体上遭遇不同观点时，反而会强化自己原来的政治身份认同，为了捍卫自己的立场，会变得更加极端。这就是社交媒体棱镜的第一重扭曲：它扭曲了用户对自我的看法。

贝尔重点研究了社交媒体上的两类群体，一类是立场本来就比较极端的"喷子"（troll），另一类是不太表达自己立场的温和派。

"网络喷子"相信大家都见过，就是那种观点极端、到处挑逗、污言秽语的人，是那些你和他讲道理、他和你要流氓的人。贝尔发现他的访谈对象中，有些社会边缘人、键盘侠，在现实生活中非常普通，甚至不起眼，但是他们到了网上则变得非常激进好斗，通过社交媒体发泄自己的情绪，引起大家的关注。他们的目的不是表达或者寻求共识，而是制造混乱。他们甚至连自己同一阵营的温和派也不放过。越是遇到相反的观点，他们就越会被激发起斗志，变得更极端。同时他们还在这个过程中，找到自己的同类，相互关注，形成一个小圈子，同气相求，同声相应，相互传递虚假信息，变得越来越极端。

这些"喷子"还会产生一个影响——让极端观点正常化。当社交媒体上的表达形成了必须语不惊人死不休的惯例后，慢慢地，大家也降低了对这些极端言论的敏感度。其实在中国的媒体上，一些貌似理性的表达者，其立场是非常极端的。但是我们慢慢习惯了这些网络小丑的表演，将政治言论的光谱越拉越长，原本一些温和的言论现在反而被嘲笑为"理中客"，被极端派攻击。这样一些极端言论再与平台的流量逻辑相结合，就变得更加肆无忌惮。他们发表观点不用负责，谁认真谁就输了。这进一步恶化了网络环境，使其变成了极化观点的温床。

温和派在看到上述"喷子"的极端言论后还会产生错误认知，认为社会的分歧十分巨大并感受到了巨大压力。甚至有时他们在发言后会遭遇极端"喷子"的攻击,最后被迫沉默。这会导致温和派产生虚假政治极化的感知,夸大现实中观点的分歧与对立程度。这就是社交媒体棱镜的第二重扭曲:它扭曲了用户对其他群体的感知。

温和派越是沉默,极端的声音就会越发放肆,这种不断扩散的压力就形成了著名的"沉默的螺旋"。这反过来,又强化了虚假政治极化,人们要么变得更加极端,要么变得沉默,形成了极端主义的反馈循环。

社交媒体棱镜的这两种普通网民没有意识到的扭曲会让人们错误地认识自我、错误地认识他人,从而让用户变得越来越极端。这两种扭曲让人联想起沃尔特·李普曼(Walter Lippmann)在一百多年前提出的"拟态环境"(pseudo-environment)概念。他认为大众媒体给我们制造了一个关于现实的错误的图像,误导了公民头脑中关于现实的图像。李普曼所说的图像是一个由大众媒体制造的静态图像,而贝尔所描述的社交媒体棱镜对现实的扭曲,则是一个动态的过程,它是网民参与、互动后形成的。

贝尔的分析从不疑处发问,十分精彩,但是在解决方案上就显得差强人意。这本书的英文标题是《打破社交媒体棱镜:如何减少社交媒体的政治极化》,简体中文版将副标题改为了更精准的"探寻网络政治极化的根源",因为原来的副标题确实没有兑现其承诺。

贝尔认为要减少社交媒体造成的极化,首先是要在观念上正确认识社交媒体棱镜的扭曲效果,因为大部分人会把在社交媒体上看到的意见分歧等同于现实，同时也对自己立场的极化缺乏反思。

其次，他号召温和派不要因为厌恶冲突和分歧而离开社交媒体，而是应该积极地表达自己的观点，去中和那些极端的言论，这样才能营造更反映真实意见分布的网络意见气候。

最后，既然造成极化的根源在于自我身份认同，那么只要让网民在与意见相反的个体交流中去身份化，保持匿名状态，按道理就可以减少极化。贝尔与合作者开发了一个叫作"DiscussIt"的平台。在这个平台上，匿名的用户会按照随机分配原则，与另一个持相反观点的匿名网民进行一对一地讨论。他们发现，这会减少由维护自我身份认同造成的极化。

当然这一新型平台也充满争议，因为它擅自改变了我们使用社交媒体的目的。大多数普通网民并不是为了和不认识的人讨论政治问题或者了解对立观点而使用社交媒体，进行社交、监测环境、娱乐、建立个人身份认同等才是我们使用社交媒体的动机，如果不对现有平台的规则进行改造，我们很难从根本上解决本书所讨论的极化问题。

我们可以注意到，和李普曼的《公众意见》（*Public Opinion*）一样，《打破社交媒体棱镜》也存在分析问题时深刻、解决问题时差强人意的问题。由于担心平台权力过于集中或者导致官方审查、威胁言论自由，贝尔基本上没有从平台治理和社会治理等宏观角度来寻找解决方案，而是把希望放在了社交媒体用户身上，尤其是可怜的温和派用户身上。一般而言，通过特定个体的努力解决社会群体和结构性问题，似乎都不现实。

　　同时，这个研究也没有考虑政治文化的影响。比如中国网民在遭遇不同意见时，并不一定会出于捍卫自己的身份认同而走向极化，更多的则会观望现实政治环境和网络意见气候后再采取谨慎行动。如果意见气候与自己一致，他们则可能大胆表达；如果与自己不一致的意见可能占据上风或者自己的观点可能有政治风险，他们一般就会选择保持沉默，呈现出"沉默的螺旋"现象。比如在一些热点事件中，虽然大家会感觉到网上出现"意见撕裂"，但是我们及其他学者通过大数据分析发现，大部分时候意见都不是双峰对峙，而是某个意见占据主导。一旦风向发生变化，之前积极发言的人就不再发言。

　　当然，没有完美的研究，我们也不必求全责备，在分析社交媒体与极化的因果关系上，《打破社交媒体棱镜》提出了非常具有创见和启发性的观点。尤其值得学习的是，这本社会科学专著写得非常通俗易懂，把大量专业性的技术讨论放在了附录中，在正文中大量使用深度访谈材料，描写了一个个具体网民的生命历程，让依赖大数据的计算社会科学也显得有血有肉，颇具可读性。所以这本书不仅可以推荐给专业的传播研究者和学习者作为重要的参考书，同时也可以推荐给每一个社交媒体使用者，它会有助于普通用户打破社交媒体扭曲现实的棱镜，成为一个更具有反思性的使用者。

中国人民大学新闻学院教授、传播系主任

刘海龙

目　录

第一章　回声室传奇　　　　　　　　　　　　　　　　1

第二章　我们为什么无法打破回声室?　　　　　　　15

第三章　打破回声室会发生什么?　　　　　　　　　35

第四章　社交媒体棱镜　　　　　　　　　　　　　　55

第五章　社交媒体棱镜如何推动政治极端主义?　　71

第六章　社交媒体棱镜如何使温和派沉默?　　　　91

第七章　我该注销自己的账号吗?　　　　　　　　111

第八章　驾驭社交媒体棱镜　　　　　　　　　　　131

第九章　更好的社交媒体　　　　　　　　　　　　151

附　录　研究方法　　　　　　　　　　　　　　　171

致　谢　　　　　　　　　　　　　　　　　　　　199

注　释　　　　　　　　　　　　　　　　　　　　205

参考文献　　　　　　　　　　　　　　　　　　　237

索　引　　　　　　　　　　　　　　　　　　　　267

第一章 回声室传奇

2018年9月初的一天，下午4点30分，戴夫·凯利刚刚在一家广告公司完成了自己一天的工作，他将一张CD放入自己老旧汽车的立体音响中。他正准备与一个强敌——新泽西收费高速公路[*]——作战，开启他的假日周末。一个多小时后，当戴夫终于到达家乡城市的出口时，他停下车来进行每周一次的例行公事。每周五晚上，戴夫都会拿出他从当地图书馆借来的几本书，打开一罐昂贵的精酿啤酒，然后专心阅读至少一个小时。本周，他选择了一本已被翻旧了的平装本小说、一本关于癌症研究最新进展的书，以及一本由演化人类学家撰写的关于人性的大部头著作。[1]

尽管戴夫可能不符合人们对唐纳德·特朗普（Donald Trump）支持者的刻板印象，但他在2016年的总统大选中投票支持了这位前房地产大亨。戴夫在一个温和的民主党家庭长大，他在20世纪80年代转向右翼，因为罗纳德·里根（Ronald Reagan）的领导力给他留下了深刻的印象。但戴夫不是共和党

---

* 新泽西收费高速公路连接纽约和费城两大城市，是全美最繁忙的高速公路之一。——编注（如无特殊标注，本书脚注为译注）

的正式党员，他在20世纪90年代的两次总统大选中都投票支持比尔·克林顿（Bill Clinton），并在大多数民权议题上采取平等自由主义的立场。"我丝毫不反对同性婚姻，"戴夫说，"我不明白为什么你们认为这是一个问题。"但在经济议题上，戴夫的观点更加具有自由至上主义的特征。当他得知纽约市的官员正在考虑一项新立法，要求员工规模超过5人的企业为员工提供两周的带薪假期时，戴夫警告说："将会有很多企业通过解雇员工来逃避这个规定，还会有一些企业因无法做到这一点而倒闭。"

　　生活在以自由派为主的费城郊外，并在一个由民主党人主导的企业里工作，戴夫通常会隐藏自己保守派的观点。"我不会跟朋友们谈论这类话题，"他说，"因为我不会改变自己的观点，他们也不会改变他们的观点。那聊起来还有什么意义呢？"他解释说，有几次他试图开始谈论这类话题，争论很快就变得激烈起来——唯一比新泽西的交通更让戴夫痛恨的是关于政治的激烈争论。因为他觉得自己在日常生活中是一个不受欢迎的少数派，所以他将社交媒体描述为一个避难所。他最初加入脸书和推特是为了逃避政治并关注自己最喜欢的电视节目的最新消息。但他总是发现自己被"卷入政治讨论"。

　　过去的几年里，在社交媒体上不使用真名的戴夫，在推特上花了很多个深夜与民主党人争论。在回顾其中的一场争论时，戴夫说："不要对我有意见……我当时喝了几杯啤酒。"他解释说，当时一家当地的广播电台报道，一群白人至上主义者正计划在附近一所大学的校园里游行。"事实证明并非如此，"

他说，"整件事都是个骗局。"在阅读了有关这个故事的更多信息后，戴夫了解到，发出警报的团体之一是持进步主义立场的南方贫困法律中心（Southern Poverty Law Center）*。"他们相当确信，任何在政治光谱上位于卡尔·马克思右侧的人都是仇恨团体。"他说。当他在推特上批评上述骗局时，另一位用户迅速回击，称他为种族主义者。"我说她是个蠢货。"他说。戴夫认为这位女性用户不知道自己在说什么，因为她只了解了故事的一面。

但戴夫也只了解了故事的一面。尽管戴夫为自己的"见多识广"而感到自豪，但他的消息来自保守主义的谈话电台、右倾的网站每日传讯（Daily Caller）和推特。他在推特上关注的数百个账号中，只有《纽约时报》专栏作家布雷特·斯蒂芬斯（Bret Stephens）可以被称作"中间派"。多年来，戴夫在社交媒体上一直坚持浏览保守主义的观点。每天，他的信息流都充满了来自福克斯新闻频道（Fox News）的内容、特朗普和其他著名共和党人的帖子，以及数十个哀叹自由派的虚伪的模因（meme）†。戴夫甚至转发了一些伪装成美国保守派的俄罗斯"网络喷子"的信息。至于那些他在醉酒后关于白人至上主义者去当地大学游行的推特争论，事实证明，戴夫那天晚上用了比"蠢货"更丰富多彩的语言来形容他的自由派对手。

---

* 美国一个非营利性民权组织，反对白人至上主义并为那些受迫害的群体做法律代理。

† 通过人类的模仿能力完成复制，在人与人之间传播的信息。模因的类型包含甚广，包括谣言、新闻、知识、观念、习惯、习俗、口号、用语、笑话等。——编注

有关回声室的回声室

你可能认为自己已经知道这里发生了什么：戴夫被困在了回声室（echo chambers）中*。[2]社交媒体网站允许人们选择自己想要接触什么类型的政治信息，或者也可以让他们去了解贾斯汀·比伯（Justin Bieber）昨晚吃了什么。问题在于，大多数人会寻找能够强化他们既有观点的信息。我们倾向于跟与自己世界观相同的新闻报纸、知识权威或博主建立联系。如果你是像戴夫这样的保守派，你可能会关注福克斯新闻频道的主持人塔克·卡尔森（Tucker Carlson），因为你很欣赏他关于政府开支或非法移民的观点。如果你是一个进步的自由派，你可能会关注美国有线电视新闻网（CNN）的唐·莱蒙（Don Lemon），因为你欣赏他经常发布和你关心的问题有关的帖子——或有关种族不平等，或有关气候变化。[3]

问题在于，选择观看哪种信息的能力将我们困在了回声室中，而回声室会让人目光短浅。从自己的立场出发接触的信息越多，我们就越认为自己的信念体系是正义、理性和真诚的。随着我们深入与自己观点一致的人群，我们会开始失去洞察力。我们没有认识到每个故事都有两面，或者我们直接翻开

---

* 被困在了回声室中指的是这样的现象：在一个相对封闭的环境里，人们听见一些意见相近的声音，误以为它们可能是事实的全部。与回声室相近的概念有"信息茧房""过滤泡"。——编注

了新故事。普遍看法是，当像戴夫这样的人没有意识到回声室的存在时，也就是当人们认为自己正在研究某个问题，但实际上他们只是在听自己想听的内容时，回声室会产生最有害的影响。因此，当我们遇到与我们观点对立的人时，他们的观点可能显得非理性、自私，或者，也许最令人不安的是，他们的观点可能显得不真实。许多人认为，如果我们能走出自己的回声室，政治极化（political polarization）程度就会直线下降。

回声室的概念早在社交媒体出现之前就存在了。[4]美国政治学家V. O. 基（V. O. Key）在20世纪60年代引入了这个概念，以描述重复接触单一的媒体来源如何影响人们的投票选择。[5]随着近几十年来24小时播放、全年无休的有线新闻频道的兴起，这个概念获得了很大的关注。社会科学家很快意识到，这些电台让美国的民主党人和共和党人感知到了截然不同的现实。[6]回声室效应的一个知名案例是2002年美国入侵伊拉克。在此期间，福克斯新闻频道多次声称伊拉克的独裁者萨达姆·侯赛因（Saddam Hussein）正在与"基地"组织（Al Qaeda）合作，"基地"组织是发起"9·11"恐怖袭击的恐怖组织。后来人们发现这种说法是虚假的。一项有影响力的研究表明，与从其他来源获取新闻的观众相比，福克斯新闻频道的观众相信这种联系存在的可能性是其两倍。[7]如果你是民主党人，请不要太快地沾沾自喜。最近的一项研究表明，被困在回声室中的民主党人多于共和党人。[8]

随着互联网和社交媒体的兴起，人们对回声室的担忧变得更加强烈。美国法律学者卡斯·桑斯坦（Cass Sunstein）在其

2001年颇具影响力的著作《网络共和国》（*Republic.com*）中警告，党派化的网站和博客会比有线电视新闻更有效地让人们避开反对意见。[9]互联网活动家伊莱·帕里泽（Eli Pariser）在他的著作《过滤泡》（*The Filter Bubble*）中拓展了这一论证。[10]他认为大型科技公司采用的算法使回声室效应造成的影响变得更糟。脸书、谷歌和其他大公司的算法推荐跟我们的世界观一致的信息，而这加重了我们寻求与我们世界观一致的信息的内在倾向。帕里泽认为，这些算法最危险的部分在于，社交媒体用户并没有意识到它们的存在。帕里泽警告说，过滤泡可能会排除两党互动的可能性，从而使我们带有强烈偏见的观点不受挑战。

与此同时，社会科学家也开始发现证明社交媒体回声室存在的大量证据。脸书的数据科学家于2015年做的一项研究估计，美国两党成员一方在脸书上发布的内容只有1/4被另一方看到。[11]一项关于推特的研究得出了类似的结论，超过3/4的信息转发者或分享者与该信息的发布者属于同一党派。[12]这些发现尤其令人担忧，因为社交媒体正迅速成为最受美国人欢迎的新闻来源之一。从2016—2018年，从社交媒体获取新闻的美国人超过了从纸质媒体获取新闻的美国人。到2018年，社交媒体已成为18—29岁人群中最受欢迎的新闻来源。[13]

因此，不足为奇的是，越来越多的技术领军人物、知识权威和政策制定者警告，我们可能会进入这样一个令人不快的未来：那时，社交媒体上任何关于政治的讨论都将迅速演变成部落主义（tribalism）*。我们听到了让社交媒体平台打破用户回声

---

* 指基于"部落内"或"圈内"的忠诚而区别看待或对待"部落外"或"圈外"成员的现象。

室的呼吁——或者至少应修改那些会加固回声室的算法。如果社交媒体公司对此无动于衷，那么用户们应该开始走出自己的回声室。许多人相信，只有到那时，我们才能开始进行艰难的对话，来击退社交媒体平台上的政治极化。

这是一个引人入胜的故事，尤其是当讲述它的人是那些曾帮助建立社交媒体平台而如今对此感到后悔的人。但我认为，关于社交媒体、回声室和政治极化的普遍看法可能不仅是错误的，而且会产生事与愿违的结果。

关于政治极化的新视角

常识往往会变得无懈可击，因为我们很难对它进行核实。[14]几十年来，社会科学家一直想知道回声室是否塑造了我们的政治信念，但研究这个过程非常具有挑战性。[15]我们可以分析一下像戴夫·凯利这样的人，也就是上面描述的喝精酿啤酒的特朗普选民。他的经历典型吗？回声室是由数百万人在杂乱无序的社会网络中协调行为引起的，随着时间的推移以复杂的模式演变。即使我们有时间和资源来识别出成千上万的戴夫·凯利，并且看到像他这样的人日益发展出越来越党派化的观点，我们怎么就能确定是回声室塑造了他们的政治信念，而不是反过来呢？如果是我们的政治信念在指导我们如何尝试理解世界，我们真的可以如此轻易地放弃它们吗？如果我们突然开始让戴夫·凯利接触南方贫困法律中心等进步团体的社交媒体帖子，他会开始缓和自己的观点吗？

无论你如何看待回声室，脸书、推特和其他社交媒体平台都为研究它提供了令人兴奋的新可能。与其他研究领域相比，社会科学曾被认为是"数据贫乏"的。但现在，有些平台让我们可以在几秒钟内收集数百万人的信息。更重要的是，我们现在可以对观念展开流行病学研究，追踪那些关于世界的看法是如何随着时间的推移在大型社会网络中传播的。计算社会科学（computational social science）时代，也就是使用大量数字化数据集研究人类行为的时代，也为基于实验的研究方法提供了新的可能。在社交媒体平台嵌入的随机对照实验表明，计算社会科学家已经能够提高选民的投票率、器官捐赠率和许多其他积极的人类行为。[16]我们在下文将会看到，在提供关于社交媒体回声室的深刻见解方面，这类实验还拥有巨大的能量。

但计算社会科学也有其阴暗面。2013年，心理学家米哈尔·科辛斯基（Michal Kosinski）发起了一项研究，以确定社交媒体数据中的模式——例如关于我们点了"喜欢"的事物信息或我们关注的账号的信息——是否可以用来预测我们的种族、性取向，甚至是智力。[17]科辛斯基和他的团队开发了一款应用程序，允许脸书用户通过其账号中生成的数据对自己进行性格测试。据称，如今臭名昭著的政治咨询公司剑桥分析公司（Cambridge Analytica）创建了一个类似的应用程序，用来收集数据，并将其用于非学术目的：发起精准投放的广告攻势，影响政治选举。[18]尽管许多社会科学家质疑此类广告的有效性，但这个故事凸显了一个危险的先例：计算社会科学的工具可以被重新用于侵犯隐私，并可能操纵不愿成为研究对象的人的行为。[19]

计算社会科学还有另一个问题：我们在社交媒体平台上留下的数字足迹所提供的，是一个非常不完整的行为记录。[20]作为一项思想实验，让我们将戴夫·凯利的数据放入剑桥分析公司创建的那类应用程序中。通过分析他点了"喜欢"或"关注"的新闻机构和知识权威，我们可以很容易地得出戴夫是美国共和党人这一结论。一场政治竞选活动甚至可以识别出戴夫观看哪些电视节目，并购买广告来吸引像他这样的人。但我们也会误解与戴夫有关的一些最重要的事情。虽然他的推特让他看起来像一个愤怒的"让美国再次伟大"（Make America Great Again）的战士，但该应用程序不会透露的是，戴夫实际上也担心气候变化，并对自己所支持的政党对待同性恋者的方式感到失望。你永远不会知道，戴夫认为特朗普是个恶霸，或他甚至担心警察在执法中的种族歧视；你不会知道，戴夫对我在本书开头描述的事件中，白人至上主义者是否真的在附近一所大学游行持怀疑态度，因为他认为媒体机构被经济利益驱动而煽动种族关系紧张局势；最重要的是，你不会知道种族这个议题对戴夫来说特别重要，他因父母中的一方是波多黎各人而在小时候遭受过严重的歧视。我提到这些细节，不仅是为了展示关于我们生活的数字记录遗漏了多少东西；相反，我认为社交媒体与现实生活之间迅速扩大的差距，是影响我们这个时代的政治极化最深远的根源之一。

我是怎么得出这个结论的呢？作为一名计算社会科学家，我的整个职业生涯都在研究社交媒体如何塑造政治极化。几年

前，我非常关注政治部落主义，因此我在担任教授的杜克大学
创立了"政治极化实验室"（Polarization Lab），这是一支由社
会科学家、统计学家和计算机科学家组成的团队。我们用科学
研究诊断社交平台的问题，并开发新技术来扭转局面。我和同
事们一起收集了数亿个数据点，它们描述了数千名社交媒体用
户多年来的行为。我们已经对自动社交媒体账号进行了新的实
验，对来自国外的错误信息攻势如何影响人们进行了一些初步
研究，并深入社交媒体公司内部帮助他们对抗政治极化。我们
甚至为学术研究创建了自己的社交媒体平台，该平台允许我们
打开和关闭它的不同功能，以识别出让人们更好地连接在一起
的方式。

9　　　　这项工作让我质疑关于社交媒体回声室的普遍看法，但也
激发了我提出更深层次的问题：为什么每个人在社交媒体上都
显得如此极端？为什么像戴夫·凯利这样的人会花几个小时与
陌生人争论，即使他们知道这不会改变任何人的观点？使用社
交媒体是一种我们可以摆脱的暂时成瘾状态——类似于吸烟，
还是从根本上改变了我们自身以及我们对彼此的看法？再多的
数据科学奇迹也无法回答这些问题；相反，我想通过每天都使
用社交媒体的人之眼来观察。这就是为什么我们的实验室会花
费数百个小时访谈像戴夫·凯利这样的人，并仔细重建他们线
上和线下的日常生活；这就是为什么我要告诉你一个最近失去
亲人的极端派的故事（他住在汽车旅馆里，每天看着福克斯新
闻频道睡着和醒来）和一个温和的民主党人的故事（他对学校
枪击事件感到恐惧，但担心在社交媒体上发表观点可能会让自

己丢掉工作）。这些故事不仅帮我更全面地描绘了社交媒体上的政治极化是如何展开的，而且启发了我和同事们去开展新型大规模实验作为回应。

从用户的视角研究社交媒体也很重要，因为他们明显缺席了关于社交媒体和政治部落主义的公共讨论。但是，当前的对话是由帮助构建社交媒体平台的少数科技企业家和软件工程师主导的，这些硅谷叛逆者如今声称他们创造的技术对人类心理产生了前所未有的影响——这些技术不仅将我们困在回声室中，而且影响我们购买什么、思考什么，甚至是感受什么。这些叛逆者声称，脸书、推特和其他平台要么在境外恶意行为者发起影响社交媒体用户的活动时心不在焉，要么故意忽略它们，因为这些活动提升了用户参与度（从而增加了平台的净利润）。对于那些为我们目前的情况寻找替罪羊的人来说，这种叙事非常诱人，但它真的符合事实吗？尽管就我们目前的处境来说，社交媒体公司绝非毫无责任，但关于人们只是精准投放的政治内容、境外的影响力攻势或内容推荐算法的受害者的证据却出人意料地少。

相反，我会论证，我们对硅谷的关注掩盖了一个更令人不安的事实：社交媒体上政治部落主义的根源在于我们的内心深处。我们把脸书和推特等平台看作可以寻找信息或短暂娱乐的地方。但在当今这个社会孤立（social isolation）日益加剧的时代，社交媒体平台已成为我们用来理解自己和彼此的最重要工具之一。我们沉迷于社交媒体，并不是因为它为我们提供了炫目的视觉享受或无休止的分心事物，而是因为它帮我们做了人类天生就会做的一些事情：展示不同版本的自己，观察别人对这些不同版本的自己的看法，并相应修正我们的身份认同。但是社交媒体不是一面可以用来观察整个社会的巨大镜子，而是一面折射我们身份认同的棱镜，让我们对彼此以及自己产生扭曲的理解。社交媒体棱镜助长了追求地位的极端派的势头，让那些认为在社交媒体上讨论政治没有什么用处的温和派默不作声，让我们大多数人对观点不同的另一派，甚至是对政治极化本身的范围都产生了深刻的疑虑。

如果社交媒体平台对民主政治如此有害，为什么不直接删除我们的社交媒体账号呢？说不定我会喜欢用信鸽来传达我关于贾斯汀·比伯的最新看法呢。但是删除社交媒体账号是不现实的，因为社交媒体已经如此深入地融入了我们的生活，尤其是年轻人的生活，它会长期存在下去。好消息是，如果我们这些社交媒体用户是政治极化的主要根源，那么，这意味着我们也有能力反击。在接下来的章节中，我会描述我们怎样能学着看到社交媒体棱镜，并理解它是如何扭曲政治景观的。我将解释我们如何通过改变自己的行为来打破社交媒体棱镜，并介绍我和同事们在政治极化实验室创造的有助于做到这一点的新工具。除了这些"自下而上"的解决方案，我还提供了一条"自上而下"的新路径。我将解释，社交媒体平台在经过怎样的重新设计后可以将我们团结在一起，而不是把我们推离彼此。但首先，我需要解释为什么打破回声室是一个错误的起点。

第二章　我们为什么无法打破回声室？

现在是2019年1月上旬，戴夫·凯利正在发泄有关"全民医保"（Medicare for All）的不满情绪。全民医保是伯尼·桑德斯（Bernie Sanders）参与美国总统大选时提出的一项建议，即向所有美国人提供免费医疗保险。戴夫用他独特的费城口音说："我不想让政府来解决我的问题……现在我让政府牵扯进来，之后我还要想办法摆脱它。"你可能还记得，当我在本书开头介绍戴夫时，他正身处一个保守派的回声室中。他在社交媒体上关注的人几乎都持有右倾的政治观点，因而他很少遇到与自己的立场截然不同的政治观点。但在过去的一个月里，戴夫参与了一项独特的实验，该实验旨在了解当人们在社交媒体上遇到反对意见时会发生什么。实验进行时，他每天都会看到24条消息，而这些信息全部来自自由派政策制定者、知识权威、倡导团体和媒体机构。此外，他还可以看到几张可爱的动物照片，使上述体验更能让人忍受一点。

2018年年中，美国社会陷入了让移民儿童与父母分离的争议之中，这是特朗普政府为阻止墨西哥的非法移民进入美国而制定的一项政策。当我们第一次与戴夫访谈时，他同情那些批评该政策的民主党人。但当我们在五个月后访谈时，也就是在他经历了一个月的自由派消息推送之后，他的观点发生了巨大的转变。我们第二次访谈他的那个月，来自洪都拉斯、萨尔瓦多和危地马拉的一支移民车队开往美国。车队中有成千上万的人，其中许多是妇女和儿童，他们穿越了2700多英里[*]，希望到达美墨边境。保守派和自由派媒体关于移民车队的报道截然不同。福克斯新闻频道强调的是，特朗普将这些移民描述为来自犯罪猖獗国家的危险帮派成员，"其中混入了不知名的中东人"。[1]与此同时，CNN、微软全国广播公司（MSNBC）和其他左倾媒体将这些移民描述为逃离暴力和迫害的不幸难民。

尽管戴夫接触过自由派叙事，但他现在赞同一种流行的阴谋论。"我不认为这些人是诚实的难民，"他说，"我认为这是一种政治策略，有人让他们来这里，而且是付钱让他们来这里……他们说自己举家迁来，但谁会拖着一个孩子参加2000多英里的远行？"参与实验后，戴夫对其他政治议题也产生了更为保守的看法。尽管他曾经对气候变化有些许担忧，但他现在复述了另一个阴谋论，这个阴谋论涉及2018年年底袭击北加利福尼亚州的山火。"我认为加利福尼亚州州长应该被逮捕，"他说，"他对这场火灾负有直接责任。我认为这是他故意放的火。"

与之类似，戴夫曾经是一个并不热情的特朗普支持者，他最初支持的是自由至上主义候选人加里·约翰逊（Gary Johnson），但他现在转而为特朗普辩护了。在我们的第一次访

---

[*] 1英里约等于1.61千米。

谈中，戴夫一次都没有提及美国联邦调查局前局长罗伯特·穆勒（Robert Mueller）对特朗普总统的调查，但戴夫现在告诉我们"这件事百分百是出于政治动机"。在他看来，"克林顿阵营与俄罗斯的勾结比特朗普阵营与俄罗斯的勾结要多"。当我们第一次访谈戴夫时，他对特朗普夸其谈的风格有些反感，但他现在甚至在生活作风的问题上也为特朗普的性格辩护，比如在特朗普涉嫌与艳星斯托米·丹尼尔斯（Stormy Daniels）有染这件事上。"也许这是一件糟糕的事情，"戴夫说，"但让我们面对现实吧，我们永远无法……选出一个完全没有污点的人，因为那些人不想参与政治。"

打破回声室

为什么我和同事要求戴夫·凯利和其他数百人走出他们的回声室？故事始于2016年11月3日。那一天，根据著名的民意调查网站"538"（fivethirtyeight.com），希拉里·克林顿（Hillary Clinton）在总统大选中击败特朗普的概率达到87.4%。[2]这个数字相当说得过去。我认识的最聪明的政治学家们全都认为特朗普触犯了竞选手册中的所有禁忌。此外，从我每晚浏览的社交媒体信息可以看出，特朗普并没有创造出八年前推动巴拉克·奥巴马（Barack Obama）获胜的那种明显的兴奋情绪。在特朗普获得不可思议胜利后的第二天，事后反思很快就开始了。民意调查机构认为调查存在偏差，其他人则指责詹姆斯·科米（James Comey）对希拉里著名的邮件服务器的调查。还有一些人认为，人们对希拉里获胜的过度自信降低了投票率。³这些解释都有其道理，但我脑海里不断浮现出一个简单的事实：我们这么多人为何从未看到特朗普真能获胜的一丝证据？是哪些我们没有看到的东西让我们对希拉里的失败如此惊讶？

　　回声室的概念提供了一个精妙的解释。如果我的社交媒体上没有包含这么多中间偏左的大学教授的帖子，我可能已经意识到特朗普实际上正在产生与奥巴马相同类型的情感能量。或者，也许我会更清楚地看到有多少选民认为希拉里是如此不讨人喜欢。这种解释也适用于相当多的先例。二战后不久，社会学家保罗·拉扎斯菲尔德（Paul Lazarsfeld）和罗伯特·默顿（Robert Merton）发现了同质性原则（principle of homophily），这在现在被认为是社会科学的一条公理。⁴这两位教授一直在研究新的媒体技术如何塑造人们的政治信念，他们观察到人们倾向于跟与自己相似的人建立社会联系。为了确立"人以群分"（birds of a feather flock together）*的原则，他们的团队花了数年时间访谈他人，以仔细绘制社会网络地图。⁵拉扎斯菲尔德和默顿如果生活在今天，一定会被推特上每天生成的社会网络数据震撼，推特的标志恰好是一只有羽毛的鸟。

　　像许多其他计算社会科学家一样，我傲慢地认为社交媒体

---

* 这句话直译为"羽毛相同的鸟会聚在一起"，引申义为"物以类聚，人以群分"。本段最后一句话中的"一只有羽毛的鸟"就指的是这个意思。

回声室的难题可以用几百行代码来解决。虽然我能够轻松绘制出规模空前的回声室，但我很快就意识到自己面临着一个更大的问题。如果我们想真正了解社交媒体回声室如何塑造我们的政治信念，我们需要解决"先有鸡还是先有蛋"的问题：是社交媒体网络塑造了我们的政治信念，还是我们的政治信念从一开始就决定了我们跟谁建立联系？为了弄清楚社交媒体回声室的工作原理，我和同事们需要打破它们。

坏的网络机器人，好的网络机器人

社会科学家通常通过实验来解决"先有鸡还是先有蛋"的问题。在这种情况下，我们可以招募一群由共和党人和民主党人组成的受访者，先调查清楚他们的政治信念，然后邀请其中一半人到我们的实验室来观看来自对立政党的消息。但这真的能告诉我们，如果我们要求人们走出他们的回声室会发生什么吗？如果实验室里的实验产生了调节效应（moderating effect）*，那么我们怎么知道这种效应是否会在人们回到回声室后（或者回到社交媒体上的模因、体育新闻或刺探名人隐私引起的令人麻木的分心中）消失？如果人们需要很长时间才能意识到回声室是如何塑造自己的观点的，或者才能学会看到故事的两面性，那该怎么办呢？

---

* 如果两个变量的关系取决于第三个变量，那么这就意味着出现了调节效应。

　　我们得出的结论是，我们真正需要的是社会科学家所说的实地实验（field experiment）。在实地实验中，研究人员是在现实生活环境中将被试分配到实验组和控制组，并跟踪他们在实验干预前后的行为变化。[6] 为了达成我们的目标，理想的实地实验，是让人们在社交媒体信息流中长时间地接触反对意见。计算社会科学家已经在社交媒体平台上开展过多场非常有趣的实地实验，研究诸如同侪压力是否会影响人们投票等问题。但在剑桥分析公司的丑闻（我们在第一章中讨论过）以及更早的一场旨在研究脸书上情绪传播的实验引发的争议之后，人们觉得，与社交媒体行业合作的实验似乎是不可能成功开展的。[7] 在2017年年末，试图说服社交媒体平台开展一场关于政治极化这个敏感话题的实验徒劳无功。原因仅仅是其中涉及了太多的法律风险，更不用说它可能造成的公关灾难了。

　　突然，一个让人难以置信的解决方案出现了：网络机器人，即在社交媒体平台上分享消息的自动账号。当时的网络机器人臭名昭著，因为它被用来传播错误信息和分裂性消息，而这些信息由与俄罗斯政府有联系的水军公司，如互联网研究机构（Internet Research Agency, IRA）等恶意行为者发布。[8] 但我们想到，网络机器人也可以重新被用于有价值的研究。在这些研究中，网络机器人不再被用来传播错误信息，而是让人们接触不同的观点。如果可以用合乎道德的方式设计包含网络机器人的实验，而且不将这些机器人伪装成真人，也许它们可以重新被用于科学研究。[9] 我们决定建造两个网络机器人：一个用来转发知名共和党人发布的消息，另一个转发知名民主

党人发布的消息。我们设想，可以付钱让一大批民主党人和共 ₁₇
和党人关注对立政党的网络机器人，并分别在实验前后调查这
些被试的观点，以研究该实验如何改变了他们的观点。

　　不幸的是，我们无法在脸书上开展这项实验，因为在出现
上面描述的争议之后，该平台对学术研究施加了严格的限制。
因此，我们选择在推特上进行这项实验，尽管它的用户数量远
少于脸书，但它也比脸书更为公开。[10] 2017年10月下旬，我们
招募了1220名每周至少使用三次推特的美国人，确定了他们
的民主党人或共和党人身份，并让他们回答了有关自己政治信
念和行为的一系列问题。我们询问了被试关于社会政策议题的
10个问题，例如种族不平等、环境和政府对经济的监管。这些
问题使我们能够将每个人从极度自由到极度保守的连续体进行
分类。例如，那些支持政府对经济进行较少监管并且不太关心
种族不平等的人，在这个政治光谱上被归类为更保守的。除了
使用传统的民意调查方式来测量被试的政治信念，我们还要求
他们提供自己的推特名称[*]，以便我们跟踪他们在实验前后的行
为，并有助于我们理解在关注我们的网络机器人之前他们的回
声室强度。

　　这两个网络机器人旨在让人们接触到来自另一政治阵营的
所有类型的消息。在之前研究的基础上，我们创建了一个包含
著名的自由派和保守派推特账号的数据库，这些账号经过精心

---

* 推特的名称（handle）具有唯一性，可用于定位账号，它出现在用户账号主页地址
　中，位于"twitter.com/"字段后。——编注

挑选，代表每个政党内的一系列不同观点。[11]这些账号的主人包括意见领袖（民选官员、知识权威、活动家和其他思想领袖）以及媒体公司和倡导团体等。每个小时，我们的网络机器人都会随机选择一个在前一小时内发过推文的账号并转发其消息。因此，关注了自由派网络机器人的共和党人可能会看到来自南希·佩洛西（Nancy Pelosi）、美国计划生育协会（Planned Parenthood）或微软全国广播公司的消息。相应地，民主党人可能会看到来自米奇·麦康奈尔（Mitch McConnell）*、美国传统基金会（Heritage Foundation）或布赖特巴特新闻网（*Breitbart News*）的消息。我们给网络机器人起了不起眼的昵称，并且给它们贴上了通用的个人头像。[12]当网络机器人转发一条消息（推文）时，最初发布该消息的账号的昵称和个人头像最为显眼（这是推特平台的惯例），而机器人的昵称以较小的字号出现在每条推文的左上角。

　　尽管我们的网络机器人创造了一个"在自然环境下"研究回声室的新机会，但所有实地实验都面临着一个棘手的问题：人不是实验室里的老鼠。招募多元化的人群，在他们不知情的情况下让其处于不同的实验条件中，并确保他们确实接受了你想要给予他们的处理——这一切并不容易。如果我们告诉被试，这个实验每天会让他们接触到数十条消息，而这些信息又来自持反对意见的人，那么有些人可能会拒绝参与。这样的话，我们的研究对象可能只剩下异常宽容的人。如果剩下的这

---

* 美国政治人物，国会参议院共和党领袖。

些人在本质上也更有可能改变主意，那么我们的研究将高估被试被带出自己回声室的可能性。为了解决这个问题，我们没有告诉被试，我们给他们钱是为了让他们关注一个网络机器人，而这个网络机器人会转发来自与他们的政治意见相左者的消息。更确切地说，我们告诉被试会支付他们11美元，前提是他们需要关注一个网络机器人，该机器人每天都转发24条消息，为期一个月，而我们并不会告诉被试与这些消息本身有关的任何信息。

即使我们可以招募到那些不倾向于改变主意的人，那我们怎么知道他们中的一些人（也许是不那么宽容的人）不会忽略我们的网络机器人转发的推文呢？或者，更糟糕的是，我们怎么知道不会有人一个月不上推特呢？在医学试验中，验血可以确定患者是否接受了适当程度的治疗，但社会科学家往往不得不比实验室科学家更有创造力。我们已经有了一种检查人们是否花精力参与实验的方法：我们编写代码来监测每天都有谁在关注我们的机器人，但这并没有告诉我们被试是否真的在关注我们的消息。该问题的解决之道是让网络机器人转发可爱的动物照片。为了测量有多少参与者遵从了我们试图给予他们的处理，我们会额外支付他们高达18美元的报酬，只要他们既能指认网络机器人在研究期间转发（但随后删除）的动物照片，又正确回答了与网络机器人转发的消息内容有关的问题。这些问题本质上都是事实性的，不易被搜索到，并且旨在不让对时事有更多了解的参与者享有优势。[13]

虽然可爱的动物照片帮我们解决了一些难题，但仍有一个难题有待解决：霍桑效应（Hawthorne effect）。这种现象的名称取自20世纪20年代后期针对工厂工人的一项研究。当工人发现自己正在被研究时，他们很快就会变得更有效率。[14]如果实验中的一位民主党人得知我们正在让她接触来自保守派的消息，我们担心她可能会表达更保守的观点，仅仅因为她认为该实验的目的是让人们更宽容。或者，她可能将自己描述得更偏向自由派，以此表达对我们实验的不满，而不是因为她的观点真的改变了。[15]为了降低霍桑效应的风险，我们采取了两项措施。首先，在邀请人们完成我们的调查时和邀请其中一些人关注我们的网络机器人时，我们使用的是差异较大的招募对话。我们希望，这样做会使被试（其中许多人每月参与数十次调查）不太可能意识到这两项任务属于同一项研究。[16]其次，我们的网络机器人在实验的最初几天转发的是自然景观图片，以此进一步隐藏我们的计划。

2017年11月中旬，我们给研究中的每个人都发送了一份调查问卷，询问了一个月前问过他们的关于社会政策的问题。关注我们网络机器人的被试在我们的自由－保守量表上移动了多少，控制组的被试在该量表上移动了多少，通过比较两者，我们终于能够了解当人们走出回声室时会发生什么。虽然常识告诉我们这会使人们变得更加温和，但我们的结果非常令人沮丧。图1描述了关注我们的网络机器人一个月对共和党人和民主党人的影响。横轴表示人们在接受我们的实验处理后是变得更自由还是更保守，纵轴表示人们对我们网络机器人的关注程度，这是根据他们能正确回答多少关于网络机器人推文问题的数量来测量的。

图1：对一周至少访问三次推特的民主党人和共和党人而言，扰乱他们的社交媒体回声室一个月对他们在社会政策议题上的意见的影响

注：我们通过以下方式来监测研究参与者对我们网络机器人的关注程度，即在实验期间的每个周末，询问他们一系列关于网络机器人转推内容的问题。要了解如何创建参与者类别的定义，请参阅附录。

　　如图所示，无论是民主党人还是共和党人，在关注我们的网络机器人后都没有变得更温和。事实上，实验结果指向了相反的方向。总的来看，那些关注我们的"民主党人"网络机器人的共和党人，其观点明显比研究开始时更保守。[17]而且他们越是密切关注我们的网络机器人，他们就变得越保守。对民主党人来说，结果就没有那么引起我们的注意。总的来看，关注我们的"共和党人"网络机器人的民主党人变得更自由，尽管这种影响在统计结果上并不显著。我们不能排除以下可能性，即关注我们的网络机器人对民主党人的总体效果为零。尽管如此，随着民主党人对我们的网络机器人关注越密切，这种效果也越明显。这表明如果我们招募了更多人加入这项研究，这种微小的效果在统计上可能会变得显著。即使我们无法最终解决这个问题，总体结论也很明确：让研究参与者了解对方的观点并不会让他们变得更加温和，如果非要说这么做有什么影响的话，那就是它强化了他们既有的观点。

当我和同事第一次看到这些研究发现时，我们担心自己可能犯了编码错误。我们花了几个小时回溯每一个步骤，但结果始终是一样的。我们的发现在本次研究的不同亚组中也非常一致：无论人们是非常忠诚的政党成员，还是大多数时候对政治漠不关心的温和派，似乎都无关紧要；在参加实验之前，无论这些参与者是身处强回声室中，还是身处弱回声室中，他们在关注了我们的网络机器人后的反应都很相似；对于不同种族的人来说，结果也是一样的；参与者是男性还是女性，是老人还是年轻人，住在城市还是农村——甚至我们分析过的100多个其他变量中的任何一个，都无关紧要。我们还仔细检查了网络机器人，以确定它们是否转发了过多的极端消息。其结果是，它们并没有。在社交媒体上让人们接触反对意见可以使他们更加坚持既有的观点，不只是我们发现了这一点。在我们开展研究的两年之后，由来自麻省理工学院和耶鲁大学的研究者组成的一支独立研究团队，在不同人群中重复了我们的研究，并且发现了同样令人困惑的结果。[18]我们需要开展更多研究，以便进一步在其他语境中检验这些发现，但显而易见的是，我们应该仔细审视关于回声室的普遍看法。[19]

解答难题

为什么把人们带到他们的回声室之外并没有让他们变得更加温和？自20世纪中叶以来，社会科学家们一直认为，在适当的环境下让敌对群体的成员相互接触应该会减少他们对对方的偏见。[20]这些学者声称，让敌对群体的成员相互接触，他们由此获得的经历会驳倒他们彼此孤立时对对方产生的刻板印象。这项研究已在数十个国家或地区的不同时期，针对许多不同类型的人开展过。[21]虽然人们尚未对诸如推特等线上平台中的群际接触进行研究——而且虽然许多研究都强调，敌对群体成员之间的接触必然对缓和双方的紧张关系具有积极作用——但是，"共和党人和民主党人如果走出他们的回声室就会缓和自己的观点"这个想法是非常直观易懂的。[22]

与此同时，其他研究表明，让人们接触新信息可能会适得其反。社会心理学家和政治学家发现，试图拆穿有关诸如公共卫生或政治的谣言，可能会导致人们更加相信自己的错误信念。[23]例如，研究表明，对于那些认为疫苗会导致孤独症的人，如果你试图说服他们事实并非如此，那么这会让他们更担心给孩子接种疫苗这件事。[24]但我们的研究并没有试图纠正不准确的事实，相反，我们是让人们去接触一种完全不同的世界观。[25]之前的诸多研究只是短暂地让人们在实验室中接触到一条用来纠正错误的消息，而我们的研究是让人们在现实场景中接触到来自许多不同人的许多不同消息。

同时，这种现实场景的混乱使我们的实验结果更难以被解释。我们不知道，当人们开始在他们的社交媒体信息流中看到来自敌对党派源源不断的消息时都发生了什么。某些消息、事件或个人是否比其他消息、事件或个人更加令人政治极化？是大多数人都出于单一原因而更加坚持他们既有的信念，还是不同的人有不同的反应方式？更广泛地说，关注我们的网络机器人的体验是如何融入被试的日常生活的？他们的线上体验是否也影响了他们的线下行为？

计算社会科学为研究大规模人群和进行新型实验创造了宝贵的可能。但是解答人们为什么更加坚持他们既有信念的难题，并不需要更庞大的数据集，相反，它需要更全面的数据：我们让那些被试走出自己的回声室，而我们需要从他们的角度去观察走出回声室是什么样的。通常，计算社会科学家将人们视为抽象数据点，这样做会模糊我们数字足迹之间的空间。相反，我们想了解我们的研究对象——听听他们的成长经历、朋友和家人的故事，并弄明白社交媒体和政治极化如何融入他们生活的图景。最重要的是，我们想知道关注我们的网络机器人这件事如何影响了他们的观点。

我们首先考虑的是，重新联系一些研究参与者，对他们进行深度访谈。我们本可以询问他们走出回声室是什么感觉，以及这段经历如何塑造了他们的观点。但我们很快意识到这是个坏主意。首先，这样做相当于认定人们意识到了他们对研究的反应，并且能够告诉我们为什么会这样反应。然而，社会科学家早就知道，人们通常会对自己的态度或行为提供不准确的和事后的合理化解释。[26]其次，这种策略可能会有以下风险，即人们会向我们提供他们认为我们想听到的答案，而不是他们的实际体验。最后，这样做是在人们关注网络机器人一年之后要求他们回忆，关注网络机器人的感受如何。你还记得一年前哪些社交媒体消息影响了你的观点吗？反正我是不记得了。

　　最终，我们没有联系上一次研究的参与者，而是决定开展一次新的研究。这次新研究与之前那次研究相同，但研究对象要少得多，这让我们可以在实验前、实验中和实验后更好地了解他们。[27]2018年年中，我们对44名共和党人和40名民主党人进行了至少一小时的深度访谈。之后，我们邀请了其中一半参与者关注我们的网络机器人一个月。一个月后，我们重新访谈了所有参与者，以便对关注网络机器人的参与者和没有关注网络机器人的参与者进行比较。我们的访谈以这样的一系列问题开始，这些问题与我们的参与者最初为什么开始使用社交媒体以及他们每天使用社交媒体的情况相关。一旦我们建立了融洽的关系，我们就开始询问一系列关于政治的问题，以及我们在上一次研究中用来创建自由-保守量表的四个议题，即经济、移民、种族歧视和气候变化。我们还询问了参与者一系列问题，内容是关于他们如何看待来自对立政党的人。最后，我们询问参与者，他们的线上经历如何塑造了他们的线下生活。

　　巧合的是，在我们这次的研究时段内，新闻报道了一些重大事件。其中包括：特朗普总统颇有争议地将布雷特·卡瓦诺（Brett Kavanaugh）提名为最高法院大法官；本章开头描述的移民车队；穆勒对特朗普总统调查的最后阶段；北加利福尼亚州的山火，即加利福尼亚州有史以来最大的森林火灾之一。这一时期发生的事件还包括：伊利诺伊州一名26岁的黑人保安在追捕罪犯时被警察开枪射杀，《华盛顿邮报》记者贾迈勒·卡舒吉（Jamal Khashoggi）在土耳其被暗杀，美国政府重大停摆事件，以及美国前总统老布什（George H. W. Bush）的去世。我们在第二次访谈中询问的问题关乎以上每一个事件，以在我们的研究中比较"关注我们的机器人"和"不关注我们的机器人"将如何影响人们的观点。

　　为什么让人们接触反对意见会导致他们更加相信自己既有的观点，关于这个问题，我们的深入访谈提供了关键线索。这些访谈不仅让我们可以通过长达两个半小时的对话来了解参与者，还启发了我们更深入地研究参与者的线上行为。我们收集了每位参与者在线生成的数十万个数据点，包括他们分享的文本和图片，以及他们为描述自己而创建的个人资料。通过比较这些数据和我们在访谈中获得的信息，我们能够比较人们在线上和线下如何展示自己。我们还要求访谈的每个人完成一项在线调查，该调查与我们在最初的网络机器人研究中寄送给被试的调查内容相同。这使我们能够了解每个人如何融入此前实验的更大图景，并让我们可以比较人们在公开访谈中和在保密的在线调查中是否向我们表达了不同的观点。总之，这些不同的数据流使我们能够在实验前、实验中和实验后向个别社交媒体用户展开丰富的个案研究，还可以让我们更广泛地洞察政治极化是如何在社交媒体上形成的。[28]

　　在下一章中，我们将认识两位女性，一位是民主党人，一位是共和党人。虽然她们两个人截然不同，但正是在她们的帮助下，我们才能开始解决这个难题。

第三章　打破回声室会发生什么？

帕蒂·赖特是一名63岁的妇女，住在纽约州北部的一个 小镇。她和丈夫在一家供应农产品的公司工作，直到她因慢性病被迫退休。夫妻二人在一个古色古香的小镇抚养了三个孩子，这个小镇以每年的秋叶而闻名。帕蒂说话缓慢且断断续续，这是她所在地区人们的共同特点。她对当下的情况直言不讳，同时也怀念过去。"当我们年轻的时候……你很自豪，"她告诉我们，"你因自己是一个美国人而自豪。你会很自豪地谈论总统……因为你知道他在为你而努力。"对于帕蒂来说，一切都在20世纪60年代后期发生了变化。"在越南战争中，当他们（美国士兵）从越南回到美国，"她说，"人们做事的方式发生了变化。"她解释说，在以前的战争中，士兵们是以英雄的身份回家的，但"那些从越南回来的人……受到了非常恶劣的对待"。那些回到像她所在城镇的退伍军人们，患有严重的创伤后应激障碍，并且很难找到工作。

在帕蒂看来，参与越南战争的退伍军人也回到了一个不同的国家。这场战争对她这一代的许多人产生了根本性的影响：它激励一些人成为社会正义的倡导者，激励另一些人成为相信"以实力求和平"（peace through strength）的新保守主义者。但这一时期对帕蒂的影响是，她开始对政治持完全负面的看法。
"曾经，其他国家的人……看到我们就会想：'哇……成为美国人真是太好了'，"帕蒂回忆道，"今天，他们看到我们，看到我们的政治制度，（他们就会认为）我们很可悲。"当我们第一次见到帕蒂时，她对政治的态度非常悲观，因此她尽可能地回避这个话题。

密切关注政治的人通常认为其他人和自己一样对这个主题充满热情，但正如政治学家菲利普·康弗斯（Philip Converse）很多年前就意识到的那样，大多数人实际上都像帕蒂一样。[1]美国人中普遍存在对政治的厌恶情绪，以至于社会学家尼娜·埃利亚索夫（Nina Eliasoph）发现，像帕蒂这样的美国人把自己训练得可以用几十种方式来岔开话题，以避免讨论政治或时事。[2]

帕蒂不是大多数美国人的典型代表，她最近才开始使用社交媒体。[3]"我不太懂电脑。"她告诉我们。她解释说，她的儿子几年前帮她注册了一个脸书账号，以便她和孙辈们以及她兄弟的养子养女保持联系。帕蒂很快就被脸书上有关这些孩子的帖子吸引了，并开始意识到其他社交媒体网站的方便之处。她加入了缤趣（Pinterest）来关注上面的烹饪食谱，并开设了一个推特账号，因为这可以让她了解名人新闻。她关注了一些自己最喜欢的电视节目，比如美国全国广播公司（NBC）的《美国之声》（The Voice）。她还关注了自己最喜欢的乡村音乐明星和其他几位流行歌手。最终，她在社交媒体上的兴趣点从娱乐和名人扩展到自己喜欢的企业。

当我们第一次见到帕蒂时，她已经设置了自己的社交媒体账号，使其远离政治了。她大部分时间在关注名人动态，有关政治的新闻只能通过她关注的两个账号慢慢进入她的社交媒体时间线，这两个账号分别是当地新闻台和NBC的《今日秀》（*Today Show*）。帕蒂每天早上7:00开始观看《今日秀》，她偶尔会打开当地的新闻台或CNN，来获取有关当地恶劣天气或远处正在发生的自然灾害的信息。帕蒂避开了福克斯新闻频道，因为她厌恶该频道带有偏见的观点。但她也不喜欢带有自由派倾向的频道。"我看过他们中的几个人播讲的节目，比如莱蒙。"她指的是著名的CNN新闻主播唐·莱蒙。"我的意思是，过去我们看新闻时，新闻是不偏不倚的，但今天不是这样的……他们应该把自己的观点剔除。"帕蒂对传统媒体所包含偏见的不满，这是她偏爱社交媒体的另一个原因。她告诉我们，社交媒体帮她避开了她曾经在电视上看到过的带有偏见的政治报道。尽管如此，当我们第一次见到帕蒂时，她还是处于一个左倾的回声室里，尽管这个回声室很不明显。

当我们问帕蒂她是否属于某个政党时，她说："我不是保守派，也不是自由派——我是中间派。"但是当我们问她通常投票给哪个政党时——民意调查经常这么问，以确定人们倾向于哪个派别——她的回答是民主党。然而，随着我们对帕蒂的了解越来越深，我们发现她的许多观点更符合共和党的观点。例如，帕蒂认为美国接收了太多移民。"我认为美国政府不应该立即（为移民）支付医保费用并给予他们税收减免。"她告诉我们。帕蒂和她丈夫并不富裕，她解释说，他们赚到的每

28

一分钱都是努力工作换来的，这一情况持续到她患上慢性病。但是，根据帕蒂的说法，移民在医保和税收方面获得了更好的待遇："我的意思是，我们已经生活在这里很长时间了，却没有得到那么好的待遇……这里不是免税区。"和许多共和党人一样，帕蒂也担心移民会威胁到美国文化。"你甚至不能再称万圣节为万圣节了，"她告诉我们，"你必须称它为秋收节（Harvest）。我们必须改变我们的所有文化，因为我们不想让他们不高兴。"

尽管帕蒂是其所在地区医保费用飞涨（这种情况在2018年扩展到整个美国）的受害者，但当我们第一次见到她时，她几乎不想讨论经济议题。当我们询问她是否认为政府对经济的监管过多时，她回答："我不知道，真的。"当我们问她一个更笼统的问题，即美国人为什么会变得富有或贫穷时，她打趣道："我不知道。我从来都不是富人群体的一员。"从许多方面来看，帕蒂似乎是那种失望的民主党人，他们可能会欣赏特朗普总统"抽干沼泽"（drain the swamp）*的民粹主义作风。⁴然而，当我们问她对特朗普的看法时，她的自由派情绪变得更加明显。"我不喜欢他，"她告诉我们，"他很讨厌，他应该表现得更像总统一些。"然而，帕蒂对民主党的领导人也没有任何好话。与2018年年底的许多民主党人不同，她对特朗普的负面看法并没有延伸到特朗普对每一个问题的处理方式。例如，

---

* 第45任美国总统唐纳德·特朗普在竞选时提出的一项承诺，指清除盘结在华盛顿的政商利益网络。

帕蒂称赞特朗普在上任后的头两年改善了经济和创造了新的就业机会。

帕蒂学习如何变得党派化

在第一次访谈帕蒂几周后，我们邀请她关注一个网络机器人，这个机器人经过设计，看起来像是来自另一组研究人员，而不是我们。我们这样做是为了防止她受到霍桑效应的影响——按照她认为我们的实验想要产生的结论来作答——或者防止她仅仅发泄对本次实验的不满。就像大多数我们邀请来关注网络机器人以获得报酬的人一样，帕蒂同意了。当我们稳步增加她推特动态中的保守派消息数量时，我非常想知道会发生什么。帕蒂似乎正是那种不热心的民主党人，即使只是在轻微的推动下，她也可能会被推向右翼。我推断，她的一些观点已经符合保守派的主要观点，而且她还没有形成关于许多政治议题的看法。

事实证明，帕蒂并不像我想的那样容易被说服。就像我们第一次研究中的许多不热心的民主党人一样，关注我们的网络机器人一个月，而且密切关注它转发的推文、做到正确回答有关推文内容的问题，使她在政治光谱上变得更左倾了。她在实验前后的观点差异很大。

在我们的第一次访谈中，帕蒂将自己描述为中间派，略微倾向于民主党。然而，在关注我们的机器人一个月后，帕蒂形

30

容自己是一个"相当坚定的民主党人"。尽管她仍然承认自己的一些观点与所在政党的观点并不完全一致，但她称自己的观点与共和党的观点"完全不同"。当我们向帕蒂询问有关移民和经济议题的问题时，她也给出了更为进步主义的回答。虽然她在我们的第一次访谈中表达了一些反对移民的观点，但几个月后我们与她再次交谈时，她对特朗普在边境建墙的做法表示了强烈的反对。在我们的第一次访谈中，我们并没有谈到边境墙，但她现在提出了一个流行的自由派论题：我们需要在边境的某些部分建立隔断设施，而不需要建立连续的物理屏障。

帕蒂还对当时开往美墨边境的移民车队形成了明显更自由派的看法。戴夫·凯利——我在本书前面描述的那位保守派成员——坚持保守派的阴谋论，认为这些移民是由富有的民主党人资助的。但帕蒂现在赞同一个自由派的阴谋论，她根本不相信移民车队的存在。"我不知道我是否相信他们说的每件事，相信有这么多（移民）。或许这只是他们编造的故事。"她告诉我们。与戴夫形成鲜明对比的是，帕蒂现在认为移民车队是特朗普政府捏造的，目的是为建立边境墙争取支持。"这就好比他们在不断地做徒劳无功的事情。他们坚持做某件事，把一切都夸大，只是为了挑逗大众的情绪。"她告诉我们。

帕蒂在经济议题上的观点也向政治光谱的左侧移动。我们第一次见到她时，她关于政府对经济的监管并没有固定的看法。然而，在关注我们的网络机器人一个月后，帕蒂的观点与她所在政党的观点变得一致了："我不认为（政府监管）会（使经济增速）放缓，"她告诉我们，"我认为它有助于经济增长。"

她甚至举了几个政府监管的例子，在她看来它们有助于自己家乡的发展。她对经济不平等的看法也发生了变化。虽然在我们第一次见到她时，她将自己家里的大部分经济困难归咎于移民，但她现在提到了造成经济不平等的结构性因素。她甚至提到了收入所得税减免政策（Earned Income Tax Credit），这是一项旨在减轻非常贫困家庭税收负担的政策。"当我抚养自己的孩子时，我们从来没有享受过这种政策，"她说，"它本可以为我们雪中送炭。"[5]

当我阅读对其他几十位不热心的民主党人和共和党人的访谈记录时——他们也关注了我们的网络机器人，我发现其中的大多数人在我们的研究期间都有与帕蒂相似的经历。他们不仅更加强烈地认同自己的政党，而且对以前知之甚少的问题形成了带有党派偏见的观点。在帕蒂的例子里，这种转变最明显地表现在她对经济议题的态度上，尽管我们也观察到帕蒂对我们初次见面时她关心的议题（例如移民议题）的看法发生了变化。这些态度转变都不是极端的——例如，我们的实验当然没有把帕蒂变成一个挥舞着标语支持庇护城市（sanctuary city）*的人——但这些转变仍然能看到。我们不仅在深度访谈中看到了这些转变，而且在我们发送的，针对人们关注网络机器人前后态度变化的保密在线调查中，也看到了这些转变。例如，帕蒂不仅总体上表达了更自由的态度，而且她对经济议题的态度也比对其他议题的态度更自由。[6]

---

* 指美国国内在移民问题上对非法居民提供避难与保护的城市。

那么，到底发生了什么？像帕蒂这样不热心的党派成员在社交媒体上接触到反对意见时，不会仔细阅读有关政治的新信息并相应地调整自己的观点。相反，走出回声室给他们的感觉是：自己的身份认同受到了攻击。帕蒂没有关注中间偏右的推特账号转发的温和消息，相反，她被网络机器人转发的针对民主党人的不礼貌行为或人身攻击吸引，这些攻击来自更极端的共和党人。其中最严厉的攻击此前被她的回声室遮蔽了，但如今帕蒂第一次经历了全面的党派斗争。与我们在控制条件下访谈的那些不热心的党派成员不同，帕蒂开始意识到有一场战争正在进行，而她必须选边站。这些攻击甚至激发了她第一次在推特上发布有关政治的帖子。"我不会发布任何（关于）共和党人的恶意言论，"她告诉我们，"我看到了他们的观点，我没有表现出恶意。但是，如果我发布任何关于自己是民主党人的信息，那么我就会收到恶意回复。"来自极端保守派的此类攻击使事情变为了人身攻击。

涉足社交媒体上异常糟糕的党派斗争，不仅激活了帕蒂的自由派身份认同，而且还激励她学习如何坚持党派路线。在讨论她在关注我们的机器人一个月后如何使用社交媒体时，帕蒂说："网上的内容比电视上详细得多。"她解释说，电视只是给你一个党派观点，但社交媒体更具互动性：对于帕蒂每天从保守派那里看到的源源不断的信息流，社交媒体让她可以寻找与之相对应的自由派观点。对于帕蒂来说，就像大多数关注了我们网络机器人的其他不热心的党派成员一样，接触故事的另一面并不能帮她看到每个故事都有两面。[7] 看到己方受到攻击，而且自己遭到人身攻击，这促使帕蒂去学习用自由派的观点为自己辩护。帕蒂正在学着如何变得党派化。

珍妮特

珍妮特·刘易斯是一名近40岁的美发师，她和丈夫住在佛罗里达州盖恩斯维尔的郊外。她的两个成年子女住在附近。与帕蒂不同，珍妮特是一位热情的共和党人，她每天花数个小时阅读政治文章，并与自己的许多客户谈论时事。在这方面，珍妮特与大多数美国人不同，她属于直言不讳的少数人，康弗斯将他们这样的人描述为积极参与政治活动的人。我们第一次见到珍妮特时，就发现她会不厌其烦地讨论政治，并乐于说服别人接受自己的观点。与许多其他喜欢劝人改变政治立场的人一样，珍妮特在社交媒体上非常活跃。[8]她最初加入脸书是为了与远方的家人联系，就像帕蒂一样。但与帕蒂不同的是，珍妮特每天花几个小时在脸书上关注政治信息，也在推特上关注政治信息。我们的分析表明，仅在2018年，她就发布了近2000条推文，其中大部分是关于时事的。

珍妮特在20世纪90年代成长于一个浸礼宗*信徒家庭，这个家庭最初投票给民主党，后来改变立场，投票给共和党。

---

* 又称浸信会，是基督教新教主要宗派之一。其施洗方式是全身浸入水中，因而得此名。

"我那时真的没有关注……政治，我只是真的不关心那些东西。"她告诉我们。在描述她的童年时，她更频繁地展示了自己的南方口音。珍妮特在二十八九岁迎来了自己的转折点，当时奥巴马刚第一次当选为美国总统。"我感觉没什么，因为我想：'嗯，你知道的，他还年轻。我们会给他一个机会，他可能会做得很好。'我一直在观察他所做的一切，这让我越来越生气。"最终，一看到奥巴马她就心烦意乱。"我越看他的脸，"她告诉我们，"他就似乎变得越虚伪——越来越虚伪。"

　　珍妮特的愤怒源于她对奥巴马政府推行的几乎每项政策的极度不信任。例如，她对奥巴马的外交政策极为不满，并担心美国正在失去其在军事实力方面的声誉。"他会去沙特阿拉伯或者其他什么地方，代表美国去给其他国家道歉。"她说。她还认为，奥巴马政府的许多政策都赋予非法移民高于美国公民的特权。"民主党人一直在说'请开门……请进。让法律见鬼去吧'。""我不想让自己听起来像是个坏人，"珍妮特说，"但是……我得为这些非法移民支付医保费用，我得给他们的食品券买单。你知道，我们的生活也只是勉强（过得去）。这不公平。"她的浸礼宗背景也让她对奥巴马的同性婚姻政策深感不安。在奥巴马的第二个任期结束时，他已经给珍妮特制造了一种生存的恐惧："他领导国家的方式让我开始参与政治……因为我想……如果我不这样做，我们将不会拥有自己的国家。"

　　特朗普的强硬作风冒犯了我们访谈过的许多温和的共和党人，但珍妮特可以接受这种风格。对她来说，特朗普是她对执政党强烈愤怒的化身，该执政党在假装为所谓小人物而战时，却无视她的日常困难。特朗普在美国的政治辩论中制造出前所未有的波澜,而珍妮特却觉得这还不够。她参加了特朗普的几次集会,并在脸书上成为特朗普的忠实拥护者。"他通过推特跟我们交流……我想看看他在推特上说什么,"她开玩笑说,"在他成为总统之前,我从来没有开过推特账号。"我们对她的社交媒体时间线的调查证实,她在使用推特后不久就迅速成了特朗普在该平台上最热心的支持者之一。

与帕蒂不同,在我们第一次见到珍妮特时,她就认为关注新闻非常重要。当我们问她以什么方式关注时事时,她提到了三个保守派的网站:"我关注福克斯新闻网、布赖特巴特新闻网和德拉吉报道(*Drudge Report*)。"珍妮特一天中大约每小时都会访问一次推特。"我的大多数关注者,"她告诉我们,"以及我关注的大多数人,都是保守派。"对珍妮特的推特账号的更深入分析证实,她身处一个强大的保守派回声室当中。在推特上关注特朗普后,她开始关注自己最喜欢的几位福克斯新闻网的主持人。她还关注各种保守派的激进团体。在她关注的为数不多的与政治无关的账号中,有一家是她最喜欢的快餐连锁店。

珍妮特还赞同广受质疑的阴谋论。[9]例如,她认为奥巴马是穆斯林,而且非法移民在最近的选举中正在成群结队地投票。但珍妮特并非完全不能批评自己支持的一方。当我们问她是否担心媒体上的虚假信息时,她说:"这非常、非常难办,因为保守派阵营中也存在着虚假信息。"她解释说,她经常使用事实核查网站snopes.com来查明事情的真相。她向我们讲述

35

了自己读到的一个关于前NBA球星迈克尔·乔丹的故事。报道称，乔丹已要求耐克停止销售其"飞人乔丹"（Air Jordan）系列运动鞋，以抗议该公司支持一名在美国职业橄榄球大联盟（National Football League, NFL）比赛前播放国歌时跪下的球员。"我看了看，"她告诉我们，"这不是真的，乔丹没有这么做。"

正确的感觉真好

当珍妮特同意关注我们的自由派网络机器人时，她的情况与帕蒂的情况大不相同。帕蒂基本上远离政治，对时事漠不关心，而珍妮特几乎在我们与她讨论的每一个问题上都采取了强烈的保守派立场。如果说帕蒂逐渐确信有一场战争正在进行，而她不得不选边站，那么珍妮特已经是一位突然被征召到前线的两星少将。然而，当珍妮特到达那里时，情况比她想象的要糟糕得多。

让珍妮特震惊的第一件事是，对她自己所在阵营的攻击，尤其是对特朗普的攻击的规模竟然如此之大。"批评无休无止。"她告诉我们，她同时对来自左派的针对特朗普的全面批评感到害怕。"我真的、真的厌倦了人们贬低总统，你知道吗？我见得太多了。"当然，在走出回声室之前，她已经意识到了一些批评，但我们的网络机器人让她接触了一系列她以前从未见过的全新批评。她对网络机器人转发的一条消息感到

36

尤其不安，这条消息描述了当红演员塞缪尔·杰克逊（Samuel Jackson）的一系列反特朗普信件。"他可能是我最喜欢的演员之一，"她告诉我们，"以后不再是了。"该网络机器人还向她展示了许多不同的反特朗普模因，这些模因旨在制造幽默，例如一辆巨大的街头花车，将总统描绘成一个穿着纸尿裤尖叫的孩子。"每个人都因此大笑，"她说，"但我非常生气——这让我很生气，我认为大多数保守派非常生气，因为是我们把特朗普选上去的。"

珍妮特注意到的第二件事是民主党人缺少对她所在一方的关注——尤其是积极关注。她不期望会有很多关于特朗普的正面报道，但她震惊地发现，根本就没有任何正面报道。让她深感不安的是，保守主义议题也没有在更广泛的范围被积极报道。"例如，反堕胎的集会有超过100万人参加。"她这样跟我们说，这里的集会指的是发生于2019年1月下旬的反堕胎游行。"它们（主流媒体）说游行只有1000（人）参加，而它们甚至没有在报纸上报道这件事……但是当女性大游行发生时，所有版面都在报道女性大游行……这些都是让我恼火的事情。"她说。女性大游行指的是发生于特朗普就职后第二天，旨在为女性争取权利的大型反特朗普集会。

反堕胎游行只是冰山一角。在我们访谈珍妮特时，自由派对一段病毒式传播的视频感到愤怒，该视频的内容看起来是：来自肯塔基州卡温顿一所基督教学校的一名高中生，正在嘲讽一名美国原住民男子，后者正在为华盛顿特区原住民权利（indigenous rights）而示威。"他们说这位少年在骚扰他，而你

只要看一下视频就会发现，这位少年并没有骚扰他。"珍妮特
告诉我们。在我们的访谈之后不久，珍妮特的观点得到了证
实：新的相关视频被发布了出来，显示这名学生在与这名原
住民男子相遇之前，受到了一群非裔希伯来以色列人（Black
Hebrew Israelites）*抗议者的骚扰。一位年轻母亲和她的两个孩
子在美墨边境附近遭遇催泪瓦斯后逃跑，反映此事件的病毒
式传播的图像引起了自由派的愤怒，珍妮特对此也感到困惑。
"当我看到他们在那里向我们的边境巡逻队投掷石块，且试图
翻过围栏并嘲讽里面的人们时，"她说，"这让我非常生气。"
尤其让她愤怒的是自由派的双重标准："奥巴马在任时也是这
样做的，但没有人对此发表任何评论。奥巴马也确实使用了催
泪瓦斯。"

　　听到珍妮特的说法时，我半信半疑。到那时，我知道了她
相信关于奥巴马的阴谋论。奥巴马曾以多种方式支持移民——
例如，为"追梦人"（DREAMers，一群无签证年轻人）争取
留在美国的权利。奥巴马还支持将多样性作为美国的基本价值
观。他曾批评小布什（George W. Bush）政府侵犯人权和虐待
囚犯的行为，这些行为发生在伊拉克、关塔那摩湾监狱和中央
情报局所谓黑狱中。我不认为奥巴马政府会以任何方式对滞留
在美国边境的不幸移民使用催泪瓦斯。我立即查阅了snopes.
com网站——珍妮特用来核实迈克尔·乔丹故事的同一个事实
核查网站——以证实我的怀疑，即珍妮特是假新闻的受害者。

36

37

---

* 一个同名宗教流派的信徒，宣称非裔美国人是古代希伯来人的后裔。

但是我错了，美国海关和边境保护局（U.S. Customs and Border Protection）称，在奥巴马总统任期的后五年中，边境巡逻人员每月使用催泪瓦斯1.3次。[10]

当我接受关于虚假信息的教育时，珍妮特有了更多的攻击目标。虽然帕蒂这样的温和派很少与我们的网络机器人互动，但像珍妮特这样热情洋溢的党派成员经常攻击我们的网络机器人转发的消息。在描述民主党领袖查克·舒默（Chuck Schumer）和南希·佩洛西的反特朗普帖子时，她说："有时我会浏览别人账号里的内容。我就像看到……可恨的东西一样，然后我会留言告诉他们我对他们的看法。"珍妮特继续说道："我必须确保自己提醒他们，他（特朗普）是民选的总统——所以当他们（取笑他）时，他们不仅是在伤害己方阵营的人，还在伤害很多其他人的感情。"针对她感觉到的明显的自由派虚伪做派（例如，我刚才描述的关于催泪瓦斯的观点），珍妮特的回应常常是冷嘲热讽式的。在其他时候，她会羞辱那些在推特上发布特定消息的人，她认为这些消息与美国价值观不符。

我们所访谈的坚定的党派成员认为，他们有责任捍卫己方阵营。而且，这样做似乎也能让他们感觉良好。当我们询问珍妮特关于自己对舒默和佩洛西等主要自由派的攻击时，她说："我不知道他们是否看到了我的批评，但我表达了自己的观点，这至少能让我感觉更好。"她告诉我们，当保守派同僚为她加油时，她感觉更好了——这种情况经常发生。"当我向下翻动页面（并看到）有很多人和我观点相同时，"她告诉我们，同时描述着她的发言所收到的"喜欢"和支持性的评论，"……这让我感觉很好。"这种肯定，似乎不仅让珍妮特的保守派身份更加牢固，也让她更深地陷入了保守派的回声室。在关注我们的网络机器人六个月后，珍妮特就像我们研究的许多坚定的党派成员一样，也在社交媒体上关注了更多来自她同一阵营的人。我意识到，珍妮特的回声室不仅让她接触到了她在加入我们的研究之前就已经看到过的同类信息，也使她免受另一阵营对她所在政党的最极端攻击。

艰难的态度调整

　　我们先停下来想一下，根据流行的叙事，当人们走出自己的回声室时会发生什么。首先，接触与自己不同的观点是为了引发反省。人们应该意识到每个故事都有两面性。走出回声室除了可以为不同的思想创造更好的竞争环境，还可以帮助我们把其他人当作跟自己一样的人，并让我们意识到，人与人之间的团结多于分歧。随着时间的推移，走出回声室的经历应该会让我们所有人都变成更温和、更见多识广的公民，我们会尽职尽责地履行自己的责任——在形成自己的观点时将一系列证据考虑在内。有些人甚至认为，这种经历会让我们引用另一阵营的合理论据来反击自己阵营的极端派。

　　对我来说，帕蒂、珍妮特和我们访谈过的许多其他人的故事让以上叙事看起来像童话故事。在关注我们的网络机器人一个月后，两位女性都没有仔细思考网络机器人转发的消息中所呈现的一类政策观念，这类观念来自诸如《纽约时报》专栏作家大卫·布鲁克斯（David Brooks）或蒙大拿州州长史蒂夫·布洛克（Steve Bullock）。事实上，大多数关注网络机器人的人根本就不会针对他们遇到的关于社会政策的新观念展开讨论。那些走出回声室的人当然也没有更有效地把其他人当作跟自己一样的人，更不用说批评他们己方的极端派了。相反，走出回声室似乎会加剧"我们"和"他们"之间的对立。

对于像帕蒂这样不热心的党派成员来说，对立党派的攻击似乎激活了他们"发育不全"或"休眠"的政治身份。对于像珍妮特这样热情洋溢的支持者来说，走出回声室让"我们"和"他们"之间的差异看起来更大。对于这两类人，走出回声室并没有为不同的思想创造更好的竞争环境，而是导致了有关身份认同的恶性竞争。

尽管我们正在开始理解，当在社交媒体上接触到反对意见时，为什么人们会采取防御性姿态，但是，我们的研究再次提出了更深层次的问题：为什么接触另一阵营会激活社交媒体用户的身份认同，而不是激发他们去了解新的观念？为什么像帕蒂这样的人，不干脆忽视那些在他们舒适的回声室之外等待着他们的党派斗争呢？为什么像珍妮特这样的人一旦离开自己的回声室，就更积极地投入战斗，即使他们意识到自己影响对方的努力很有可能是徒劳的？ 40

第四章　社交媒体棱镜

1973年7月中旬，一位世界顶级的社会心理学家——穆扎费尔·谢里夫（Muzafer Sherif）——穿过纽约米德尔格罗夫的树林，寻找点燃森林大火的理想地点。当他的许多同时代人都在对实验室老鼠进行乏味的研究时，他却渴望了解人类身份认同是如何影响暴力冲突的。谢里夫在土耳其人和亚美尼亚人之间的古老竞争中长大，他想知道不同群体之间是如何发展出难以解决的分歧的——即使他们在其他方面非常相似时。谢里夫计划在纽约州北部这个沉睡的森林小镇进行一项不同寻常的研究，而点燃大火是该计划的一部分。在洛克菲勒基金会的一笔微薄资助下，谢里夫举办了一个假的夏令营，并邀请了40名11岁的男孩参加。选择这些男孩的标准是，他们要尽可能相似：他们都是白人和新教徒，年龄相仿，没有异常的心理特征。在实验之前，所有男孩彼此都不认识。谢里夫的计划是让男孩们互动、交友，然后随机将他们分配到将要在一系列比赛中相互竞争的不同团队里。谢里夫预测，一旦这些男孩被任意分配进"巨蟒队"或"黑豹队"，那么其中任意一个集体的身份认同就会导致他们对彼此产生敌意。该实验旨在说明，人类对归属感的内在需求如何产生谢里夫小时候就目睹过的那种悲剧性的群体间仇恨。[1]

但谢里夫错了。尽管被分成了巨蟒队成员和黑豹队成员，男孩们仍然友好地一起玩耍——大部分时间里都忽略了分配给他们的身份。为了挽救他花了数年时间筹划的实验，谢里夫指导两名研究助理潜入大家的帐篷，偷走了一些他们的财物。但此次挑起冲突的尝试也失败了。男孩们冷静地讨论了情况，互相发誓说自己是无辜的，并理智地断定是营地的洗衣店弄丢了被盗的衣物。当男孩们后来开始怀疑他们的"营地顾问"（研究人员）时，一直在喝酒的谢里夫把自己的两名研究助理拉到树林里，开始训斥他们。据说，当他挥起拳头好像要打其中一人时，这位年轻的研究生说："谢里夫博士，你要是打我，我也会打你。"[2]幸运的是，谢里夫恢复了理智，怒气冲冲地走开了。虽然这三位研究人员滑稽地遗忘了男孩们和平解决冲突的例子，但他们最终还是决定放弃当晚放火的愚蠢计划——该计划意在确定男孩们是否能够克服分歧以解决共同的威胁。

谢里夫不同寻常的研究故事并没有就此结束。他并没有因为此次实验的失败而气馁，一年后他在俄克拉何马州的罗伯斯洞穴举办了另一个假的夏令营。这一次他还是招募了一群非常相似的年轻男孩，但在这个如今已臭名昭著的实验中，男孩们在被分配到不同的队伍——"响尾蛇队"和"老鹰队"——之前是不被允许互相交朋友的。相反，这两支队伍被隔离在湖的两岸，从事的是20世纪70年代中期美国童子军营地所特有的有益健康的活动，而且他们到达各自的营地时并没有人告诉他们彼此的存在。然而，在短暂的相互熟悉过后，实验者告诉了每支队伍另一支队伍的存在，而且让他们知道自己的队伍将在第二天与另一支队伍展开竞争。

尽管谢里夫的第一个实验失败了，但他的新实验很快就演变成了类似于威廉·戈尔丁（William Golding）的《蝇王》（*Lord of the Flies*）中的故事。《蝇王》是一部在20世纪50年代流行的小说，故事中的儿童被困在一个岛上，他们通过谋杀来解决团队间的冲突。尽管男孩们没理由天然地不喜欢对方，而且实验者挑选男孩们的标准是，要尽可能是"正常"人，但他们很快就开始无端指责对方。老鹰队在激烈的拔河比赛中击败响尾蛇队后，响尾蛇队烧毁了老鹰队的旗帜。很快，两队成员都拒绝跟另一支队伍的成员一起用餐，而且对对方进行了深夜突袭，以窃取他们的个人物品，这与前一年谢里夫研究助理的行为惊人地相似。

令谢里夫高兴的是，他的第二个实验证实了自己的假设：群体之间形成敌对关系的必要条件是集体的身份认同。他上次失败的实验与这次实验的唯一区别在于，当老鹰队和响尾蛇队的两个群体彼此孤立时，他们有时间培养身份认同。随后数十年的研究表明，被分配到不同社会群体中的人会始终偏爱自己群体的成员，并惩罚群体之外的人。[3]这种现象也不是儿童独有的。学者们在地球上的每一种文化中都观察到了人类偏爱自己群体成员的倾向。[4]他们还发现，即使人们被分配到比老鹰队和响尾蛇队更没有意义的群体时，他们也会产生内群体偏好（in-group favoritism）。在许多不同的研究中，社会科学家都发现，这些无意义群体的成员会惩罚外群体的成员，即使这样做也会让他们自己付出代价。[5]

44　　正如政治学家莉莉安娜·梅森（Lilliana Mason）指出的那样，如果老鹰队成员和响尾蛇队成员这样的任意身份都可以如此轻易地制造出对对方群体根深蒂固的敌意，那么也许我们不应该对政党身份可以在民主党人和共和党人之间轻易地制造出这种敌意感到惊讶，考虑到政党拥有如此复杂的竞选活动、媒体专业人士和长时间协调活动的机会。[6]而且，如果同样的政党可以如此高效地煽动我们的激情，那么当我们被困在自己的回声室中时，我们或许不该惊讶于回声室的力量似乎会增强，就像俄克拉何马州乡村地区湖两岸的夏令营成员那样。

不那么理性的公众

西方思想中最古老的观念之一是，理性商谈（rational deliberation）会产生更好的社会。当人们根据广泛的证据形成自己的意见时，社会运转会更加顺畅，这一观念已成为民主基石的一部分。就像我们今天珍视的许多理想一样，这个观念也是在启蒙运动中流行起来的。丹尼斯·狄德罗（Denis Diderot）等哲学家论证，理性已经帮助科学家征服了自然界的许多领域，那么为什么不利用它来建设更好的社会呢？沙龙是这一进步思想的重要场所。沙龙起源于意大利，后来在法国流行起来，是由有影响力的精英组织的关于时事的小组讨论。一些历史学家认为，风趣与博学并重的沙龙是现代民主的重要先驱，因为它为人们提供了一个讨论共同挑战的公共集会场所。但其他历史学家认为，参加沙龙大多只是喝酒和寻找性伴侣的借口。[7]

尽管沙龙可能不是促成民主的熔炉，但许多社会科学家还是将其描述成了促成民主的熔炉。[8]根据德国社会学家于尔根·哈贝马斯（Jürgen Habermas）的说法，沙龙为20世纪出现的大众传播系统奠定了基础。[9]哈贝马斯认为，报纸、广播和电视促成了"公众"（public）的出现，因为它们为社会提供了足够广阔的公共讨论空间，让大范围的人群可以就自己所处时代的议题进行商谈。哈贝马斯认为，通过更有效地传播信息，这些新技术促进了思想之间更好的竞争。这些信念反映了公共领域其他著名学者的观点，为现代舆论理论奠定了基础。[10]近几十年来，詹姆斯·菲什金（James Fishkin）等政治学家推广了"商谈式民意测验"（deliberative polling）的理念，它使小群体的公众聚集在一起讨论如何解决社会问题。菲什金认为，这种做法可以引导人们缓和自己的观点，识别出最佳解决方案，甚至对政治更加热情。[11]

因此，互联网的早期观察者赞扬社交媒体在扩大沙龙文化范围、创造一个巨大而开放的思想市场方面的潜力也就不足为奇了。[12]这些观察者认为，社交媒体网站不仅对所有人开放，而且也缺少严格管控公共领域边界的传统把关人（电视制作人、报纸编辑等）。更重要的是，社交媒体为人们提供了看似无穷无尽的信息渠道并利用这些信息形成自己的观点。与线下环境相比，社交媒体还可以让用户与更多样化的人群讨论此类信息。

　　这种关于社交媒体的高度理想化的愿景，现在看来可能有些异想天开了。但推动这些预言的逻辑，即让人们可以更容易地相互联系，将带来更有效的民主，继续激励着许多技术领军人物。例如，据报道，脸书的首席执行官马克·扎克伯格（Mark Zuckerberg）认为，脸书用户可以针对什么应该被标记为假新闻进行有效的商谈，即使假新闻这个词本身就是一个政治足球*。[13]同样，推特的首席执行官杰克·多尔西（Jack Dorsey）已经考虑调整推特平台的算法以让人们接触到更多不同的观点，因为他认为这会让人们变得更温和。[14]也许你也援引过这样的逻辑。你有没有想过，为什么你在社交媒体上发布的令人兴奋、经过仔细研究的帖子，没有像你的孩子、猫或狗的照片那样获得那么多的关注？

　　正如第三章中帕蒂和珍妮特的故事告诉我们的那样，社交媒体不像18世纪的沙龙，而更像是一个广阔的足球场，我们的直觉受球衣颜色而非前额叶皮层所引导。事实上，早在我们开展这项研究之前的几年，心理学家杰弗里·科恩（Geoffrey Cohen）就通过一个巧妙的实验发现了我们的政治身份认同倾向于引导我们的观点，而不是相反。[15]科恩招募了自由派和保守派的学生来评估两项假想的福利政策。其中一项政策提供了非常优厚的福利，符合民主党选民的典型偏好。第二项政策的福利更为紧缩，符合共和党对经济再分配的典型偏好。但在

---

* 指一些本来与政治无关的议题，对立政党出于政治目的而将其政治化。

这项研究的实验组中，科恩将两项假想的政策分别归于偏好与之不匹配的政党。民主党人强烈支持据说由民主党所支持的政策，无论这项政策中的福利是优厚的还是紧缩的。同样，共和党人更喜欢据说由共和党所支持的政策，无论政策的内容是什么。

这个实验和许多后续研究表明，美国人在社会政策问题上的分歧程度实际上远没有大多数人意识到的那么严重。[16]尽管在过去几十年里，美国人对社会政策的分歧率一直保持着相对稳定的水平，但我们对彼此的态度变得更加负面。自1960年以来，"美国国家选举研究"（American National Election Study）关于以下问题调查了数千位美国人：如果他们的孩子决定嫁给反对党的成员，他们是否会感到不满？ 1960年，只有5%的共和党人和4%的民主党人表示他们会对这种情况感到不满。[17]但在2010年，27%的共和党人和20%的民主党人会对此感到不满。[18]而在2018年，接近50%的共和党人和民主党人会对此感到不满。[19]在一部关于美国南部政治冲突的精彩民族志中，社会学家阿莉·霍赫希尔德（Arlie Hochschild）认为，民主党人和共和党人不仅彼此讨厌，而且还建立了"同理心之墙"（empathy walls），来阻止自己把对方当作跟自己一样的人。[20]

社会科学已经产生了一系列令人不安的迹象，表明我们的政治身份认同是多么容易超越我们的理性本能，超越我们的共情能力，甚至是超越我们围绕非政治议题而与对方建立联系的能力。[21]例如，一项研究表明，民主党人和共和党人宁愿从在线劳动力市场上接受较低的经济报酬，也不愿相互合作。[22]其他研究表明，民主党人和共和党人会将假想的工作机会和奖学金给予本党派的成员，即使这些人与来自对立党派的候选人相比资质更差。[23]政治身份认同甚至已经成为我们自我意识的核心，以至于它决定了我们被谁吸引。当一组政治学家随机给一些人分配党派背景，并要求一些受访者判断这些人在外表上的吸引力时，他们发现受访者对对立党派成员的评价较差——即使当实验人员将这些人分配给其他受访者时，来自同一党派的受访者认为他们非常有吸引力。[24]两党成员之间的差异并不止于此。共和党人喜欢福特皮卡车，而民主党人更喜欢丰田普锐斯。自由派喜欢拿铁咖啡，保守派喜欢滴滤咖啡。研究表明，民主党人和共和党人目前喜欢的电视节目不同，音乐也不同。[25]

由于越来越多的证据表明我们的政治身份认同塑造了我们对周围世界的理解方式，社会科学家大多放弃了以下观点，即人们会冷静地商谈对方论证中的优点。[26]但还有另一个更深层次的问题有待社会科学家解决。民主党人和共和党人不是老鹰队成员和响尾蛇队成员，或者至少可以说，社交媒体平台不是夏令营。正如帕蒂和珍妮特的故事表明，我们的政治身份认同不仅仅是我们每次登录社交媒体时穿上的"队服"。[27]相反，我们的身份认同随着我们与新闻信息流的互动，以及和其他社交媒体用户的互动而演变。那么，关键问题是，社交媒体平台如何塑造我们的身份认同以及我们对他人的看法？

社交媒体与对地位的追求

我们先停下来做一个练习。如果你让我访问你所有的社交媒体账号——让我分析你的每一篇帖子、每一张图片或每一个视频——我能很好地了解你是谁吗？花点时间浏览一下你在脸书、推特、Instagram 或你最常使用的任何平台上发布的最近十几条消息，你怎么决定将哪些内容纳入这个不断扩大的数字生活档案？更重要的是，你不在社交媒体上发布的内容是什么？如果你和大多数人一样，答案是"很多内容"。如果你曾经使用过互联网约会应用程序，你可能已经亲身体验过这种行为的后果。这个思维练习的目的并不是试图让你相信在社交媒体出现之前相亲会更好（事实并非如此），而是要阐明我们最基本的人类本能之一。人类是不同寻常的生物，因为我们非常在意别人对我们的看法。我们自觉或不自觉地耗费了不合理的精力——至少从狗的角度来看是这样——用来在不同的社会环境中呈现不同版本的自己，以找出哪些版本"行得通"。

当然，我们对社会地位的痴迷早于社交媒体的出现，有些人比其他人更想要在社交媒体上获得地位。但我想在这里强调的关键一点是，我们非常关心自己的身份认同，因为它给了我们一种所有人都为之奋斗的东西：自我价值感。这个想法可以追溯到诺贝特·埃利亚斯（Norbert Elias）和欧文·戈夫曼（Erving Goffman）等社会学家的早期著作，然后一直延续到当今神经科学的前沿。[28]相关研究的一般结论是，我们会认同让我们自我感觉良好的身份，我们会回避那些让我们感到羞耻或尴尬的身份。我们寻求成为政党等社会团体成员的主要原因之一是，它们可以为我们提供无法靠自己获得的自尊。[29]虽然这种情况之所以发生，是因为当我们与他人建立联系时所产生的积极的自我肯定，但是，这种情况也常常受到以下过程的驱使，即我们会在自己和那些我们认为能力不足、不那么诚实或道德水平低下的人之间划定边界。[30]我们通过将人们划分为"我们"和"他们"而产生优越感，这种优越感满足了我们对地位的内在需求。

对于我们这些以研究身份认同为业的人来说，关于身份认同，最令人沮丧的事情之一就是它在不断演变。与本章开头描述的夏令营参与者不同，人们并不是被随机地分配到共和党或民主党的。尽管到目前为止，我们已经了解到人们会发展出可以提高自尊的身份认同，但我们还没有分析人们为了做到这一点应该如何解读其他人发出的信号。这就是社会学不可或缺的原因。社会学是研究社会关系的科学。社会学家研究社会环境如何塑造人们的信仰、行为以及身份认同——对当前的讨论而言，这是最重要的部分。

社会环境会塑造人类发展自己身份认同的方式，一个开创性的例子是社会学家查尔斯·霍顿·库利（Charles Horton Cooley）的"镜中我"（looking-glass self）概念。[31]根据库利的说法，我们在不同的社会环境中会呈现出不同版本的自我，而我们通过观察其他人对不同版本自我的反应来发展我们的自我

概念。这个理论认为，身份认同不是我们穿的"队服"，而是
复杂的社会实验过程的结果。我们不断地展示不同版本的自
己，观察哪些版本会引起他人的积极反应，然后采取相应的行
动。[32] 例如，在把自己描述为一名才华横溢的霹雳舞者的同时，
我预料到朋友和家人会对此大加嘲笑。然而，我已经开始认识
到，人们对我自嘲式的幽默感出奇地宽容，或者至少我认为他
们是这样的。而且，最后一部分（我认为其他人欣赏我的自嘲
倾向）是关键。尽管我们会自觉或不自觉地审视自己所处的社
会环境，但我们对其他人想法的判断往往是完全错误的。

　　戈夫曼通过对身体明显畸形的人（如患有象皮病的人——
象皮病是一种以四肢或其他身体部位粗大为特征的病症）进行民
族志观察，发现了我们具有误读他人反应的倾向。[33] 戈夫曼了解
到，身体上带有此类病症的人会预期自己受到他人的歧视。然
而，当他们因预期到这种歧视而改变自己的行为时，往往会让
其他人更加不舒服——或者只是让人们更容易完全忽视带有此
类病症的人。戈夫曼表明，这种对社会环境的误读创造了许多
其他类型的自证预言（self-fulfilling prophecy）*，这些预言可以扩
展解释许多被污名化的群体成员所经历的更广泛的偏见模式。[34]

　　戈夫曼认为，我们是通过语言线索和非语言线索的结合来
解读我们的社会环境的，后一种线索包括面部表情、其他类型
的肢体语言和语调。相比之下，社交媒体使一种完全不同的

---

* 又称自我实现预言、自我应验预言等，指的是这样的现象：某人抱有的期望会影响
　其具体行动，使某事的结果符合当初的期望，继而强化了该期望，使某人更相信原
　先期望的真实性。——编注

"自我呈现"（presentation of self，借用戈夫曼的一个著名短语）成为可能。[35]我们隐藏身份的某些方面并突出其他方面的能力在现实生活的互动中受到了高度限制，但社交媒体给了我们更大的灵活性，以展示我们精心策划的自我。正如传播学学者爱丽丝·马威克（Alice Marwick）和信息科学家丹娜·博伊德（danah boyd）观察到的那样，只要我们愿意，社交媒体允许我们展示自己生活中的几乎每一个细节，或者保持完全匿名——至少在某些平台上是这样。[36]很少有人选择这两个极端中的任何一个。最有趣的社会学问题是：为什么我们呈现的自己是这一个版本而不是另一个版本？

　　社交媒体除了让我们可以更好地控制自我呈现，还让我们能够以前所未有的效率监控自己所处的大部分社会环境。我们的新闻信息流高频率地推送我们关注的每个人的最新状态，它不仅仅是一种便捷方式，用来获取与我们关心的议题有关的信息。它还使我们能以前所未有的规模和速度进行社会比较。[37]由埃琳·沃格尔（Erin Vogel）领导的一组心理学家研究了人们在社交媒体内外进行社会比较的频率。他们发现，使用脸书的人比不使用脸书的人更频繁地进行社会比较。[38]在相关研究中，心理学家克莱尔·米奇利（Claire Midgley）进行了一系列研究，在这些研究中，她的观察对象是使用脸书的人。米奇利还记录了人们进行社交比较的频率、人们将自己与谁进行比较以及这对他们的自尊有何影响。[39]她发现，社交媒体用户倾向于将自己与社交距离较远的人和地位更高的人进行比较。她还发现，在人们进行此类向上比较之后，大多数人的自尊程度都会下降。[40]

我们的新闻信息流还向我们提供了用于监控我们社交环境的内置工具。大多数社交媒体网站都提供即时的指标，我们可以使用这些指标来了解我们的自我展示是否有效。通过这种方式，地位被深深地嵌入社交媒体网站的架构中。[41]我们可以通过观察"喜欢"、转发或分享的数量，来监测我们分享的内容让人们产生了正面反应还是负面反应。有时，我们发布的内容会引起人们的负面反应，以至于他们不厌其烦地对我们的帖子发表负面评论。我们甚至使用了一个名字来形容那些负面评论多于正面认可的帖子，即"比例失调了"（getting "ratioed"）。社交媒体平台还通过突出显示每个用户拥有的关注者或朋友数来传达我们的地位。推特和Instagram甚至用闪亮的蓝色对号标记来突出显示名人的身份认证，而我们其他人则必须像一群野蛮人一样艰难地使用这些平台。

尽管有些人不太关心他们是否在社交媒体上获得了大量关注者，或者他们的帖子是否获得了很多"喜欢"，但研究表明大多数人确实关心这些。2015年，一群传播学学者要求141名脸书用户跟自己分享他们的新闻信息流。然后，他们询问这些人对每个帖子的感觉如何。据报告，如果人们发布的帖子收到了朋友的大量评论或回复，那么他们会体验到更积极的情绪。[42]一些学者认为，此类发现甚至可能有神经学的基础。[43]一组神经科学家招募了一群青少年，让他们从功能磁共振成像（fMRI）机内部浏览热门照片共享网站Instagram的模拟页面。青少年如果浏览了被其他Instagram用户大量点赞的帖子，就会在与"奖赏处理、社会认知、模仿和注意力"相关的神经区域表现出更强的大脑活动。[44]

棱镜的力量

　　许多人认为社交媒体平台之所以会让人成瘾，是因为它为我们提供了源源不断的视觉刺激，而且，它经过硅谷营销专家的精心设计，目的就是让我们无法放下智能手机和平板电脑。[45]仔细阅读文献并研究了数千人多年来使用社交媒体的情况之后，我认为我们迅速缩短的注意力时长只是故事的一部分。我得出的结论是，我们对社交媒体成瘾的更深层原因是，它可以让我们更容易地做一些太符合人性的事情：呈现不同的身份认同，观察其他人的反应，并更新我们的自我呈现，以让自己觉得有归属感。[46]

　　社交媒体对政治极化具有重要影响，而社交媒体的巨大悲剧在于，它使我们误读社会环境的倾向更加严重。我们使用社交媒体平台，就好像在使用一面可以帮助我们了解自己在社会中位置的巨型镜子。但这些平台更像是"弯曲"和"折射"我们社会环境的诸多棱镜，它们扭曲了我们对自己和他人的认知。社交媒体棱镜在人们没有觉察到它存在的时候，发挥了最深远的影响。在接下来的章节中，我将深入剖析我们对社交媒体用户的访谈，以解释社交媒体棱镜的工作原理。我首先将社交媒体棱镜的概念推演到其逻辑极端，展示在社交媒体上寻求地位将如何造成政治极端主义的恶性循环。

第五章　社交媒体棱镜如何推动政治极端主义？

星期二的深夜，在亚拉巴马州亨茨维尔附近的一家大型医 院担任医务助理的杰米·拉普拉斯刚结束他的夜班。他拿出自己老化的苹果手机，开始浏览一系列关于酷玩乐队（他最喜欢的乐队）的推文，然后在看到特朗普的前竞选团队主管史蒂夫·班农（Steve Bannon）的视频时停了下来。该视频激起了自由派推特用户的大量负面反应。杰米也在自己相当不礼貌的推文中表明了态度："不错的性病啊，史蒂夫。"杰米指的是班农红润的脸颊上有一个不小的红色斑点，看起来像疱疹病毒引起的感冒疮。杰米继续滑动，并停下来侮辱了其他几位著名的保守派，然后回家了。

粗略浏览一下杰米的推特提要，我们就会发现他是该平台最极端的自由派用户中的一员。但是当我们第一次见到杰米时，他没有表现出任何类似上面那种线上的行为。"我注册推特账号，只是为了查看是否有新专辑发行，"他告诉我们，"我不太在乎别人看到我的意见。你知道，我玩推特只是为了看看最新的体育比分，或者看看酷玩乐队是否推出了新专辑……我只是把推特当作信息源来用——对我来说仅此而已。"后来我才知道，杰米在骗我们。他描述的自己与我认识的那个擅长讽

刺挖苦的社交媒体挑衅者十分不匹配，其程度令人震惊。杰米
的欺骗天赋是如此炉火纯青，以至于他甚至把我们请来招募他
的调查公司耍得团团转，他告诉该公司自己是一个"坚定的共
和党人"。

　　尽管杰米肯定不是共和党人，但他周围几乎全是共和党
人。他出生在美国最"红"*的地区之一，父母是自由派。他的
叔叔阿姨大多数跟他的观点不同。"现在特朗普（被选为）总
统了，"杰米抱怨道，"我们的家庭成员分裂了——我们甚至
不能一起看完一场橄榄球比赛。"在这个"鲜红"的州，观看
体育比赛并不是杰米和民主党人面临的唯一挑战。"我有一些
从小就认识的朋友，我愿意为他们赴汤蹈火，"他告诉我们，
"但我现在不再跟他们说话了，因为他们投票给了唐纳德·特
朗普。"这给这位三四十岁的单身无神论者带来了深深的挫败
感和孤独感，他在十年前从大学辍学后就一直在上夜班，每
年收入不到4万美元。他解释说，他偶尔会遇到高中时的朋
友，但当谈到政治时，事情很快就会变得糟糕："啊，伙计，
我以前总是觉得你有点酷，但你却爱上了听（特朗普）胡说八
道……你可能不会在圣诞假期打电话找我喝啤酒了。"

　　尽管杰米向我们隐瞒了他在网络上的挑衅行为，但是他直
言不讳地表达了自己强烈的自由派观点。例如，他将共和党人
描述为"坏人"。"无论他们支持什么，我都会不假思索地反
对。"他告诉我们。当我们问他是否与共和党人有任何相似之

---

*　红色代表美国共和党，蓝色代表美国民主党。

处时，他说："不，一点也不相似。"像许多其他热情的自由派一样，杰米对特朗普感到愤怒。当被问及是否能找到特朗普的任何优点时，他回答说："不，一点也找不到。"他停顿了一下。"我猜……如果有人拿枪顶着我的脑袋……如果我被折磨得要死，不得不想出点什么……我认为（他）的优点是进行了监狱改革，这是需要去做的。"但他随后迅速转弯："就像，恭喜你，因为你为非百万富翁们做了一件事。我敢肯定，如果我们进一步挖掘，就会发现他们在以某种形式或方式从中赚钱。"有一件事可能取悦了美国很多像他一样的低收入者，特朗普的当选让他们每个月收到的工资增长了一点点，但杰米甚至也不欣赏这件事。相反，他错误地认为，特朗普2017年的税收改革并没有使中低阶层选民得到实实在在的优惠。[1]"我失去的东西比我在奥巴马执政八年内失去的要多得多。"他告诉我们。

　　社交媒体平台是如何影响杰米这种政治极端派的观点和行为的？[2]对于这个问题，尽管知识权威、政策制定者和技术领军人物给出了众多回答，但关于政治极端派或"政治喷子"的学术研究相对较少。[3]这很好理解。因为政治极端派不喜欢被研究，当社会科学家有机会调查或访谈他们时，他们中的许多人——比如杰米——会隐藏自己生活中的重要细节。[4]出于这个原因，几乎所有关于社交媒体极端主义的研究都只能关注人们在社交媒体平台上的行为。[5]然而，正如杰米的故事所表明的，这种策略提供的是一幅非常不完整的关于极端主义的图景。在本章中，我将解释：社交媒体棱镜如何扭曲了极端派对自己和他人的看法，而这创造了一个自证预言，导致人们进一步相互疏远。

孤独的"喷子"

在对社交媒体上的极端派进行的研究中，我观察到的最常见的事情之一是，他们往往在自己的线下生活中缺乏地位。[6] 我已经描述了杰米如何挣扎着融入他在亚拉巴马州的保守派朋友，与此同时，在数千千米外，一个相似的故事正在上演。埃德·贝克是一位60岁出头的鳏夫，住在内布拉斯加州的一家汽车旅馆里。他几乎每一天都希望自己能回到科罗拉多州的柯林斯堡，这是一座士绅化程度很高的城市，也是他出生、长大和上大学的地方。埃德在20世纪80年代与妻子一起在金融部门工作，过着舒适的生活，而他的妻子在我们遇见他之前的几年去世了。但就像该行业的许多其他人一样，埃德也陷入了困境，因为大型金融公司不断地辞退大量像他这样的人，而他只能不断地换工作。当他被迫提早使用自己的401（k）计划*的保险金以求生存时，他开始对奥巴马政府极为愤怒。当我们见到埃德时，他已经靠食品救济券为生了。他再也负担不起住在自己的家乡，那里正在迅速士绅化，因为该地区具有户外活动的绝佳机会和相对较低的税率，而这吸引来了富有的科技企业

---

* 美国的一种由雇主和雇员共同缴费的养老保险计划，始于1978年《美国国内税收法》新增的第401条第k款，故名。

家。[7]但是，尽管埃德搬走了，他仍然处在失业和绝望当中。"在这个小镇上，"他解释道，"对所有工作而言我都资历过高了。"

埃德由于长期住在这家汽车旅馆而享有免费的DirecTV*电视服务，无论他睡着还是醒来，电视一直都开着。大多数日子里，他醒来时都会看到《福克斯和朋友们》(*Fox and Friends*)节目——据报道，特朗普每天早上也会收看这个很受欢迎的早间新闻节目。看到特朗普时，埃德就像看到了自己的救星。他将妻子生命最后阶段所花费的高昂医疗费用归咎于奥巴马，并认为特朗普是唯一有能力解决这个问题以及美国面临的许多其他问题的人。"我认为他很棒，"他告诉我们，"他让我想起罗纳德·里根。"埃德每周都会亲手给特朗普写一封信，要求他在自己居住的内布拉斯加小镇创造就业机会。"我收到了一封友善的回信。"埃德告诉我们，信上说："谢谢你的关注，我们很感激。我们会尽最大努力把这封信交给总统。"埃德对特朗普的商业头脑印象特别深刻，并花了一些积蓄购买了特朗普的《交易的艺术》(*The Art of the Deal*)一书。但也许更重要的是，埃德认为特朗普竞选公职是为了帮助像他这样的人："我相信他正在为美国人民……尽其所能。为此我很欣赏他，我很乐意在他名下的酒店里为他工作。我现在还没有红色的（"让美国再次伟大"）的帽子，因为我买不起，但（如果我买了的话）我会戴着它四处走动。"

由于埃德与他所钟爱的日益偏向自由派的柯林斯堡相隔

---

* 美国一家卫星电视公司，成立于1994年。

58　绝，并且几乎没有可在线下碰面的朋友和家人，因此推特和脸书成了他的"社交绿洲"。尽管我们为本书访谈的大多数保守派认为特朗普发推文太频繁，或者他应该更加注意他发推文的内容，但埃德对特朗普在社交媒体上的表现很满意。"他让我开怀大笑。"埃德告诉我们。在描述特朗普攻击自己对手的方式时，埃德说："我喜欢这些绰号……火箭人……他（特朗普）让我开怀大笑。"除了通过转发此类攻击性言论来赞扬特朗普，埃德还在社交媒体上向自由派泄愤。当我们第一次见到埃德时，他正在嘲笑"墨西哥黑手党民主党人"，他认为这些人阻止了特朗普在美墨边境修建边境墙。埃德像许多其他极端保守派一样，经常攻击希拉里·克林顿或她的家人，甚至在她败选多年后也是如此。例如，每当埃德遇到有关罗伯特·穆勒调查特朗普的帖子时，他要么会在回复中援引克林顿基金会腐败的例子，要么援引他认为比尔·克林顿强奸过的女性的故事。

　　埃德告诉我们，他之所以在社交媒体上发表极端言论，是因为这可以帮助他宣泄，而且有助于他应对社会孤立。但从与他的谈话中我们也可以清楚地看出，发表极端言论的行为给了他一种强大的地位感。[8]在我们的访谈中，他反复提到自己有"几千"关注者，让他尤其骄傲的是，这些关注者中有几位是著名的保守派领袖。然而，当我在几个月后分析埃德的社交媒体账号时，我发现他只有200个左右的关注者。更重要的是，他之前认为是著名保守派的关注者，实际上只是这些保守派的高仿号。对于埃德和我们访谈过的许多其他政治极端派来说，社交媒体让他们感觉自己成了一种"微名人"——即便他们的影响力被夸大了，即便他的许多追随者看起来并不像是真的对他的观点感兴趣的人。我们访谈的另一位极端派将这种地位感的影响比作药物滥用：它让你自我感觉更好，即使你知道这可能对自己不好。59

除了从己方阵营的人那里获得地位，我们访谈的许多极端派只是喜欢给对方阵营的人增添烦恼。我们影响他人的能力，无论多么不自然、持续时间如何之短，对于那些觉得自己几乎无法控制自己生活的人来说都是有价值的。美国和丹麦的一组政治学家在两国进行了一系列研究，以确定谁在网上传播政治谣言或假新闻。[9]他们的发现有些令人惊讶：散布此类虚假信息的人，其动机不仅仅是希望看到己方阵营获胜，研究人员发现他们还有制造混乱的需求——希望看到整个系统都受到影响。研究人员推测，这种需求源于边缘化经历本身——我在埃德、杰米以及我们访谈过的大多数其他政治极端派的案例中都非常清楚地看到了这一点。

你不认识的"喷子"

埃德与我们访谈过的其他极端派的区别在于，他没有隐藏自己在网上的极端主义行为。这显然与雷·怀特的情况不同。怀特的推特账号里包含的内容非常肮脏，我都希望自己写的是另一个主题的书了。事实上，这些内容是如此令人厌恶，如果你像我一样容易恶心，那么你可能会想跳过这一段。怀特的推特页面没有自己的真名，当你访问该页面时，你将首先看到一大堆粪便。遗憾的是，我说的就是字面意义上的粪便：人类排泄物。第一个引起我注意的帖子是这样一张图片模因，它描绘了一辆垃圾收集车，这辆车有一条长长的蛇形软管，软管的一端连接的是一个移动式厕所，另一端连接的是奥巴马的脸。当我快速向下翻动时，情况变得更糟。希拉里·克林顿和有影响力的自由派国会议员，如南希·佩洛西和亚历山德里娅·奥卡西奥–科尔特斯（Alexandria Ocasio-Cortez），都被一堆粪便包围着，或者在一个又一个的表情包中进行着性行为。[10]我很快就关闭了这个页面，并感到恶心不已。到底为什么有人会做这些事？当我的肠胃变得足够强健时，我又去看怀特的推特内容，发现他平均每天发10个帖子，其中包含一些经过精心处理的民主党人的图片，偶尔也有经过精心处理的温和派共和党人的图片，如米特·罗姆尼（Mitt Romney）——当然我认为后者只是被额外添加进去的。

下面的部分可能会让你感到惊讶。尽管怀特在网上的行为是我们研究中迄今为止最应受谴责的，但他是我们访谈过的人中最有礼貌、最谦恭的一个。我们的研究团队中第一个访谈他的是一位女研究生。他在整个通话中都称她为"女士"，并特意谴责政治上的不礼貌行为。他在描述民主党人时说："我避免与他们交谈，因为我知道这会导致什么——大喊大叫和争论不休……我不喜欢与人争论，因为我的父亲——愿他的灵魂安息——在很久很久以前当我还是个小男孩的时候就教给了我一些道理。他说：'儿子，在生活中，有两件事绝对不能在公共场合与人讨论。'我说：'爸爸，是什么？'他说：'第一，政治。第二，宗教。'"尽管他在社交媒体上发布了不道德的帖子，但他在后来的一次访谈中告诉我们："我是那种人，我不需要对他人使用粗俗、亵渎的话以及和种族相关的评论，来让他人同意我的观点……我不喜欢那样。"尽管非白人民主党人是怀特在社交媒体上最常攻击的目标，但他也竭尽全力使自己与种族主义者的身份保持距离。"我在这座城市长大，"他告诉我们，"我的大多数朋友都是非裔美国人、西班牙人、拉丁美洲人、中国人和韩国人。我们都像兄弟一样相处，种族主义对我来说……虽然我不想在这里扯远了……这是卑鄙的。"

　　第一次听到访谈怀特的录音时，我大吃一惊。录音中的人与推特的主人不可能是同一个人，因为他推特上的帖子让我质疑自己写这本书的决定。"肯定有某种类型的数据合并*错误。"我心想。但是经过多次重新合并，我断定数据没有错误。"也许他在欺骗我们的调查公司。"我怀疑。毕竟，我们在本章开头遇到的自由派"喷子"——杰米曾告诉我们的调查公司自己是一位坚定的共和党人。也许怀特填写了其他人的推特账号，以此来抗议我们企图侵犯他的隐私。我返回怀特的推特帖子进行调查。他推特上的简介描述了我们访谈他时他提到的同样的工作。他关注了自己所在区域的几个小型组织。最能说明问题的是，他的推文中包含了他在访谈中使用的几句与众不同的话。

　　在确信受访者确实是怀特之后，我立即再次去看访谈记

*　指将两个或多个数据集合并的过程。——编注

录，在那些我们询问受访者的问题中寻找我最喜欢的一个：
"如果我从没见过你本人，在我查看你的社交媒体账号之后，
我是否能感觉到你是什么样的人？"怀特的回答是"当然"。
我意识到，怀特在隐藏他自己。当我们在后面的访谈中请他反
思自己在现实生活中与在社交媒体上接触民主党人时会有什
么区别，他告诉我们，有时他会与办公室的同事进行礼貌的
交谈，"但是在交谈发生的那天晚上……他们会上线……他们
（从）杰基尔博士（变成了）海德先生*，并开始使用他们不能
在办公室使用的各种粗鲁、粗俗和淫秽的语言"。"想象一下，
如果他的同事看到他的社交媒体页面会怎样。"我心想。怀特
继续说道："有很多人在（社交媒体）上这样做。你想知道为
什么吗？因为他们很孤独，他们这么做是在寻求关注。他们在
镇上得不到关注，他们去酒吧或酒馆也见不到什么人。所以他
们开始上网，在网上表达自己的沮丧，当人们回应时，他们会
很高兴……我想说：'这些人出了什么问题？他们到底在想什
么？'"那个在网上表达沮丧情绪的孤独者？其实就是怀特自
己。在查看了怀特给我们的调查公司提供的人口统计数据和房
产记录后，我发现怀特是一位单身的中年办公室经理，与自己
85岁的母亲住在一起。和我们访谈过的许多其他极端派一样，
怀特在网上为自己创造了一个完全不同的世界。

---

* 19世纪英国作家罗伯特·路易斯·史蒂文森在长篇小说《化身博士》（*Dr Jekyll and Mr Hyde*）中塑造的双重人格形象，主人公的一个人格是向往着自律的杰基尔博士，另一个人格是渴望放纵的名为海德的恶棍。杰基尔尝试用药物将两者分离，但试验之后，海德占据了身体的主导权。

极端派的"异教团体"

当我继续比较政治极端派在线上和线下的行为时，另一件让我感到惊讶的事情是他们会非常谨慎地打配合。我们访谈的一位"喷子"给我们讲了关于一份极端保守派名单的故事，名单上的人承诺互相关注。"他们会发送一份名单，我们称之为爱国者、志同道合的人，"他告诉我们，"或者'让美国再次伟大'的人……我会浏览一个名单并关注上面的人，他们也会关注我。这是一种往来。"这种现象不只出现在极端保守派当中。例如，我们访谈了一位来自得克萨斯州的极端自由派，他告诉我们他为居住在该州保守地区的自由派组织了一个秘密的脸书群组。他说，该组有300多名成员，一些成员"每月在首府聚餐一次"。他解释说，该团体并没有做出非常不礼貌的行为，但它确实为那些因政治观点而感到被排斥的人提供了一种非常有意义的归属感。[11]

我还了解到，极端派通过对持有相反政治观点的人发动协调一致的攻击来建立联系。尽管社交媒体上的极端派似乎最关心的是通过出色的论证来打败对方——最好是带有挖苦式的幽默或讽刺，但我的研究表明，这些攻击也起到了一种仪式的作用，可以使极端派之间的关系更为紧密。在我们研究的多个阶段，我都观察到了极端派间的串通联合。我有一个独特的窗口来观察这个过程，因为我们访谈的一些极端派是我们雇来关注网络机器人的用户，这些网络机器人让他们接触持反对意见的意见领袖的信息。在我们用网络机器人进行研究的过程中，我在手机上开启了通知，每当有人与我们的网络机器人互动时我都会收到通知，这样我就可以对这个研究进行实时监控。有很多次我观察到，极端保守派和极端自由派都对网络机器人转发的消息发表了带有讽刺性或辱骂性的评论，而他们这么做的原因只是想要看到研究中的其他人在他们的基础上更进一步。这种情况经常发生，以至于我们研究中的三个最极端的保守派开始关注对方。在整整一周时间里，这三个人都在联手攻击我们的自由派机器人转发的许多消息，而随着时间的推移，他们经常互相推动，提出越来越极端的批评。

这种行为强调了我在我们访谈的所有政治极端派中观察到的一个共同主题。尽管许多人花费很长时间在网上攻击另一阵营的成员——包括一名男子愤怒地、讽刺地回复了我们的网络机器人在一个月内发布的107条推文——但是他们知道自己不会改变任何人的想法。例如，那个回复了网络机器人这么多推文的"喷子"在推特上讲述了他最近参与的一场争论。争论的焦点是，一名被美国拘留的年幼女性移民在墨西哥边境因脱水而死亡。尽管推特上的许多自由派都在指责特朗普政府未能很好地照顾这个女孩，但我们的受访者却在指责这个女孩的母亲："每个人都在拿这个说事儿，就好像这是我们的错一样。明明是这个女孩的母亲带她走过了沙漠，女孩因此生了病，然后去世了。虽然他们将她空运到医院并且做了其他能做的一切，他们也无法救活她。而突然之间，这就变成了美国的错。"

尽管他花了好几天时间与自由派争论这个问题，但他承认自己去影响对方的努力是徒劳的："我必须对这样的事情作出回应，因为这件事很荒谬。并不是说我的回应会发挥什么作用，因为不管证据是什么，相信这是我们的错的人都会相信这是我们的错。"我们从自己访谈的几乎每一位政治极端派那里都听到了类似的故事。与党派斗争更相关的，似乎是发出关于地位的信号、建立基于地位的联系，而不是说服他人。

64

　　我们进行的访谈和定量调查，以及我们的研究对象多年来产生的社交媒体内容，也让我有条件更深入地探究这种联系是如何建立起来的。有趣的是，我们访谈的一些极端派是改变过政治信念的人。"希拉里·克林顿首次竞选总统时我是支持她的，"一位名叫桑迪·布朗的极端保守派告诉我们，"当她没有获得党内提名时，我投票给了奥巴马，因为我认为让黑人获得自己的代表并治愈种族创伤对这个国家有好处……他听起来很聪明、有爱心并且理性。"但她很快就对这个决定后悔了："我跟随他，我支持他。我认为转折点出现在他不支持警察的做法时，这在整个国家制造了种族分裂。这基本上是转折点，在那之后我开始质疑他……为什么无论我投票给谁，事情都永远没有改变？我已经参与投票四十年了。我可以看出来，事情在变得越来越糟。我可以看出这个国家正在走下坡路。这正是我开始上网并寻找新信息的时候。"在手无寸铁的黑人小迈克尔·布朗（Michael Brown Jr.）被密苏里州弗格森的警察开枪射杀后，奥巴马批评了弗格森的政府领导人，而我们对桑迪近几年的推特帖子进行的研究发现，她最初在奥巴马批评了弗格森的领导人之后，对奥巴马发表了一些温和的批评言论。尽管几乎没有人回复她之前的推特帖子，但她对奥巴马的批评在保守派中传播了开来。突然间，她的帖子获得了数十个"喜欢"，她也吸引了许多新的关注者。而且她变得越具有批判性，就有越多的人与她互动。在奥巴马第二个任期的中期，桑迪转向了共和党阵营。[12]在特朗普当选两年后，桑迪成了他最热情的捍卫者之一，她甚至把"让美国再次伟大"的缩写"MAGA"放进了自己的推特名称中。

　　即使大多数极端派没有改变过政治信念，但是他们中的许多人也参与了另一种净化仪式：攻击己方阵营的温和派。一个很好的例子是来自新泽西州纽瓦克市的49岁房地产经纪人埃伦·科恩，她是一位狂热的素食主义者和环保主义者。像许多极端自由派一样，埃伦关注了一些著名的保守派以对他们的观点展开反击。然而，埃伦告诉我们："我真的无法关注凯莉安妮·康韦（Kellyanne Conway）*……因为我想朝她脸上打一拳。"埃伦最极端的愤怒所针对的是2020年总统大选中的一些民主党人，他们批评了她所偏爱的总统候选人。她告诉我们，温和的民主党人"蓄意破坏了伯尼·桑德斯获得提名的机会"。"这非常令人失望，"她告诉我们，"因为我认为这就是导致我们无法摆脱特朗普的原因。"埃伦深深融入了推特上的素食主义活动家网络，她经常批评自己所在政党的一些成员，因为他们不同意她关于动物的观点。这些类型的攻击在我们研究的极端保

---

* 特朗普的前竞选经理，曾任美国白宫的高级顾问。

守派中更为常见，他们经常攻击任何批评特朗普的人——比如众议院的共和党议员贾斯汀·阿马什（Justin Amash），他退出了共和党并决定不再寻求2020年的竞选连任。

当我了解了极端派是如何密切监视自己的关注者时，极端派之间建立联系的符号意义对我来说就变得更加明显了。虽然社交媒体网站不会在人们取消关注一个人时提醒用户，但我们访谈的一些极端派会使用第三方应用程序来识别这些取消关注他们的人。取消关注我们研究的这些极端派（尤其是其中的一些极端保守派）的人，往往比我刚才描述的温和派更容易受到攻击。在我看来，这种报复进一步强调了"喷子"对自己在网上获得的地位和影响力的重视程度，以及当他们己方阵营的人与他们断绝关系时，他们有多么不安。

我越深入研究社交媒体上的政治极端派社群，就越发现他们似乎具有异教团体般的动力学。正如著名的社会学家马克斯·韦伯（Max Weber）在100多年前指出的那样，大多数极端宗教团体都与公认的主流教会保持着持续的紧张关系。[13]在异教团体中，对成员资格的证明往往会成为一种仪式，成员们因采取越来越极端的立场以证明自己对该事业的忠诚而互相奖励对方。[14]对于后来成了特朗普狂热支持者的前奥巴马选民桑迪来说，要想证明自己的成员资格，就需要经常演练自己的保守主义信念。对于埃伦来说，证明方式通常是因其他民主党人的政策而攻击他们，在她看来，这些政策与她真正的敌人——共和党人的政策几乎没有什么不同。对于另外一些人来说，证明方式是攻击那些挑战他们对己方阵营忠诚度的极端派，而且要比其他任何人都更有力地攻击他们。在每一个案例中，我的研究都表明，政治极端派被推向越来越激进的立场，推动他们的是"喜欢"、新关注者以及他们在变得激进时获得的其他类型的关注，或者，他们变得更激进是因为害怕因表现出对主流的同情而受到报复。这些类型的行为反映了社会心理学家利昂·费斯汀格（Leon Festinger）关于20世纪50年代世界末日异教团体的著名发现：人们越是坚定地相信激进观点，这些相信的行为就越难以撤销，而且人们就越依赖这些异教团体所创造的地位和支持系统。[15]

透过棱镜看极端主义

　　正如我在第四章中论证的那样，社交媒体棱镜的关键功能之一是，它将社会景观（social landscape）反映给我们。但在这样做的过程中，棱镜不可避免地扭曲了我们看到的东西，而且对许多人来说，它创造了一种妄想的自我价值感。我在本章中描述的不礼貌行为就是由这一过程导致的，而且是这一过程被推到极致时产生的结果。许多具有强烈党派化观点的人不会参与这种具有破坏性行为，但参与这种行为的人之所以经常这样做，是因为自己在线下生活中感到被边缘化、孤独或被剥夺了力量，而社交媒体为这些社会弃儿提供了另一条道路。我和同事们的研究表明，即使极端派为自己营造的名声在由其他社会弃儿组成的这些小群体之外毫无意义，社交媒体也可以给他提供一种使命感、社群意识，以及最重要的是——自我价值感。

社交媒体棱镜促使极端派通过两个相互关联的过程采取越来越激进的立场。第一个过程是，它使极端主义正常化。随着极端派越来越深地陷入本章描述的寻求地位的、类似帮派的行为，他们的大部分人际互动的对象都是跟自己持相同极端观点的人。随着时间的推移，这种反复接触会造成社会学家罗伯特·默顿所称的"一致同意谬误"（the fallacy of unanimity）：极端派开始认为大多数人都认同他们的不同寻常的观点。社交媒体棱镜除了扭曲极端派对自己的理解，还有第二个过程：它扭曲了对方阵营的人的身份认知。[16]更具体地说，社交媒体棱镜让对方阵营的人看起来比实际情况更极端。当极端派发动攻击时，他们往往会与对方阵营最极端的成员进行斗争。正如社交媒体棱镜将一方的极端主义正常化一样，它也因此而夸大了另一方的极端主义——政治学家贾梅·赛特尔（Jaime Settle）在她对脸书用户进行的大范围研究中也观察到了这一现象。[17]不幸的是，这两种扭曲共同创造了极端主义的反馈循环。社交媒体棱镜让自己的极端主义看起来合理，甚至看起来正常的同时，也让对方看起来更具侵略性、更极端和更不礼貌。

社交媒体棱镜创造和维持极端派社群的力量令人深感忧虑。但是极端派以外的其他人会怎样？在下一章中，我将解释为什么社交媒体棱镜也会对更大范围的社交媒体用户产生最有害的影响，这些用户对网络极端主义感到震惊并渴望找到中间立场。

第六章 社交媒体棱镜如何使温和派沉默？

现在是2017年年中的一天深夜，萨拉·伦登刚把两个年幼的孩子哄上床睡觉，她正在翻看自己的推特动态。她在一条抱怨全国步枪协会的帖子上停了下来。"我父亲是一名警察，"她告诉我们，"我是在有枪的家庭中长大的……有这样在使用枪支方面训练有素的人（作为家人），我很幸运。"萨拉现在30多岁，嫁给了一位持有枪支的会计师，并定期参观当地的射击场："我发布了一个帖子，讲述我丈夫是如何拥有一把枪并将射击作为业余爱好的……并不是说对枪支不应该有任何监管，只是说人们有权持有枪支。"发布后的几分钟内，萨拉的手机就响起了推特的通知声。她继续说道："人们回复了可怕的内容……甚至是恐怖的内容……有人说他们要向儿童保护机构举报我，因为我们家里有枪。"然后，事情变得更糟："有人说他们希望我的女儿找到我家的枪并开枪射杀我。"

这段经历给萨拉留下了深刻的印象。"这真的很令人沮丧。"她告诉我们。"我心理承受能力挺强的……我来自纽约……我们总是相互大喊大叫，"她解释道，"但当事情涉及我的孩子时，我想'我不会把他们牵扯进来'。"萨拉特别担心自己家人的安全："我担心有人会翻看我的（社交媒体）动态，

69　因为我可能泄露过自己的家庭住址……我不想冒这个险。"因此，她停用了自己的推特账号，并最终将其作为受保护的账号而重新使用，这样她就可以决定谁可以关注自己以及阅读自己的帖子。"我不想让自己听起来像个假装受折磨的人，"她说，"但是当你在推特上发表任何内容时，你就是在以某种方式冒险。你知道人们会给你回复……而到处都存在着'喷子'，我已经习惯了一些'喷子'。"但几个月后，当她鼓起勇气再次公开自己的账号时，她很快就后悔了。在一个极端自由派攻击了她的一条推文内容后，她查看了这个人的资料，发现她曾罹患乳腺癌。"我回答说，你知道，我很抱歉你得过乳腺癌……我自己做过双乳房切除手术……然后她回复说'我希望你死'。所以我说'哦，那太好了'。这就是会发生在社交媒体上的典型对话。这就是为什么你无法改变别人的想法。"

萨拉自称温和的共和党人。"我从来都不是一个忠于某个政党的人。"她解释道。萨拉父亲的父母来自波多黎各，母亲是个犹太人，她由自己的父母抚养长大，这使她对移民和少数族裔的困境特别敏感。"我的祖父母从波多黎各来到这里，"她告诉我们，"他们不是非法移民，他们是本国公民。但是他们不会说英语……而且他们真的被人利用了。我的祖母在纽约市的一家血汗工厂工作。"萨拉高中期间在一家餐馆打工，来攒钱上大学，她也目睹了不公平的工作条件："很多非法移民在那里工作，他们真的很勤奋，是很好的人……他们真的被餐厅老板利用了……我看到有人受伤后被解雇。"在萨拉看来，目前的移民制度是"对移民的伤害"。"我希望有一种方式可以让更多的人合法地来到这里，"她告诉我们，"而不必……躲在阴影中。"

当萨拉获得一所著名的常春藤盟校的录取资格时，她从餐厅获得的收入派上了用场。在那所学校里，她接触到了一系列新思想，这些思想挑战了她从父母那里继承下来的保守观念。与许多共和党人不同，萨拉的首选新闻来源是《纽约时报》，她也经常阅读《纽约客》——一本左倾杂志。"我并不总是同意它们的政治观点。"她说，但像许多温和的共和党人一样，她在社会问题上持有自由派的观点。例如，她希望共和党人能少花点时间关注所谓传统家庭和攻击同性恋者。她还支持变性人的公民权利。尽管她出自天主教家庭，但她甚至支持女性的堕胎自由。然而，大学的经历给她留下的不仅是全新的世界观，还有堆积如山的债务。"这是一个恶性循环，"她抱怨道，"我爸爸是一名警察。我们生活在一个生活成本非常高的州，在那里完全算是中产阶级……所以我们没有资格获得大量经济援助。"

萨拉认为，自己之所以是共和党人，原因之一是她相信共和党在解决她这种人关心的问题时做得更好——特别是经济问题。她不需要为钱发愁，因为现在她的家庭年收入在20万美元左右，而且她住在舒适的马里兰州郊区。不过，她认为民主党人想把国家带上错误的道路。"民主党非常关注那些我认为有点让人分散注意力的议题，"她告诉我们，"我想谈谈经济。我有孩子，我想考虑如何让我的丈夫保住工作，如何为孩子们的大学教育存钱。"她发现，关于警察执法过程中种族偏见的争论尤其容易引起分歧，特别是考虑到她父亲的警察职业和她自己的多种族身份的时候。但罗伯特·穆勒对特朗普总统的调查也让她感到恼火。"我有几个朋友痴迷于以下想法，即俄罗斯应该对美国发生的一切负责，"她解释道，"我想，'哦，让我休息一下吧……如果俄罗斯像你想的那样强大，我们都会有麻烦'。"多年来，萨拉学会了不把自己卷入与大学自由派朋友的争论当中。她解释说，这些朋友关于特朗普的抱怨激怒了她。"但我通常不会回应，因为我无话可说……说什么都无法说服他们。"

　　萨拉最终在社交媒体上取消关注了她大学时认识的大多数自由派朋友，但她认为自己不能对不认同她世界观的家庭成员做同样的事。"我想与（我的家人）保持联系，因为他们现在仍然住在纽约，我想看看他们孩子的照片之类的东西。因此，我不会取消关注他们。但当我看到他们的帖子时，我感到很恼火。""但是为了家庭和睦，我什么也不能说。"她解释道。一位家庭成员特别具有挑衅意味，萨拉描述道："我的阿姨，我很喜欢她……她是坚定的自由派，她讨厌特朗普。每次我见到她，她都不得不发表一些与如下内容相关的评论，即她不知道为什么会有人投票给性侵犯者。而我觉得'我应该容忍薇薇安阿姨，我以后不看她的动态了'。"但在布雷特·卡瓦诺被提名为最高法院大法官所引起的争议后，矛盾愈演愈烈。在社交媒体上，她的阿姨发帖称："既然白宫中有个强奸犯，也就难怪我们会把另一个强奸犯送上最高法院了。"这让萨拉心烦意乱："我想，'我很抱歉，如果那是你真正的感受，那么我就不需要在社交媒体上与你联系了，因为我认为把未被法院判罪的人称为强奸犯是精神错乱的表现'。"最终，这种经历使萨拉也取消关注了其他几个自由派家庭成员。她告诉我们："那是一段黑暗时期……所以我最终的决定是——实际上我也和丈夫谈过这件事——我必须删除这些好友，因为我关心他们，如果我一直看到他们说这些话，这将永久损害我们的关系。"

这些复杂的社会关系表明，萨拉在线上和线下是一个截然不同的人。当我们问她是否可以通过研究她的社交媒体账号来很好地了解她的身份认同时，她说："我觉得不可以。""我自己不会写那么多推文，"她解释道，"大多数内容都是我分享的东西，我觉得它们有趣。所以我认为我的社交媒体账号只是关于我的一个非常有限的简单介绍，因为我不在上面表达个人观点。"鉴于自由派朋友和家人给她带来的许多难以忍受的体验，萨拉几乎从来不在社交媒体上表达她温和的政治观点，虽然这些观点对她来说非常重要。"我有时候仍然会发布和政治相关的内容。"她解释说，但她的大部分帖子现在都充满了关于其他兴趣爱好的细节。"我认为这是对（社交媒体）更积极的使用方式，"她告诉我们，"因为政治内容……在社交媒体上可能会让人筋疲力尽。"

温和的大多数

萨拉的故事听起来耳熟吗？如果耳熟，你和她一样可能属于能被定义为政治温和派的大多数美国人。在像我这样的社会科学家中，尽管测量人们的政治观点引起了很多争议，但我们识别人们政治观点的最常见方法之一是要求他们在一个7分制的量表内给自己打分，该量表的范围是从极度自由到极度保守。[1]这几十年来，"美国国家选举研究"和其他大型且具有全国代表性的调查一直在跟踪这一测量指标。2016年，只有3%的美国人认为自己是"极度自由的"，另有3%的人认为自己是"极度保守的"。相比之下，非常多的美国人（47%）表示他们的政治观点是"温和的""略微自由的"或"略微保守的"。[2]当人们认识到近1/5的美国人告诉研究人员他们要么"不知道"自己的意识形态是什么，要么"没有考虑过这个问题"，以上数字就更发人深省了。社交媒体会给人造成这样一种印象，即意识形态似乎正在日益极化，但党派偏见的比率实际上相当稳定，而且与这个比率更相关的似乎是共和党与民主党重新组织自己的施政纲领以吸引不同选民组合的方式，而不是选民意见的转变。[3]

　　萨拉对移民的同情也不像一些民主党人想象的那样在共和党人中非常罕见。2018年，"美国国家选举研究"询问"美国不同种族、族裔和国籍人数的增加，是否使这个国家成为一个更好的居住地"。[4]在共和党人中，38.9%的人同意这一说法，28.8%的人表示增加人数"不会有任何影响"，只有32.3%的人不同意。同一项调查还显示，大多数共和党人都认同萨拉的观点，即购买枪支时的背景调查应该是强制性的：66.2%的共和党人支持强制性调查，19%的人反对，另有12.6%的人表示他们"不知道"。同样，一些共和党人可能会惊讶于竟然有如此多的民主党人持有的信念与人们对民主党普遍的刻板印象不一致。例如，超过3/5的民主党人对警察和乡下人持积极态度。我不想夸大共和党人和民主党人之间的相似之处（在许多议题上，两党仍然存在严重分歧），但可以公平地说，大多数美国人并不像人们花一两个小时浏览社交媒体之后所认为的那么极端。

遭遇极端派

萨拉在社交媒体上被骚扰的故事也很常见。在皮尤研究中心（Pew Research Center）2017年进行的一项调查中，大约1/4的美国人说他们在网上受到过骚扰，3/4的美国人说他们目睹过其他人被骚扰。⁵这项调查还表明，有近1/3的美国人目睹过有人在网上受到人身威胁。正如社会学家萨拉·索别拉伊（Sarah Sobieraj）在她的《确凿的威胁》（Credible Threat）一书中描述的那样，此类攻击尤其经常针对女性。⁶在皮尤研究中心的调查中，人们在网上受到骚扰的主要原因是他们的政治观点。我查看了这些数据，以检验温和派遭受骚扰的比率是否比极端派更高。果然，我计算出那些自称"温和的""略微自由的"或"略微保守的"人报告在网上受到骚扰的可能性比那些自称"极端自由派"或"极端保守派"的人高出40%。

正如萨拉的故事表明的——以及我们访谈的许多其他人的故事证实的那样——一个党派的温和派经常受到对方党派中极端派的骚扰。例如，我们可以看一下皮特·杰克曼的经历。皮特是一名中年会计师，他在俄亥俄州乡下一座大型办公楼的政府机构里工作。他的爱好包括曲棍球、大学橄榄球和电子游戏（他喜欢和年幼的孩子一起玩）。在社交媒体上，他主要关注运动员、名人和体育运动方面的知识权威。他形容自己是一个"不太强硬的民主党人"，并且像大多数温和派一样，他在大多数问题上的立场并不强硬。正如他喜欢说的那样："一件事情，他有他看到的方面，她有她看到的方面，还有事实本身。"*皮特向左派倾斜，因为他非常担心自己年幼的孩子会成为大规模校园枪击案的受害者，而且他也有点担心气候变化。但他在几个问题上持保守立场，例如，他非常关注非法移民问题，他认为种族歧视的影响被夸大了。他还对特朗普在上任头几年处理经济问题的做法表示赞赏。

　　然而，皮特并不是共和党人的支持者——不仅仅是因为他对政治不再抱有幻想，还因为在我们认识他之前不久，他在脸书上的一次经历。"我的堂兄，"他告诉我们，"通常不怎么谈论（政治），但他最近一直朝共和党人开炮。他对目前的事态发展方向感到不安，并且不害怕讲出心里话。"在他们所在的俄亥俄州小镇，皮特的堂兄在网上的活动并非无人关注。"他实际上因此失去了一个朋友，"皮特告诉我们，"……但这并没有阻止他说出自己的感受。"一天晚上，皮特的堂兄在当地一家新闻机构的脸书公共主页上与当地的一名保守派就校园枪击

---

* 来自美国著名制片人罗伯特·埃文斯（Robert Evans）的一句名言："每个故事都有三个方面：你看到的方面，我看到的方面，还有事实本身。而且三者都不是谎言（There are three sides to every story: your side, my side, and the truth. And no one is lying）。"

事件发生了争执。皮特的堂兄争辩说，高中老师不该在教室里持枪。在与皮特的堂兄相互说了一些不愉快的话之后，这名保守派发布了一张照片，照片上看起来是他的手，手里拿着枪。"'你他妈的给我闭嘴，否则你会看到这玩意儿是怎么用的'，"皮特如此复述那个保守派的话，"这真让我心烦意乱。"

　　与大多数温和派一样，皮特在网络上接触政治的机会相对较少——更不用说接触共和党人了。因此，堂兄受到的威胁给皮特留下了深刻的印象。就像我们访谈过的许多温和派（两个政党的人都有），皮特与对方政党极端派的接触更整体地影响了他对共和党人的看法。因此，社交媒体棱镜对社会科学家称之为虚假政治极化（false polarization）的现象产生了深远的影响。[7]虚假政治极化这个术语指的是人们倾向于高估自己与其他政党之间意识形态的差异程度。政治学家马修·莱文达斯基（Matthew Levendusky）和尼尔·马尔霍特拉（Neil Malhotra）于2016年开展的一项研究表明，人们倾向于夸大对方政党意识形态的极端性，同时低估己方政党的极端性。[8]皮尤研究中心进行的一项具有全国代表性的调查中也出现了同样的模式。尽管我在前面展示的来自"美国国家选举研究"的数据表明，只有3%的美国人认为自己是"极度自由的"或"极度保守的"，但皮尤研究中心发现，55%的共和党人认为民主党人是"极度自由的"，35%的民主党人认为共和党人是"极度保守的"。[9]

　　正如皮特和我们访谈过的许多其他人的故事表明的，虚假政治极化可能是由少数极端派逐渐代表了更温和的多数人这样的线上经历推动的。我对刚提到的皮尤研究中心的数据进行了分类，以比较那些将社交媒体列为偏好新闻来源的人和那些不将其列为偏好新闻来源的人。我发现，在使用社交媒体获取新闻的人群中，党派感知鸿沟（Partisan Perception gap）——即人们对对方党派意识形态极端性的夸大程度——明显更大。[10]下面这个事实也推动建立了社交媒体使用与虚假政治极化之间的联系，即极端派的发帖频率远高于温和派。皮尤研究中心2019年的一份报告显示，一小群人发布了推特上的大部分政治内容。具体而言，这份报告发现："频繁发布政治内容的推特用户仅占所有推特用户的6%，但他们发布了所有推文的20%以及所有提及国内政治推文的73%。"[11]此外，极端派占所有频繁发布政治内容的推特用户的近一半。尽管持有极端观点的人约占美国总人口的6%，但皮尤研究中心的报告发现："55%的频繁发布政治内容的推特用户认为自己非常自由或非常保守。"[12]

　　甚至有更多证据表明，使用社交媒体的人往往会对对方党派成员的信念和行为产生更不准确的看法。传播学学者马修·巴尼奇（Matthew Barnidge）在2015年对美国人的社交媒体使用情况和政治观点进行了调查。[13]他发现，经常使用社交媒体的人比不使用社交媒体的人在日常生活中会感受到更多的政治分歧。政治学家贾梅·赛特尔在对脸书上政治极化的研究中观察到了类似的现象。她向人们展示了关于一系列主题的脸书帖子的样本，发现参与者更有可能夸大对方政党成员的意识形态极端性，而不是夸大己方政党成员意识形态极端性。[14]在另一项研究中，赛特尔研究了社交网络结构是如何塑造虚假政治极化的。有趣的是，她发现随着人与人之间社交距离的增加，人们感知到的极化程度也会增加。如果人们在社交媒体上没有直接的联系——比如是另一个人朋友的朋友——那么，相比那些彼此间有直接联系的人，他们感知到对方的极化的程度往往会更高。

温和派有太多后顾之忧

我认为，极端派之所以转向社交媒体，是因为社交媒体为他们提供了一种他们在日常生活中缺乏的地位感，无论这种地位在多大程度上是人造的。但对于萨拉和皮特这样的温和派来说，情况往往恰恰相反。在网上发布有关政治的信息，其带来的风险大于价值。这些温和派敏锐地意识到，线上发生的事情可能会对线下生活产生重要后果。例如，皮特是一个幸福的已婚男人，他与岳父岳母相处融洽，并且拥有一份稳定的政府工作，而且享有广泛的福利。但是他说："他们基本上会在你被录用时告诉你……如果你在社交媒体上发帖贬低政治人物，你可能会被解雇。"尽管皮特经常对枪支管制问题感到不安，但他从不在网上发表意见。"因为如果你往上看的话，"他向我们解释道，"唐纳德·特朗普实际上是我的老板，他是我最终的老板，如果我说他的坏话，我就会被解雇。"

在皮特的堂兄受到我在上文描述的持枪极端派的威胁后，皮特被"撕裂"了。他非常同意他堂兄关于学校枪击事件的观点，他解释说："但我甚至无法'喜欢'它（他堂兄的帖子）……78

或类似的帖子——甚至无法回复一个表情符号或任何其他东西——因为我害怕那会给我带来不良后果。"他补充说:"我想参与进来……（但）我只知道我最好不要这么做——（尽管）我很难不这样做。"皮特指出，工作中有多人因在网上表达政治观点而受到排斥。他告诉我们，一位女士在脸书上分享了支持希拉里·克林顿的帖子后，另一位同事就不再与她共进午餐了。皮特非常担心自己的工作，以至于他甚至在社交媒体上不再关注任何具有明显政治倾向的人。"我仍然会和我的家人甚至朋友谈论（政治）。"他解释道，但他希望人们从他的社交媒体资料中唯一能了解到的是:他喜欢曲棍球和一支成立于20世纪90年代的颇受欢迎的摇滚乐队。

除了担心自己的生计，我们访谈的许多温和派还担心在社交媒体上讨论政治会让他们的亲友不高兴。事实证明，大多数人都像萨拉一样有薇薇安阿姨这样的亲戚，也就是说有一位与自己的政治观点截然不同的家人或朋友。在2016年皮尤研究中心的一项调查中，53%的脸书用户表示与拥有"混合政治观点"的人有联系。[15]另有5%的人表示，他们线上好友中的大多数人都与自己的政治信念不同。像萨拉一样，绝大多数的人会尽可能忽略其社交网络中持不同观点的人发布的有关政治的帖子。根据同一项皮尤研究中心的调查，83%的社交媒体用户不对此类消息作出反应。当我仔细查看这些数据时，我再一次发现，在政治温和派中相应的比例更高。许多社交媒体用户也像萨拉那样屏蔽、不看或取消关注"薇薇安阿姨"。该调查还表明，大约40%的美国人在看到有关政治的帖子后，会对社交媒

体网络中的人采取此类行动。其中，60%的人表示，这些内容 79
冒犯了他们（正如薇薇安阿姨经常将特朗普标记为强奸犯的行
为冒犯了萨拉），43%的人表示，这些冒犯者发布了太多的政
治内容。

　　政治温和派也受到来自己方阵营的压力。回想一下，极端
派将自己的大部分刻薄言行留给了己方阵营内的人。例如，许
多温和的自由派都曾受到埃伦这类人的骚扰，埃伦是我在上一
章中描述的极端素食主义者，她经常责备自己党派的成员吃
肉——甚至责备他们支持大规模养殖业。许多温和的保守派报
告说，他们在批评特朗普时会立即遭到斥责——即使是以最温
和的方式批评也是如此。这种压力不仅来自他们不认识的极端
派，也来自他们线下社会网络中的成员。有些人有一个自己不
敢恭维的"薇薇安阿姨"，还有更多的人，他们的亲戚或朋友
跟他们同属一个政党，但持有极端的观点。而且，如果他们说
一些跨越党派立场的话，则可能会危及跟这些亲友的关系。

温和派感到绝望

　　并非每个温和派的社交媒体用户都能在线下享受幸福生
活。德里克·亨特是一名50多岁的黑人同性恋男子，住在弗
吉尼亚州的里士满。他的母亲在他很小的时候就去世了，他和
两个兄弟姐妹在亚拉巴马州的一个贫穷小镇由祖母抚养长大。
当德里克描述他的童年时，他告诉我们："这是关于尊重他人

和（成为）好孩子的故事……你知道，我们做了自己的家庭作业。"尽管努力学习，德里克还是没上大学，选择了从军。"我真正了解政治的时候，是我离开亚拉巴马州的时候，"他告诉我们，"也就是当我长大并参军的时候。"退役后，德里克在库房和客户服务部门做过一系列工作。但他一直没有得到晋升。"并不是我不够格，"他解释说，"只是因为我的肤色——我知道就是这样，我一生都在与自己的肤色作斗争。"

　　尽管德里克在他的整个职业生涯中都饱受种族歧视之苦，但他赞同保守派普遍持有的对种族不平等的解释：黑人挣钱少是因为他们自我设限。"我唯一的威胁就是我自己，"德里克告诉我们，"如果我选择不做一些能让我成功的事情，那是我的责任。"他还说，"很多黑人害怕去一些地方，因为他们认为：'反正那儿的人不会雇用我……他们无论如何也不会帮助我，因为我是黑人。'好吧，如果你让人听到你作为黑人的声音，有人就会帮助你"。德里克自认是民主党人，但他在某些问题上持保守立场。他认为美国接收了太多移民："他们抢走工作，他们抢走住房。我知道有些人可以免费得到住房，免费得到食物……他们进入美国并获得所有这些好处，而这些好处是从早就已经住在美国的人身上拿走的——因为美国有很多人无法获得这些好处，他们最终无家可归。"德里克的军人背景也让他对权威和社会秩序产生了强烈的尊重。

　　但德里克也遭受了来自警察的令人痛苦的歧视。"我住在一栋公寓大楼里，一天晚上有人闯入了其中一所公寓，"他告诉我们，"我报警了。"被抢的女人让德里克等警察，他答应了。但是，"那个警察到达现场后，拿起枪来指着我，叫我趴在地上。我当时想，'先生，我刚给你打过电话'。"当那名警察要求德里克提供一份声明以协助他们第二天的调查时，德里克告诉他们："'不，'我说，'因为你刚才把我当罪犯一样对待，现在又要我帮助你们……如果我是白人，你会做一些不同的事情吗？'这对我来说太荒谬了。"德里克告诉我们，还有一次，他在公寓附近的红绿灯将要变红时开车穿过了马路，而此时一名警察看到了他。德里克跟我们解释道："他拿着枪来到我的车的右后方……我好紧张。"但这不是他第一次遇到可怕的交通拦截。"我知道要把手放在方向盘上，"他解释说，"但我害怕他的枪可能真的会走火。"尽管有这种可怕的经历，德里克仍然尊重警察。他解释说，在交通检查站，他也曾被黑人警察粗鲁对待，尽管他们没有拔出武器。德里克也对以下事件中的抗议者展开了批评：几年前，在北卡罗来纳州的夏洛特，一名手无寸铁的黑人——基思·拉蒙特·斯科特（Keith Lamont Scott）被警察射杀，随后抗议者引发了骚乱。

但是你不会在社交媒体上读到德里克对警察执法的任何看法，这并不是因为他不常在社交媒体上发帖，事实上，多年来他每天都在使用脸书、推特或Instagram；也不是因为德里克不关心政治，他曾经自愿为当地政客的竞选活动工作。这是因为德里克认为在社交媒体上发布有关政治的负面内容毫无意义。他认为，那些相信其他人关心自己政治观点的社交媒体用户是在自欺欺人。"这就像一个想象的游乐场。"德里克开玩笑说。他没有在社交媒体上谈论他与警察对峙的可怕经历，这完全可以理解，但如果更多人能够听到他的故事，这将为种族和警察执法的公共讨论（这种讨论有时似乎没有折衷方案）增加重要深度。

消失的温和派

　　德里克并不是唯一一个认为在社交媒体上讨论政治毫无意义的政治温和派。根据2019年皮尤研究中心的一项研究，46%的"成年社交媒体用户表示，他们对在社交媒体上看到的政治帖子和讨论的数量感到'疲惫不堪'"。[16]这一数字高于2016年的37%，而且温和派在2019年期间比其他人更有可能对此感到精疲力竭。

　　无论属于哪个政党，大多数温和派从不在网上讨论政治。根据2019年皮尤研究中心对推特用户的一项研究，"处在中位数的用户从不发布关于国内政治的推文，而69%的用户只发布过一次或根本没有发布过。在美国成年人发布的所有推文中，只有13%是围绕国内政治的"。[17]正如我在上文中提到的，这些发布有关国内政治推特的人大多是极端派。[18]这种情况也不仅限于推特用户。根据我对皮尤研究中心2016年调查的数据分析，极端派"在社交媒体上评论、发布或与他人讨论有关政府和政治的内容"的可能性是温和派的两到三倍，无论他们使用的是哪个网站。[19]

　　温和派缺席社交媒体上的政治讨论意味着什么？在我看

来，这是社交媒体棱镜造成的最深刻的扭曲。我们看到了极端保守派赞扬特朗普政府在美墨边境将儿童与父母分开的决定，但没有看到相当多的共和党人认为这种做法"骇人听闻"——用我们访谈过的一位南达科他州枪支爱好者的话来说。或者，我们看到了极端自由派人肉搜索卡温顿高中的学生，因为在2019年的一段病毒式传播的视频中，这些学生似乎在骚扰一位年长的美国原住民男子；但是我们没有看到，我们访谈的堪萨斯州一位左倾的高中老师对人们鼓励骚扰儿童这件事感到非常沮丧，并且他对左倾媒体感到震惊，因为这些媒体在以下事实被披露后并没有更大声地道歉，即这些学生在视频中的事件发生之前先被骚扰了。

相反，社交媒体棱镜让对方阵营显得铁板一块、毫不退让且毫不讲理。在极端派吸引我们注意力的同时，我们却几乎看不到温和派。出于种种不同的原因，温和派从社交媒体上的政治讨论中退出。有些人是因为遭到了极端派的攻击；有些人对社交媒体上文明礼貌的崩溃感到震惊，以至于他们认为没有必要涉足这场争论；还有一些人担心发布有关政治的帖子可能会牺牲他们在线下努力获得的地位。挑战极端派的尝试可能会反噬温和派自身，扰乱他们的生活、破坏他们的友谊，或者影响到他们与每年感恩节都会见到的家人的关系。这样的人际交往本来可以让萨拉这种温和派明白，薇薇安阿姨并不是真的认为所有投票给特朗普的人都厌女或纵容性侵犯——即使萨拉仍然无法接受薇薇安阿姨在没有实质证据证明特朗普犯罪的情况下要求他下台。正如我将在下一章讨论的那样，在这个社会孤立

83

日益加剧的时代，这种相互理解的机会非常稀有。随着共和党人和民主党人继续按照不同的居住地、消遣方式和社交圈来给自己分类，我担心社交媒体棱镜只会助长极端主义，使温和派沉默的力量继续增长。

第七章 我该注销自己的账号吗？

杰伦·拉尼尔（Jaron Lanier）非常容易引起他人的注意。他蓬乱的脏辫超过了腰部，当他因一个观点而异常激动时，他的眼神会极其具有穿透力，似乎要从他脑袋上跳出来一样。到60岁时，拉尼尔已经在科技界混迹了40多年。13岁时，他就开始学习大学级别的计算机科学课程。他在20世纪80年代创立了一家虚拟现实公司，这是最早的虚拟现实公司之一。他还是一位多产的作家、社会批评家，一位文艺复兴式的多才多艺的人。在35岁左右时，《时代》周刊将拉尼尔列为世界上最有影响力的人物之一；2018年，《连线》杂志把他列为科技领域最有影响力的25个人物之一。他写了三本警告大家科技黑暗面的书，尤其是当科技与新自由主义经济学紧密联系在一起的时候。这些年来，《纽约时报》和《华尔街日报》都发表过他的文章，他也多次出现在颇受欢迎的电视节目上，比如《科尔伯特报告》（*Colbert Report*）、《夜线》（*Nightline*）和《观点》（*The View*）。

因此，拉尼尔的新书《立刻注销你的社交媒体账号的十大理由》（*Ten Arguments for Deleting Your Social Media Accounts Right Now*）很快变成了国际畅销书也就没什么好惊讶的了。[1]

正如你从书名中可能猜到的那样，这是一本猛烈抨击脸书、推特和谷歌的书。在一个波及范围广泛的论证中，拉尼尔认为社交媒体网站正在夺走我们的自由意志、传播虚假信息、降低我们的共情能力、使我们不快乐、使我们观点极化，而且最具有破坏性的可能是，它正在摧毁我们的灵魂。拉尼尔并没有为这些笼统的观点提供任何证据，但是拉尼尔观点的吸引力是很明显的：我们为什么要这么对待自己？总体上来说，社交媒体是积极的还是消极的？拉尼尔认为，大多数人在摆脱社交媒体后都会更好。

　　本书之前的章节没有给出足够的根据来支持乐观主义，因此我们应该认真考虑拉尼尔提出的发人深省的问题：我们是否都该立刻注销自己的社交媒体账号？已经有人针对这个号召给出了回应。2018年，针对美国人跟社交媒体平台的关系这个议题，皮尤研究中心开展了一项调查，这是针对该议题最早开展的调查之一。这项调查最引人注意的结果包括以下两项数据：2017—2018年，42%的脸书用户暂时离开了该平台；同一时期，26%的用户删除了自己手机上的脸书应用程序。[2] 皮尤研究中心发布了该项调查的研究报告之后，这些数字在互联网上掀起了轩然大波。"#注销脸书"（#deletefacebook）的标签在推特上流行了好几天，这表明该话题是推特平台上最能引起广泛讨论的话题之一。一小部分名人宣称自己计划注销脸书账号，包括歌手雪儿（Cher），喜剧演员威尔·费雷尔（Will Ferrell）和特斯拉公司的首席执行官埃隆·马斯克（Elon Musk）。拉尼尔的书当然不是这场运动的唯一推动力。脸书当时陷入了多重争议当中，尤其是我们在第一章讨论过的剑桥分析公司事件引发的公关噩梦，这似乎让许多人对脸书感到厌倦。

与此同时，社会科学家正在研究公众对社交媒体平台感到不满的根源。[3]在一项史无前例的实验中，一组经济学家招募了近3000名18岁以上的美国人，要求他们每天至少花15分钟使用脸书来完成一项调查。[4]后来，研究人员向其中的一半人提供了100美元，让他们停用自己的脸书账号一个月，并仔细监控这些被试，以确保他们没有重新使用自己的账号。这一结果为当时席卷脸书的公关灾难火上浇油，因为停用账号的被试报告说他们变得更快乐了——而且对我们的研究来说更重要的是，他们对对立政党的成员不那么愤怒了。[5]

尽管大家反脸书的热情高涨，但脸书基本上毫发无损。根据皮尤研究中心的一项后续研究，2018—2019年，经常使用脸书的人数保持稳定。[6]谷歌搜索"如何删除脸书账号"的搜索量曾经疯狂飙升，在2018年年中达到顶峰后就下降到了难以察觉的水平。此后不久，"如何恢复被删除的脸书账号"的搜索量飙升。那些收了研究人员的钱、一个月不使用脸书的人后来怎么样了? 超过95%的人在研究结束后的100天内重新使用了脸书。[7]此外，仔细研读我在上文描述过的2018年皮尤研究中心的报告，我们就会发现，大多数暂时停用脸书或从手机上删除脸书应用程序的都是年轻人。具体来说，与65岁及以上的人相比，18—29岁的人报告删除脸书账号的人数是其4倍。这些年轻人是受了拉尼尔启迪的网络信徒吗? 他们看过拉尼尔疯传的《纽约时报》视频专栏"杰伦·拉尼尔修复互联网"

吗？[8]

显然，这两个问题的答案都是否定的。尽管千禧一代和Z世代*成群结队地离开了脸书，但这些年轻人正涌向其他平台。比如，Instagram的使用量激增。2014年，有26%的美国人使用该平台，到2019年，这一数字几乎翻了一番。[9]在Z世代中，这个数字要高得多：2018年，13—17岁的美国人中有72%的人使用Instagram，有69%的人表示使用聊天平台色拉布（Snapchat），还有51%的人留在脸书——也许是为了分散他们父母的注意力，让他们注意不到自己在TikTok（目前流行的视频共享平台）等较新的平台上发布的"不雅"作品。[10]这些逃离脸书、前往Instagram的人当中有多少意识到前者在2018年的一次大型企业并购中收购了后者？尽管脸书和Instagram在美国的日常用户数可能还在减少，但这两个平台在其他国家则继续飞速扩张。

离开社交媒体是困难的

为什么人们很难离开社交媒体？对于Z世代的成员来说，答案显而易见：他们不仅是在互联网的陪伴下长大的（就像他们之前的千禧一代一样），而且他们中的许多人从来不了解没

---

* 在美国，千禧一代指约生于20世纪八九十年代的人，Z世纪指出生于20世纪90年代末和21世纪初的人。——编注

有社交媒体的世界。Z世代的大多数人都不记得智能手机泛滥之前的美国是什么样的，许多手机的设计都对准了年轻人，以前所未有的细节记录下他们的童年。也许我们不应该对以下事实感到惊讶，即这一代人比其他任何人都更深入地沉浸在互联网和社交媒体中。皮尤研究中心2018年的一项研究发现，95%的美国青少年可以接触到智能手机，高于四年前的73%。[11]而且他们一直在使用智能手机。同一项研究显示，45%的青少年"几乎不间断地"使用互联网（高于2014年的24%），另有44%的青少年表示"每天使用几次"；90%的美国青少年还报告说玩过电子游戏，其中许多游戏现在都具有社交网络组件，允许用户组队玩。[12]

对于年轻人来说，离开社交媒体并不仅仅意味着回到过去，还意味着放弃他们的生活方式。[13]第六章中描述的年轻的温和派共和党人萨拉·伦登，极端派因她支持自己丈夫携带武器的权利而威胁她，之后萨拉短暂地离开了社交媒体。但她很快又重新用起了推特和脸书，因为她认为这是自己定期了解远在他乡的兄弟姐妹、侄女和侄子最新动态的唯一途径。本书中接受访谈的其他人在暂时离开社交媒体后，也表达了对错过远方亲人最新动态的类似恐惧。这种恐惧通常会超出朋友和家人的范围，并延伸到一些社交媒体社群，人们在这些社群里传播有关自己兴趣、爱好或就业领域的信息。

虽然有些人被吸引回社交媒体上是因为，他们想念社交媒体为他们创造的某种社会关系，但其他人则是被朋友、家人或同事推回到平台上。许多试图离开社交媒体的人在没有给提及或标记了他们的帖子点"喜欢"或没有对此发表评论后，很快就会受到指责。还有一些人因为没有给朋友的成就点"喜欢"或没有同情生活中遭受损失的人而受到批评。注销账号的人通常也被视为自命清高的人——也许类似于我小时候那些喜欢吹嘘自己不看电视的人。还有一些人因为职业责任而被推回社交媒体。在许多不同领域，要取得成功，保持在线状态变得越来越重要，尤其是对那些自雇工作者或没有大量广告预算的人来说。

我认为，我们无法注销社交媒体账号的最重要原因，正是我在这本书中一直主张的观点：社交媒体已经深深融入我们的生活，以至于它开始塑造我们的身份认同。脸书、推特和其他平台让我们可以展示不同版本的自己，以前所未有的速度和效率监控其他人对自己的反应，并相应地调整自己的身份认同。对于像拉尼尔这样的科技叛逆者来说，我们成瘾的根源要平凡得多：当我们在屏幕上看到光鲜夺目的东西时，或者当我们非常便利地购买那些出现在社交媒体信息流中的消费品时，我们的大脑会释放内啡肽。我并不完全反对这个观点，硅谷显然已经破解了我们大脑中的一些多巴胺受体通道，但我不认为像拉尼尔所说的那样，戒掉社交媒体就像戒烟一样。相反，注销我们的账号需要我们对社交生活进行根本性的重组。社交媒体现已如此深入我们的友谊、家庭和职业生活，以至于我们需要无形的协调方式来对抗这些如此严丝合缝地满足我们最深层社交本能的工具。

"好吧，"你可能在想，"也许我们不能注销社交媒体账号，但我们难道不能将政治与社交媒体中更温暖和模糊的部分切割开吗？后面这些部分让我们可以与家人保持联系，或者被适合做成模因的真人秀明星逗笑。"恐怕我的答案还是：不是的。现在越来越多的人已经将社交媒体作为自己的新闻来源之一。根据皮尤研究中心的数据，2019年有55%的美国成年人表示"经常"或"有时"从社交媒体上获取新闻，高于2018年的47%。[14]而且2018年的时候，社交媒体就已成为美国人当中比印刷报纸更受欢迎的新闻来源了。[15]尽管电视和广播仍然是大多数美国人的主要新闻来源，但社交媒体正迅速成为年轻人当中最受欢迎的新闻来源。与年龄较大的人群相比，18—29岁的美国人从社交媒体上获取新闻的可能性几乎是其两倍。[16]还有大量证据表明，年轻人正在出于政治目的而使用Instagram和TikTok，而它们最初的用途是分享精美图片或幽默的视频片段。[17]事实上，对TikTok上的政治传播进行的首批研究中的一项研究表明，与使用其他平台的用户相比，TikTok用户发表了更多的政治声明。[18]

即使我们抛开人们是否可以停止在社交媒体上讨论政治这个问题，还有另一个令人生畏的问题：这样的讨论还能在哪里发生？几十年来，社会科学家一直就社会孤立人群比率的快速提高而发出警告。[19]社会学家布温丘·李（Byungkyu Lee）和彼得·比尔曼（Peter Bearman）最近对美国的"政治孤立"进行了大规模的历史分析。[20]他们比较了1985—2016年进行的十几项调查的数据，这些调查要求美国人列出跟自己讨论政治的人的名字。研究人员发现，这三十年里，我们的政治讨论网络

90

已经缩小了约30%。在同一时期，人们的讨论网络中，不同政党成员的人数也有所减少——即使在人们讨论非政治问题的网络中也是如此。

更大范围内的人口趋势可能有助于解释这些转变。记者比尔·毕晓普（Bill Bishop）在他颇具影响力的著作《大分类：为什么人以群分正在撕裂美国》（*The Big Sort: Why the Clustering of Like-Minded America Is Tearing Us Apart*）中警告说，共和党人和民主党人之间的地理隔离正在加剧。他写道，1976年，26%的美国人所生活的县具有以下特征，即其中一个政党的候选人赢得总统选举的优势是20多个百分点。[21]到2014年，这个数字超过了48%。尽管一些社会科学家警告说，毕晓普的测量方法夸大了这种转变的规模，但也有证据表明其他地区确实存在人口隔离（demographic segregation）现象。[22]政治学家格雷戈里·休伯（Gregory Huber）和尼尔·马尔霍特拉通过研究网络约会来寻找有关政治孤立的线索。[23]这些学者不仅发现一个大型网络约会平台上的用户经常跟自己党派相同的人约会，而且他们还证实了我在第四章提到的一项研究发现，即人们强烈地偏好和己方党派的人约会。[24]

即使共和党人和民主党人继续将自己归入不同的社区和约会圈子，但他们不还是会在感恩节见面吗（就像萨拉·伦登每年都会在这个节日期间见到她的阿姨薇薇安）？经济学家基思·陈（Keith Chen）和赖恩·罗赫拉（Ryne Rohla）基于通过智能手机收集的位置数据提出了以上问题。[25]研究人员在美国超过600万个地点追踪了人们在民意分裂的2016年总统大选几周后的感恩节晚餐上花费的平均时间。他们发现,如果参加感恩节晚餐的人有的来自倾向共和党的选区,有的来自倾向民主党的选区,那么感恩节晚餐会缩短30—50分钟。即使在考虑了许多其他因素(例如为了参加晚宴而走的路程)之后,这些发现仍然成立。总而言之,基思·陈和赖恩·罗赫拉估计,美国人一共失去了3400万小时的两党成员都参与的感恩节晚餐讨论时间,因为具有不同政治信念的家庭成员显然对彼此的观点缺乏耐心。

把下面的结论写下来让我感到痛心,因为我在学术生涯中花了很多时间研究社交媒体平台如何扭曲我们的政治,但是我认为,社交媒体在未来一段时间内仍将是美国民主的公共广场。

为什么社交媒体平台仅靠自身无法拯救我们

如果我们无法注销自己的账号,或许我们可以推动由内而外的变革,去游说脸书、推特和其他平台来帮助我们对抗政治极化。与拉尼尔一样,其他硅谷叛逆者最近也对社交媒体行业发表了措辞强硬的控诉。传奇科技投资者、扎克伯格的早期顾问罗杰·麦克纳米(Roger McNamee)最近出版了《"扎"心了:警惕脸书灾难》(Zucked: Waking Up to the Facebook Catastrophe)。尼尔·埃亚尔(Nir Eyal)曾因给科技公司出版有关构建令人成瘾的技术指南而声名鹊起,他最近写了本针对这些指南的解毒剂，即《不可打扰：不分心的行为科学与习惯训练》（*Indistractable: How to Control Your Attention and Choose Your Life*）。[26]同样，谷歌前员工特里斯坦·哈里斯（Tristan Harris）因批评谷歌专注于创造令人成瘾的技术而赢得赞誉，他发起了一场完整的运动，以迫使科技公司停止以下做法，即通过创造那些会导致"逐底竞争"（race to the bottom）的科技来剥夺用户的时间、激情和常识，而不是参与"逐顶竞争"（race to the top）*。[27]

这些硅谷前高管们认为，社交媒体公司对人类心理有着难以想象的影响力。他们声称，社交媒体平台不仅塑造了我们购买哪些产品，还塑造了我们最私密的思想和欲望。[28]但它们真的有能力塑造我们内心深处的想法吗？我们只是简单的受害者，在不知情的情况下被控制我们信念和行为的算法或令人成瘾的平台所害吗？正在为公共讨论氛围的恶化寻找替罪羊的人可能会觉得这些想法很有吸引力，而且当表达这些想法的人同时也是曾经帮助建立这些平台的人时，这些想法很诱人。但是，为什么我们要指望那些曾经帮助制造了这些问题的人来找到解决方案呢？在科技公司担任软件工程师这件事，真的会让一个人有资格解释平台如何塑造我们的政治观点吗？对社会科

---

* "逐底竞争"和"逐顶竞争"常用于博弈论或经济学的讨论，前者指"比谁更差"，后者指"比谁更好"。这对概念有多个使用场景，举例来说：如果一国政府通过降低本国企业经营税率和劳动力成本来吸引外资，那么它所从事的就是"逐底竞争"；如果一国政府通过提升教育水平、创新能力和基础设施完善度来吸引外资，那么它所从事的就是"逐顶竞争"。文中的"逐底竞争"指科技公司所采用的竞争方式是以牺牲用户的激情、常识等为代价的，而不是去促进这些事物。

学研究的仔细回顾表明，答案是掷地有声的否定。[29]关于当今人们在社交媒体平台上陷入政治极化，来自谷歌内部的大部分流行观点几乎得不到证据支持。

例如，一个流行的观点是，社交媒体上的用户激进化是由一些算法推动的，这些算法决定了我们的新闻信息流中出现的内容。因为这些算法是由用户参与推动的——根据人们是否点击一条消息并继续点击后续出现的消息，所以这些算法会放大激起愤怒反应的极端内容。批评者认为，更糟糕的是硅谷的公司在用户不知情的情况下就这样做了，因为许多算法都是在深度学习的指导下工作的，这种技术可以相当准确地预测人们为什么会点击一个广告。但这些预测是通过非常多的复杂计算得出的，以至于设计出这些算法的人往往无法解释它们为什么有效。

在《纽约时报》发表了多篇关于这个问题的文章后，算法正在推动用户激进化的想法获得了人们的关注。[30]其中一篇文章讲述了凯莱布·凯恩（Caleb Cain）的故事，他观看了数千个"充满阴谋论、厌女症和种族主义"的视频。这篇文章详细描述了凯恩如何逐渐转变为一名真正的极右翼分子，在他开始收到自由派的死亡威胁后，他最终购买了一把手枪来保护自己。凯文·鲁斯（Kevin Roose）的文章特别引人注目，因为它包含了这个年轻人的观看历史图表，这让读者可以看到他从极左到极右的转变过程。谷歌立即驳斥了这个故事，不仅质疑作者说法的证据基础，还指出自己为防止用户激进化所做的努力，例如公司内部建立了一个秘密部门——"拼图"（Jigsaw），谷歌声称它已经阻止了无数人成为暴力的极端派。

　　尽管我们应该对科技公司在这一问题上的回应持高度怀疑态度，但令人惊讶的是，几乎没有证据支持"算法促进了用户激进化"的观点。一组计算社会科学家对这个问题进行的一项大型研究发现，一些油管（YouTube）用户会从浏览温和的内容升级到浏览更极端的内容，但该研究估算，每10万名用户中只有一人会发生这种情况。[31]同样，更早的一项针对1010万脸书用户进行的研究所得出的结论是，该平台上的绝大多数"意识形态隔离"是由用户决定参与什么推动的，而不是由决定用户查看消息顺序的算法推动的。[32]最近，政治学家凯文·芒格（Kevin Munger）和约瑟夫·菲利普斯（Joseph Phillips）对油管上激进的政治内容进行了广泛的分析。[33]尽管他们在分析中发现了大量此类内容，但他们还发现这些视频的大部分流量来自新用户，这表明激进化可能是由更极端内容的需求未被满足导致的，而不是用户的激进化。更令人惊讶的是，芒格和菲利普斯表明，近年来油管上最极端内容被观看的频率大大降低。[34]人们还需要对算法与激进化之间的关系进行更多研究，最好是使用来自社交媒体公司的更好的数据，但目前来说，机器学习似乎并不是证明二者关系的决定性证据。

　　另一个经常用来针对脸书、推特和其他社交媒体平台的流行批评是，它们未能阻止怀有恶意的外国行动者传播假新闻和挑拨离间。尽管这种批评很普遍——在国会和世界各地的媒体工作室中反复出现——但实际上几乎没有证据表明这些传播虚假信息的活动成功分裂了美国人。政治学家大卫·拉泽（David Lazer）领导的研究团队将推特账号与选民档案（各州保存的关于谁登记投票的记录)联系起来。通过将这些数据对应起来分析,研究人员能够估计在2016年竞选期间有多少人遇到了假新闻。拉泽的团队估计,对于该团队可以识别的所有假新闻而言,只有不到1%的推特用户接触到了其中的80%,而这80%的假新闻中又有80%是由0.1%的推特用户分享的。[35]经济学家亨特·奥尔科特(Hunt Allcott)和马修·根茨科(Matthew Gentzkow)发现,2016年平均每个美国人看到并记住了大约一篇假新闻文章。[36]政治学家安德鲁·格斯(Andrew Guess)、乔纳森·纳格勒(Jonathan Nagler)和乔舒亚·图克(Joshua Tucker)的后续研究通过将民意调查与跟踪调查对象浏览历史的工具结合起来发现了类似的模式。研究人员发现,只有一小部分脸书用户分享了假新闻,而且大部分假新闻是由年长的保守派分享的。[37]

与此同时,即使是少量的假新闻也可能造成很大的破坏。但目前还没有高质量的证据表明,与来自外国的虚假信息宣传活动的消息互动实际上会使人们改变他们的政治观点或行为。[38]我召集了杜克大学和北卡罗来纳大学教堂山分校的研究人员组成一个小组,来研究那些与有俄罗斯背景的IRA关联账号(由推特官方和美国的情报源确定)所造成的影响。[39]我们在2017年创建的极其详细的数据集中搜索了这些账号,这个数据集跟踪了1200多名美国人的在线行为,并就他们的政治观点向他们提出了两波问题。这使我们不仅可以确定谁与"网络喷子"进行了互动,还可以确定这种互动是否会产生一系列不同的结果——从人们对个别政府政策的看法到共和党人和民主党人对彼此的看法。虽然我们只能检查那些在2017年年底在单一平台（推特）上与这两个政党之一有关联的人，并且只能关注这些人与 IRA 关联账号之间的直接互动造成的影响，但是我们能够研究外国的虚假信息宣传活动如何影响了舆论。

我们的研究结果再一次挑战了流行的观点：我们来发现与 IRA 关联账号互动对我们研究的任何政治态度和行为有任何重大影响。此外，我们发现与 IRA 关联账号互动的人大多是那些已经有了强烈党派信仰的人——他们恰恰是最不可能因看到煽动性文章而改变主意的人。这一发现符合许多人不知道的更广泛的趋势：大多数大众媒体宣传活动的效果微乎其微。[40]政治宣传活动并不是向大众注射观点的皮下注射针头。相反，大多数人都忽视了这些宣传活动，少数参与活动的人已经有了坚定的信念，因而它们的整体影响可以忽略不计。[41]假新闻和外国的虚假信息宣传活动仍有可能影响投票行为。但研究表明，即使是在2016年大选中用来说服选民的最复杂的针对性宣传活动，也可能收效甚微或根本没有影响——甚至可能对被错误当作目标受众的选民产生负面影响。例如，意外看到目标受众为其他选民的广告的人，比那些没有被当作目标受众的人更不可能投票给广告中的候选人。[42]也许更令人惊讶的是，也几乎没有证据表明精准投放的广告会影响消费者行为。虽然被一个与个人兴趣惊人接近的在线广告活动盯上确实令人不寒而栗，但研究表明此类活动对我们购买行为影响甚微。[43]

硅谷的公司因政治极化而受到指责的另一个原因是回声

室。但是，如果脸书和推特让人们接触持反对意见的人——正如上面描述的许多硅谷叛逆者所要求的那样——我在本书中提供的分析又表明这种策略可能会适得其反。然而，这里还有一个更深层次的问题。最近的研究表明，回声室现象的盛行程度被严重夸大了。纽约大学社交媒体和政治中心2019年的一项研究的结论表明，40%的推特用户不关注任何政治相关账号（即民选官员、政论家或媒体机构的账号）。[44]研究人员发现，在其余调查对象中，大多数人会订阅查看与自由派和保守派相关的信息。他们总结说，只有少数人深陷回声室当中，他们处于自由-保守这个连续体的两个极端。[45]更令人惊讶的是，最近另一项对超过5万名互联网用户的浏览历史进行的研究得出的结论是，与不使用社交媒体的人相比，那些使用社交媒体的人会遇到更多的反对意见。[46]

　　我还担心我们高估了社交媒体公司打击政治部落主义的能力。近几十年来，新的技术促成了自动驾驶汽车的产生和其他我之前认为在自己的有生之年都不会看到的重大突破。但这些成就也造成了极端的狂妄自大——或者至少是虚假的信心，让人们认为学习汽车驾驶规则的技术也可以抵抗政治极化。事实上，现有的最佳证据表明，机器学习在能预测复杂的人类行为之前还有很长的路要走，更不用说改变人类行为了。在一项具有里程碑意义的研究中，社会学家马修·萨尔加尼克（Matthew Salganik）向数百名机器学习专家提出挑战，要求他们预测在贫困家庭中长大的儿童的未来。[47]他的团队向专家们提供了关于这些贫困家庭孩子人生前半段的数据集，其中包含来自不同地区数千人在不同时间点的数百个变量。每个团队都使用最好的机器学习技术来建立模型，以预测哪些人会摆脱贫困。令人惊讶的是，最好的模型并不比几十年前的统计技术高明，并且只解释了研究中儿童生活结果变化的大约10%—20%。人们可以很容易地争辩说，童年贫困和政治极化是截然不同的两件事，但对我来说，萨尔加尼克的研究表明，在机器学习领域的工程师能够通过简单地调整脸书的源代码来减轻政治极化之前，我们还有很长的路要走。[48]

　　即使社交媒体平台可以通过做出改变来减少极化，他们真的会这样做吗？我们来看看下面这个思想实验。假设我们可以确定，对脸书平台的一个小调整就可以将共和党和民主党之间的不礼貌交流次数减少7.5%，但它同时也会将广告点击次数减少5%。该公司的领导层和董事会成员会同意这么做吗？值得赞扬的是，正如我在前几章中所描述的那样，脸书在提高选民投票率、促进器官捐赠以及为慈善机构筹集资金方面作出了值得称赞的努力。但是，实施这个最有效的解决政治极化的方案，对股东来说是件容易事吗？

　　即使我们想象确实存在简单的技术修复方案，而且社交媒体公司愿意实施这些方案，那么人们相信当前的平台真的会实施它们吗？根据2018年皮尤研究中心的一项调查，55%的美国人认为科技公司在当今经济中"拥有太大的权力和影响力"，而65%的人认为"科技公司往往无法预测他们的产品和服务将如何影响社会"。[49]一项后来的调查显示，大约2/3的美国人对社交媒体公司允许政治咨询公司使用其用户数据感到不安。[50]

也许最重要的是，这项调查表明共和党人比自由派更加不信任社交媒体平台。尽管72%的美国人认为社交媒体平台会审查政治观点，但这个比例在共和党人中要高得多。即使可以说服自由派信任社交媒体公司来解决政治极化问题，共和党人也可能不会信任它们。更糟糕的是，共和党人可能会将减少政治极化的企图视为压制保守派线上发声阴谋的一部分——这种观点已经变得如此普遍，以至于民选官员在最近的政府听证会上提出了这一观点。

这取决于我们

如果我们不能指望脸书、推特、谷歌或任何其他大平台自上而下地解决政治极化问题，我们能做什么? 在本书的最后一章中，我描述了我们在政治极化实验室进行的激动人心的新研究，内容涉及更好的社交媒体可能是什么样子，以及我们如何创建一个新型平台来更好地展开有关政治的公共对话。与此同时，这在很大程度上取决于我们这些使用社交媒体的人，我们要自下而上地去改进当前的社交媒体平台。在下一章中，我将提供用以驾驭社交媒体棱镜的路线图。我描述了社会科学中的新研究，并介绍了我可以用来理解以下事情的新科技：棱镜如何扭曲我们对自己的理解、对对方的理解，以及——也许最重要的是，对政治极化本身的理解。

第八章 驾驭社交媒体棱镜

　　我们先从好消息开始：政治极化并不像大多数人想象的那么糟糕。虚假政治极化的概念最早出现于20世纪90年代中期的美国，当时正值"文化战争"白热化，共和党的家庭价值观和民主党将财富重新分配给穷人的信念针锋相对。两党针对对方候选人所发布的负面攻击性广告越来越多，民选官员们就堕胎、福利、犯罪以及其他有分歧的议题展开了一系列看似棘手的辩论。曾担任众议院议长的共和党人纽特·金里奇（Newt Gingrich）领导了第一次弹劾美国总统比尔·克林顿的运动，理由是他在自己外遇的事情上撒了谎。有线电视以前所未有的方式放大了党派冲突。[1]按照今天的标准，这些事态的发展似乎平淡无奇——尤其是在阅读了我在第五章中描述的极端派之后——但在20世纪与21世纪之交，许多人担心日益加剧的文化战争可能永远不会停止。

　　但实际上，文化战争并没有加剧。尽管美国人在堕胎等有争议的问题上存在分歧，但社会学家保罗·迪马乔（Paul DiMaggio）和他的同事发现，在20世纪70年代到90年代，关于这个问题和许多其他有分歧问题的分歧率并没有增加。[2]与此同时，社会心理学家罗伯特·鲁宾逊（Robert Robinson）领导的一个研究团队即将得出相似的发现。[3]鲁宾逊的团队招募了在堕胎和种族冲突议题上持自由派或保守派立场的大学生。除了测量每个学生对与每个议题相关的一系列问题的看法，该团队还要求学生们估计对方阵营的人对每个问题的看法。结果不会让迪马乔和他的同事感到惊讶：自由派和保守派都大大高估了自己与另一方观点之间的差异。他们还低估了己方阵营内部的意见分歧程度。

鲁宾逊和他的团队透露，虚假政治极化的现象在大学生中很猖獗，但在其他地方呢？2016年，政治学家马修·莱文达斯基和尼尔·马尔霍特拉在具有全国代表性的一群美国人中寻找虚假政治极化的证据。平均而言，研究人员发现两党感知到的彼此的差异大约是实际差异的两倍。[4]这也适用于鲁宾逊团队尚未研究的一系列主题，包括移民、税收改革、自由贸易和竞选筹资。后来的研究表明，随着大众媒体上文化战争的升级，民主党人和共和党人之间的感知鸿沟也在扩大。尽管虚假政治极化在1970年可以忽略不计，但政治学家亚当·恩德斯（Adam Enders）和迈尔斯·阿马利（Miles Armaly）发现，在接下来的四十年里，虚假政治极化增长了近20%。[5]更重要的是，他们发现虚假政治极化解释了为什么民主党人和共和党人在这段时间内开始如此消极地看待对方。人们越是误解对方党派成员的观点，就越不喜欢对方党派的成员。最新研究表明，民主党人和共和党人也高估了对方对自己的厌恶程度。[6]当我们认为对方党派的成员比实际上更不喜欢我们时，我们就更有可能不喜欢他们。减少政治极化的一个关键策略是，想方设法帮助对立政党的成员纠正他们对彼此的误解。

弥合感知鸿沟

如果以前的研究可以作为我们的指南，那么缩小民主党和共和党之间的感知鸿沟应该是减少政治极化的重中之重。幸运的是，许多社会科学家研究了这种鸿沟是如何出现的。[7]我的第一本书分析了大众媒体如何在"9·11"事件后扭曲了关于穆斯林的舆论，例如，以牺牲更温和的大多数人为代价来放大情绪化的极端派的声音。[8]在《愤怒大行其道》(The Outrage Industry)一书中，杰弗里·贝里(Jeffrey Berry)和萨拉·索别拉伊表明，在20世纪50年代，美国的主要报纸上几乎完全看不到这种愤怒的爆发。[9]然而，到了2009年，平均每篇报纸文章会包含近六句愤怒语句。大众媒体不仅会放大极端的声音，还会制造关于政治极化范围的误解。莱文达斯基和马尔霍特拉浏览了数十种报纸、电视节目文稿和杂志，以计算提及政治极化、不礼貌言论或缺乏妥协的次数。[10]研究人员发现，在2000年和2012年之间，媒体对这些内容的提及次数翻了倍。当他们在一项实验中让被试接触此类信息后，他们发现这些被试更有可能高估美国政治极化的程度。

我希望读者从这本书中获得的最重要的信息之一是，社交媒体已经给虚假政治极化装上了超光速引擎。在第五章中，我展示了具有全国代表性的调查数据以及个别社交媒体用户的故事，以解释为什么极端派在社交媒体上的政治讨论中发挥着巨大的作用。在第六章中，我展示了感知与现实之间的鸿沟如何导致温和派对政治的漠不关心和毫不参与——这只会扩大极端派在社交媒体平台上占据的地盘。虽然我只提供了基于美国情况的证据，但是，当我们采用跨国视角时，社交媒体扭曲政治格局的力量会更加明显。2016年，由14名学者组成的小组调查了10个国家和地区中人们感知到的政治极化与实际的政治极化之间的鸿沟。[11]尽管研究人员在传统媒体（例如电视新闻、报纸和杂志）上浏览信息是否加大了感知鸿沟方面发现的证据不一，但是他们发现，在线新闻消费几乎是每个国家虚假政治极化程度的最强预测指标。[12]社交媒体也加剧了大众媒体在促进虚假政治极化方面的作用。记者经常使用社交媒体来监测公共舆论，这进一步扭曲了他们对政治极化的报道。[13]这是一个恶性循环。

　　我们如何才能阻断社交媒体棱镜和虚假政治极化之间的反馈循环？可以肯定的是，这不是一件容易的事。但在本章中，我将介绍三种可以用来驾驭社交媒体棱镜的策略。首先，我们可以学习看到棱镜，并了解它如何扭曲我们自己以及其他人的身份认同。其次，我们可以学习通过棱镜来看待自己，并监督自己的行为如何赋予了棱镜力量。最后，我们可以通过改变这些行为并发现如何与另一方进行更有成效的对话来学习打破棱镜。使用这三种策略中的任何一种似乎都具有挑战性。但最新的社会科学研究表明，实施这些策略可能并不像你想象的那么难。尽管如此，培养自己的警觉性以及改变自己的行为——

尤其是当我们对政治充满热情时——仍然是说起来容易做起来难。这就是我和政治极化实验室的同事们花了数年时间开发新工具来使这个过程更容易操作的原因。在接下来的几页中，我将解释这些资源如何帮助你实施我即将详细阐述的三种策略。

看到棱镜

　　也许驾驭社交媒体棱镜最艰巨的挑战在于，它通常是隐形的。要意识到感知与现实之间的鸿沟，我们通常需要有一种将其揭示给我们的经历——例如，遇到一个人，他不符合我们对他这类人的刻板印象。因为共和党人和民主党人在日常生活中很少讨论政治，所以我们的大多数误解都没有受到质疑。正如我在第六章中讨论的那样，大多数在社交媒体上讨论政治的人都持有极端观点。我们接触这些极端派的次数越多，就越有可能认为他们代表了温和的大多数。换句话说，社交媒体棱镜最有害的影响是在潜意识层面运作的。这就是为什么学习看到社交媒体棱镜如此重要。

　　学习看到社交媒体棱镜至关重要，另一个原因是，研究表明，让人们意识到自己的错误看法，这具有很强的消除政治极化的作用。在2015年的一项研究中，政治学家道格拉斯·阿勒（Douglas Ahler）和高拉夫·苏德（Gaurav Sood）让1000名共和党人和民主党人回答问题，这些问题与每个政党常见的刻板印象相关。[14]例如，他们要求共和党人估计有多大比例的民主党人是黑人、无神论者、工会成员和男同性恋者、女同性恋者或双性恋者。接下来，他们要求民主党人估计有多少共和党人是福音派基督徒、年龄在65岁及以上、居住在南方、年收入超过25万美元。值得注意的是，这些学者发现，受访者高估了以上每个类别中党派人士的实际比例，平均高估342%。[15]在后续实验中，研究人员纠正了受访者的这些错误看法，向他们展示了对立党派中每个类别的实际人数。看到这些数字的人比没有看到的人对对方持有更积极的态度。心理学家杰弗里·利斯（Jeffrey Lees）和米娜·西卡拉（Mina Cikara）随后进行的一系列实验表明，纠正错误看法的去政治极化效应也可延伸至更广泛的政策议题——例如对为争夺议席进行的重划选区或对匿名竞选捐款的态度。[16]

　　这些研究激发了我们的政治极化实验室创造新技术来对抗虚假政治极化。如果你访问polarizationlab.com，你就可以利用我们开发的最新工具来更多地了解与你互动的人在意识形态光谱上的位置。下次当你被某人在社交媒体上发表的政治言论震惊时，请使用我们的工具来帮助你以更广阔的视角看待这个人。你可能会惊讶地发现，在你看来是对方政党普通成员的人，实际上往往是平台上一些最极端的人。下次当你发现自己在社交媒体上受到对方政党成员的批评时，可以花点时间仔细想一下这个人是谁，以及他们的动机是什么，这可以帮你调整自己的回应方式。用这种方式与我在第五章中描述的极端派打交道可能会适得其反，因为他们是通过挑起对方阵营的攻击来在类似异教团体的社群中获得地位的。但是，如果批评你的人所持的观点处在政治光谱的中间或略微偏向与你相反的另一方，那么与他们辩论可能是你找到基本共识（common ground）的宝贵机会。

透过棱镜看自己

驾驭社交媒体棱镜的第二个重要策略是，了解它是如何折射你的。花点时间通过使用polarizationlab.com上的工具来了解你自己在意识形态光谱上的位置。然后，花点时间研究一下你在社交媒体上的行为在何种准确度上反映了你的政治观点。如果你的行为完美地反映了你的观点，那么你就处于少数人的群体中。正如我在第四至六章中所描述的那样，我们大多数人在线上和线下都会展现出截然不同的自己。例如，极端派倾向于最小化自己的意识形态极端性，而夸大他人的意识形态极端性。[17]社交媒体棱镜也让许多温和派看起来不关心政治。对于那些温和派共和党人来说，就像我们在第六章中讨论过的萨拉·伦登，情况可能就是这样，他们避免讨论政治，因为担心冒犯亲人或丢掉工作。对于那些温和派民主党人来说，就像我们在第六章中讨论过的德里克·亨特，情况可能也是如此，他避免讨论时事，因为他们认为在社交媒体上讨论政治根本没有成效。[18]无论是哪种情况，理解社交媒体上的人如何看待你——无论你实际上是怎样——都非常重要。研究表明，更加意识到你的政治观点与他人政治观点之间的关系，会产生去政治极化的效果，无论你在政治光谱上处于什么位置。[19]认识到我们试图展现的身份认同与其他人看到的身份认同不一致，这可能会帮助我们意识到，其他人也不总是与他们看起来的样子一样。

我强烈主张你考虑的关键一点是，通过棱镜投射的你是否与你希望他人看到的你一样。如果不一样，也不要绝望。一个多世纪的社会科学成果表明，我们非常不善于通过别人的眼睛看清自己的样子。我们认为自己知道他人对我们的看法，但我们常常是错的。正如我在整本书中所论证的，社交媒体会让这件事变得更加困难。

2020年年初，康奈尔大学的几位学者与脸书的一位数据科学家合作，研究了我们想要投射的自我呈现在多大程度上准确映射到了他人所看到的形象中。[20]研究团队跟踪了脸书上80万个公共页面上的讨论，即那些任何人都可以发表评论或回复其他人，即使他们不是脸书好友的页面。研究人员调查了1.6万名在其中一个页面上发布过消息或发表过回复的人。他们询问每个发帖人的意图，例如，是想表达意见还是陈述事实。该团队还询问了回复这些帖子的人，他们认为发帖人的意图是什么。研究人员发现，人们总是会错误感知彼此的意图。例如，那些认为自己只是在分享关于某个问题的事实的人通常被其他人认为是在表达意见。研究人员发现更糟糕的是，当存在这种感知鸿沟时，对话更有可能变得不礼貌。

这项研究向那些经常在社交媒体上分享政治信息的人发出了警告。但我认为，社交媒体棱镜造成的最重要的扭曲是通过那些根本不发布政治信息的人完成的，比如萨拉或德里克。正如我在第六章中指出的那样，社交媒体上缺乏温和的声音可能比存在大量的极端声音更加剧政治极化，因为前者的缺席让后者能够劫持公众对话。我恳求阅读本书的温和派民主党人和共和党人不要注销你们的账号，我们需要你们。听着，我懂那种感觉——我不想在感恩节晚餐时与亲戚就政治问题展开不愉快的谈话，就像你们一样。而且我和所有人一样，在社交媒体上展示了一个经过精心修饰的自己。任何阅读过我的推特动态的人都无法知道我在网飞（Netflix）上观看的内容，或其他对于大学教授而言的不雅信息。但我们所有人都必须谨慎地平衡以下两者：一方面是维护自我形象的欲求，另一方面是这些选择给公共利益带来的后果。对于那些我们认为重要到值得参与讨论的事情，我们都需要仔细考虑。温和派需要决定哪些提议对他们来说非常重要，以至于他们不会允许极端派代表他们发言。我们都需要在以下二者之间取得平衡：一是不惹恼朋友、家人或同事的愿望，二是击退社交媒体平台上政治极化的迫切需要。

　　你可能是一个非常狂热的党派成员，经常在社交媒体上与另一党派的成员发生争执。在我们所处的这样的动荡时代里，这种狂热可能是一件好事——可以揭露不平等或虚伪，或激励他人反对不公平的政策。但未经审查的党派偏见也具有破坏性。在你投入战斗之前，问问自己真正的动机是什么：这是一个你愿意为之献身的议题吗？或者你只是想通过巧妙地击败政治对手来赢得地位？如果你想要的是在社交媒体上获得地位，那么请花点时间仔细研究那些"喜欢"或转发你的动态的人：

他们是谁？是那些你会重视其意见的人，还是那些寻求地位的极端派，那些试图以此赢得更多关注者的人？最后，想想你的行为对对方阵营成员的影响。以激怒对方阵营成员为代价，换来更多关注者，这值得吗？你是真的"彻底击败了"自己的对手，还是说你的行为只会进一步助长对方对你方阵营的刻板印象？如果你只是向社交媒体上的大众布道，那么你的精力是否可以更好地用于说服另一阵营的人？

将我们的目标从创造自我价值感或确保己方阵营获胜转移，这与我们最深层的社会本能背道而驰。但在本章的最后一节，我将解释为什么社会科学的最新进展表明，跨越党派边界可能并不像你想象的那么难。

打破棱镜

看过本书的开头几章你就已经知道，想要跨越党派边界你不应该做什么。在第二章中，我表明，走出自己的回声室并立即将自己暴露在不同意你观点的大量人群中，可能只会让你更加相信己方阵营是公正的、诚实的或正确的。如果你是狂热的支持者，就像第三章介绍的居住在佛罗里达州盖恩斯维尔的美发师珍妮特·刘易斯一样，你可能会发现对立阵营成员的信念比你想象的还要极端。或者，如果你像我在同一章中介绍过的、对政治漠不关心的民主党人帕蒂·赖特一样，走出自己的回声室可能会加剧你的以下感觉，即周围正在发生一场战争。

但如果这两位女性的故事不够令你信服，你还可以自己试试珍妮特和帕蒂参与过的实验。访问polarizationlab.com可以找到一个链接，它会让你关注帕蒂和珍妮特浏览了一个月的网络机器人。

与其直接大胆地走出回声室（如果你真的身处一个回声室里），社会科学认为采取一些渐进的措施可能是合适的。卡罗琳·谢里夫（Carolyn Sherif）是第四章中出现的脾气火爆的社会心理学家穆扎费尔·谢里夫的妻子，她在如何说服他人方面做了一些开创性工作，这对于这样一个情绪多变的配偶来说可能是有用的。当我们接触一个新的观点时——比如，关于气候变化的观点——卡罗琳·谢里夫认为，我们的反应将取决于该观点与我们已持有观点之间的距离。[21] 如果这个距离过于遥远，比如说，当自由派的蕾切尔·玛多（Rachel Maddow）*看到了极端保守派拉什·林博（Rush Limbaugh）†的观点时，说服的可能性就会非常低。另一方面，如果一个观点在卡罗琳·谢里夫所说的我们的"接受维度"（针对一个特定议题，个人认为可接受的或合理的观点，即使他事先并不同意这些观点的一系列态度）内，那么我们就会更有动力去接触这个观点，甚至可能会让自己的观点与之接近。[22]

那种认为我们可以在今天的社交媒体上找到某种基本共识的想法似乎是一个白日梦。或许，一想到要倾听对方阵营的想

---

* 蕾切尔·玛多，美国电视节目主持人、时事评论员和作家。——编注
† 拉什·林博，美国电视节目主持人、记者和作家。——编注

法你就会热血沸腾。但哈佛大学约翰·F.肯尼迪政府学院的研究人员进行的一项有趣的研究表明，情况可能比你想象的要好。在一系列研究中，查尔斯·多里松（Charles Dorison）、朱莉娅·明森（Julia Minson）和托德·罗杰斯（Todd Rogers）要求民主党人和共和党人阅读、收听或观看对立政党政客的发言。[23]其中包括带有强烈党派偏见的发言，例如特朗普的总统就职演说。在参与者接触这些材料之前，研究小组要求他们估计这些发言会使他们感到愤怒、恐惧或悲伤的程度，以及他们认为自己会在多大程度上同意这些发言中的信息。研究者发现，人们不仅始终高估了这种体验的负面程度，而且还低估了他们对对方阵营领袖所传递信息的认同程度。与没有看到此类发言的人相比，接触过此类发言的人甚至表示更愿意在未来接触类似发言。

对一个阵营的人来说，另一阵营的人似乎仍然生活在一个完全不同的世界里。在当前的政治被关于假新闻和另类事实（alternative facts）*的争论——也就是关于现实本身的含义之争困扰时，我们如何期望进行有意义的对话？这些看似棘手的观点掩盖了一个未被充分认识的事实：正如政治学家珍妮弗·沃拉克（Jennifer Wolak）在《政党极化时代的妥协》（*Compromise in an Age of Party Polarization*）一书中所写，大多数美国人实际上想要政治妥协。[24]我们必须提醒自己，最能看得见的讨论政治的人并不是大多数人。正如我在第五章和第六章中所表明

———————————

* 即谎言、妄想等事实的替代品和对立面。——编注

的，一小部分持有极端观点的人组成了社交媒体上所有政治帖子的大部分。如果你发现自己遇到的另一阵营大多数人持有的观点令人震惊，那么这些人里面可能不会有人在你的接受维度内。polarizationlab.com上的工具还可以帮你识别出在你接受维度内的其他社交媒体用户。

一旦你开始关注自己接受维度内的账号，我不建议立即开始与来自另一阵营的成员对话。相反，花一些时间研究这些人关心什么，更重要的是他们如何谈论自己关心的东西。社会学家罗布·维勒（Robb Willer）的研究表明，弥合党派分歧的最佳方式是，使用能与你试图说服的人的世界观产生共鸣的论点。在2015年的一项研究中，维勒和马修·范伯格（Matthew Feinberg）向自由派受访者和保守派受访者展示了一系列关于同性婚姻和军费开支的陈述。[25]他们发现，如果兵役被描述为可以帮助穷人和弱势群体获得与富裕的美国人平等的地位，那么自由派更倾向于支持军费开支。这一论点强调了诸如公平和平等等核心的自由派价值观。维勒和范伯格还能够说服保守派以更高的比率支持同性婚姻，方式是根据爱国主义和群体忠诚度这两个关键的保守派价值观来阐述这个议题。"同性伴侣，"该陈述称，"是自豪和爱国的美国人。"[26]

不幸的是，研究者还发现，人们不太擅长用对方阵营的语言进行交流。在他们开展于2015年的研究中，维勒和范伯格要求自由派受访者和保守派受访者就同性婚姻和移民议题写下他们认为会吸引对方阵营的信息。接下来，研究者要求两个阵营的人对彼此信息的吸引力进行评分。尽管研究者会为写出最具吸引力信息的受访者提供巨额现金奖励，但只有9%的自由派和8%的保守派写出了被对方认为具有说服力的信息。

　　为什么学习用对方阵营的语言交流如此困难？一个原因是共和党人和民主党人很少花时间倾听对方的意见。[27]因此，如果你愿意开始倾听，那么你就比大多数人领先了一步。如果你倾听在你接受维度内的人说话，你可以先列出一个清单，上面写着你认为对方可能会对其发表观点的议题。如果你没有立即找到富有成效的对话伙伴，也要保持耐心。如果你有极端的观点，你可能需要更长时间才能找到来自对方阵营的、你可以与之求同存异的对话伙伴。如果你有较温和的观点，你会更快地找到对话伙伴。一组心理学家最近的一项研究发现，温和派比极端派更能准确地判断对方阵营成员的意识形态极端性，换句话说，温和派不太容易受到虚假政治极化导致的恶性循环的影响。[28]

　　如果你已经花了一两周时间来倾听对方阵营的观点，那就给自己鼓个掌吧。很少有人倾听对方的观点，真正在社交媒体上倾听对立党派观点的人就更少了。这是有充分理由的：有些人不知道这样做是否值得，或者对方是否会驳斥他们的观点或（更糟糕的是）取笑他们。更自信的人不知道指出对方阵营成员观点中的明显缺陷是否只会让这些人难堪。社会科学研究再次给我们提供了希望。在之前的一系列研究中，哈佛大学的两位研究者查尔斯·多里松和朱莉娅·明森让民主党人和共和党人接触来自对方阵营的一系列信息，结果表明，人们认为接触对方阵营的信息，会让实际情况变得更糟。[29]然而，在这一次研究中，两位研究者要求人们预测自己的愤怒、沮丧或焦虑，以及他们认为如果对方阵营成员处于相同情况下可能会有什么感受。人们再一次高估了观看来自对方阵营的材料令人沮丧的程度，但他们也高估了对方阵营成员看到反对意见后的消极反应。明森对他们的发现作出了巧妙的解释："如果你认为自己是对的，你就会认为，当自己政治对手观点中的缺陷被暴露出来时，他们会感到尴尬和焦虑。然而，人们没想到的是，他们的对手可能也是这么觉得的。"[30]

　　如果你正在寻找与对方阵营的人进行对话的有效切入点，你也可以考虑再采取一些简单的步骤。大多数民主党人和共和党人有一个共同点：他们不喜欢政治。还记得我在第四章提到的那些研究吗？它们记录了以下情况：越来越多的美国人表示，如果他们的孩子与对方阵营的成员结婚，他们会感到不舒服。政治学家萨马拉·克拉尔（Samara Klar）、扬娜·克鲁普尼科夫（Yanna Krupnikov）和约翰·瑞安（John Ryan）决定更仔细地审视这种趋势。他们进行了一项实验，向一个具有全国代表性的美国人样本中的一些人展示了一个社会科学家用于测量党际敌意的经典问题，即关于他们的孩子与对立党派成员结婚的问题。[31]但实验中的其他人需要回答的是另一个问题：如果他们的孩子与一个"很少谈论政治"的人结婚，他们会有什么感受？[32]尽管持有极端观点的人仍然表示对他们的孩子与另一党派的人结婚的想法感到不安，但绝大多数人更喜欢孩子和一个不谈论政治的人结婚——无论其来自哪个政党。因此，如果你在走出回声室时正在寻找一种打破僵局的方法，请考虑其他话题，例如体育运动。或者考虑一些完全没有政治极化的事情，比如人们是否应该使用牛津逗号*（再三考虑后，还是别了）。

　　如果你迫不及待地想涉足政治，请考虑在质疑他人的信念之前先反省一下自己的立场。2019年年初，一家大型新闻机构邀请我写一篇关于美国人如何在社交媒体上更有效地对抗政治极化的专栏文章。为了回答这个问题，我决定研究哪些自由派和保守派意见领袖（民选官员、记者和知识权威）最能吸引另一党派的人。他们的帖子在两党都引起共鸣的原因是什么？使用我和同事从对推特用户的大型调查中收集到的数据，我能够计算出民主党人给共和党意见领袖的推文点"喜欢"的次数，以及共和党人给民主党意见领袖的推文点"喜欢"的次数。我的发现并不完全令人惊讶，但我认为它是极其重要的：推文最能引起对方党派成员共鸣的意见领袖是那些经常批评己方阵营的人。[33]对己方阵营持批判态度，这可能会说服人们为开始聆听打开必需的认知空间，或让人们能更清楚地看到妥协的可能性。

　　另一个有希望奏效的策略是，完全避免谈论政治极化的意见领袖。根据皮尤研究中心2018年的一项研究，只有4%的美国人"高度信任"民选官员，[34]只有15%的人高度信任记者，4%的人高度信任商界领袖。人们怎么看像我这样的大学教授呢？

---

* 牛津逗号也被称为连续逗号，即在英语写作中进行多项列举时，在最后一项的"and"或"or"之前加一个逗号。在特定情况下，使用牛津逗号的写作习惯可以消除歧义。——编注

只有18%的美国人非常信任我们。在一方心目中是英雄的少数意见领袖，往往在另一方心目中是敌人。回顾我和同事为本书研究进行的数百小时访谈，我可以非常自信地说一件事：民主党人与共和党人交谈最糟糕的开场白是问对方为什么投票给特朗普（同样，共和党人与民主党人交谈最糟糕的开场白是批评奥巴马或乔·拜登）。如果你没有认识到有人在投票给拜登的同时仍然会被批评警察的人冒犯，或者有人在投票给特朗普的同时还对气候变化有深切的担忧，那么你就错过了一个重要机会，你可以用这个机会来围绕问题——而非围绕那些经常定义问题的政治极化的个体——来构建对话。

　　避免谈论政治极化的社会精英，这与我的下一个建议有关：只要有可能，尽量把你的想法置于你的身份认同之前。在第二章中，我展示了让人们接触来自另一阵营的消息会加剧"我们"和"他们"之间的对立，因为这会加深党派仇恨的程度。你的社交媒体简介是否包含诸如"进步派""保守派"或其他关于你支持哪个政党的强烈暗示？如果包含，请考虑这些词会给你在对方阵营成员的脑海中留下怎样的印象。或者，如果你是一个关注气候变化等问题的民主党人，请考虑批评共和党人与呼吁维护我们的共同利益相比，哪一个价值更高？（如果你能以一种与保守的世界观契合的方式向保守派传达这些共同利益，你会得到加分。）切断我们的身份认同和大脑信息处理区域之间的反馈循环，这意味着认识到了对方阵营的人可能不会跟我们一样处理证据。或者，他们可能比其他人更重视某些类型的证据。

当然，切断我们的想法和我们的身份认同之间的反馈循环并不总是可行的，而且有时这么做是不明智的。萨拉·伦登或德里克·亨特等有色人种社交媒体用户经常面对来自他人的偏见，后者认为自己已经因为他们的肤色而了解了他们的观点。许多社交媒体用户可能不想将自己的想法置于身份认同之前，因为他们最热衷的问题都是围绕着他们的身份认同展开的。一段被广泛传播的可怕视频拍到了乔治·弗洛伊德（George Floyd）被明尼苏达州一名警察谋杀，在此之后，许多美国人开始相信种族主义是这个国家面临的最重要的问题——如果他们还没有被之前执法部门杀害手无寸铁的黑人男子一案所说服。就社交媒体目前的形式而言，它们无法提供必要的环境，来促成民主党人和共和党人以富有成效的方式讨论此类身份认同问题。不过，我相信这个国家需要像萨拉（温和的共和党人，她是一名警察的女儿，有一半波多黎各血统）和德里克（温和的民主党人，他仍然相信法律和秩序，尽管他遭受了我在第六章中描述的来自警察的可怕骚扰）。在本书的最后一章中，我将讨论如何为这些以及其他重要的跨党派对话创建更好的平台。如果我们可以从头开始重新设计社交媒体以减少极化，我们应该从哪里开始？

第九章　更好的社交媒体

2020年3月，包含"史无前例"（unprecedented）一词的谷歌搜索的次数飙升至前所未有的水平。随着新冠大流行开始，过去几年发生的分水岭事件——造成美国民意分裂的2016年大选、对在任总统的两项重大调查，以及可以被描述为美国国会历史上最失常的时期——感觉像是遥远的记忆。大流行仅两个月后，新冠病毒就夺去了6.5万多条美国人的生命。大流行造成的生命损失极为惨重，它的经济成本也令人震惊。许多公司要么倒闭要么削减产量，失业率飙升到了历史高位附近。"这场大流行蔓延到了美国人生活的每一个角落"已经成为陈词滥调，数亿美国人居家隔离，眼睁睁地看着噩耗纷至沓来，每一天都感觉比前一天更加史无前例。

我在第四章开头描述了喜怒无常的社会心理学家穆扎费尔·谢里夫，我认为他无法想象出一个比这更完美的共同敌人来迫使民主党人和共和党人搁置分歧。谢里夫曾经计划点燃森林大火以让他研究的夏令营营员团结起来，而新冠病毒感染似乎准备将一切都燃烧殆尽。它不仅摧毁了人们的健康和国家的经济（这是每个人都关心的事情），而且拯救这两者需要以保持社交距离的形式进行前所未有的社会协调。历史告诉我们，危机——即使是那些远没有新冠大流行可怕的危机——为争斗的各方提供了按下重启按钮的机会。[1]从许多可能的例子中举一例来说，二战结束后的十年见证了前所未有的国际合作与繁荣。这样的危机也加强了或好或坏的集体身份认同。事实上，一些学者认为，美国和苏联之间的冷战多年来一直抑制着美国的政治极化。[2]

但新冠大流行有一些独特之处。二战期间，共和党人和民主党人一起挤在散兵坑里，他们的共同命运立即因此而显现了出来。但在大流行期间，美国人有意尽可能多地避开其他人。Safegraph公司是一个出于广告目的而通过智能手机收集全球定位系统（GPS）数据的公司，根据该公司的数据，在2020年3月，美国人每天在家中度过的分钟数的中位数猛然增加。[3]酒吧、餐馆以及其他偶尔可以给共和党人和民主党人提供交流机会的社交场所大多被关闭。到2020年5月初，超过10万家小企业已经倒闭，而更多的小企业还在倒闭的路上。[4]尽管一些企业最终重新开业，但2020年夏季的智能手机数据显示，它们的许多客户继续待在家里，或许是因为他们担心自己或他人的健康，或许是因为他们没有可支配的收入。[5]

当美国人在自己的公寓和房屋中隔离时，互联网兴旺了起来。值得注意的是，互联网的基础设施经受住了新老用户的大量涌入，这些用户以（你猜对了）史无前例的速度涌入了互联网。在保持社交距离的最初几周内，网飞和油管的每日流量增长了15%以上。[6]社交媒体的使用率更是急剧增加。在同一时期，脸书的使用率飙升了27%。美国人也涌向了新的社交平台。Zoom将居家办公的父母与他们的同事联系起来，同时这些父母也努力为他们的孩子设置谷歌课堂——因为孩子们的整个教育突然转移到了网上。Nextdoor.com将人们与邻居联系起来共同讨论社区问题，它的使用率增长了73.3%。Houseparty是一款通过视频聊天将朋友联系起来的应用程序，人们可以在上面一起玩游戏，该程序的用户在同一时期增长了79.4%。

社交媒体活动的激增是怎样影响社交平台上的政治极化的？在美国首次报告新冠病例起的几天内，知识权威们在社交媒体上就关闭国界、检测制度的充分性以及是否有足够的医疗防护设备等议题展开了激烈辩论。[7]这些辩论贯穿于保持社交距离的最初两个月。但是，随着美国境内感染率不断上升，一些州仍宣布计划重新开放经济，社交媒体上的讨论变得更加热烈。自由派知识权威警告说，第二波感染会比第一波更严重。保守派知识权威回应说，治疗方法不应比疾病本身更糟，同时有一些人担心由于高失业率，自杀人数可能超过死于新冠病毒感染的人数。在我所在的社区，自由派为保守派的行为感到羞耻，因为后者允许自己的孩子与Nextdoor.com上的其他人一起玩。脸书和推特上也很快充斥着关于新冠病毒的错误信息，从声称是实验室制造了这种疾病，到伪造海豚在威尼斯运河中游泳的照片。

与此同时，对美国人进行的具有全国代表性的调查描绘了一幅截然不同的画面。尽管民主党人比共和党人更快地表示支持针对新冠病毒感染采取大规模的防控措施，但两党很快就在2020年年初达成了支持保持社交距离的强烈共识。民主党领导人在2月底反对特朗普政府关闭国界的决定，但到3月下旬，96%的共和党人和94%的民主党人对此表示支持。[8]尽管许多共和党领导人反对地方政府的"居家隔离令"，但调查显示公众也强烈支持这些措施。3月中旬，一项大型调查显示，84%的共和党人和89%的民主党人支持取消10人以上的聚会。[9]尽管许多州的州长宣布计划重新开放自己州的经济，但两党就保持社交距离和采取其他新措施的必要性达成的共识依然存在。4月下旬对佐治亚州、田纳西州和佛罗里达州（三个最先开放的州）的选民进行的一项具有代表性的调查发现，当时只有12%的选民支持重新开放经济。[10]另一项调查发现，将美国描述为"非常分裂"的美国人占比，从2018年10月的62%下降到2020年4月的仅22%。[11]

　　遗憾的是，社交媒体上几乎看不到美国人团结的迹象，社交媒体棱镜正在努力发挥作用。我们在第五章遇到的极端派正忙着相互指责。我在该章开头讲过自由派成员杰米·拉普拉斯的故事，他是一位来自亚拉巴马州的医务助理，他在推特上说，最初轻视危机严重性的福克斯新闻频道主播应该被关进监狱。与此同时，每晚在内布拉斯加州一家汽车旅馆里看着DirecTV入睡的埃德·贝克，这位孤独的保守派成员声称"某国政府不仅是这场大流行的始作俑者，而且还计划在大流行之后破坏美国的供应链"。我们在第六章遇到的温和派成员在干什么？萨拉·伦登是一位温和的保守派成员，她担心惹恼自己的自由派阿姨，在新冠大流行的前两个月里没有发布一条推文。温和的自由派成员皮特·杰克曼（他的堂兄受到过死亡威胁）在干什么？他正忙着发布有关电子游戏的推文。社交媒体棱镜再次折射了政治光谱中最极端的人，并使温和派缄口不言。这两个过程相互加强，它们鼓励极端派表达越来越激进的信念，并使温和派失望，因为温和派中的许多人会把这种极端主义误认为是对方阵营的典型特征，正如我们在本书中所看到的那样。

新冠疫情时代的社交媒体

到2020年夏天，调查显示，美国人对如何应对这场大流行的脆弱共识已经破裂。[12] 尽管我曾希望这场大流行会鼓励美国的社交媒体用户搁置分歧并重新评估这些社交平台的愿景，现在看来，社交媒体棱镜一如既往的强大。这场危机并没有改变游戏规则，也没有改变最突出玩家的行为。在脸书、推特和Instagram上，极端派继续炫耀他们的党派身份，几乎将每一次互动都视为使己方阵营获胜或使对方阵营失败的机会。更糟糕的是，随着新冠大流行改变了很多人对与陌生人社会互动的看法，共和党人和民主党人在线下环境中把对方当作跟自己一样的人的机会就更加稀少了——这种情况在大流行之前已经变得很少见了。

在第八章中，我讨论了如何驾驭社交媒体棱镜，以消除社交平台上的极化现象。我认为，我们能够取得持久进步的唯一途径是创建一个新型社交场所。考虑到脸书巨大的市场份额，呼吁创建一种新形式的社交媒体似乎是天方夜谭。但从长远的角度看，我们会发现社交媒体平台会更替，而非屹立不倒。Friendster是第一个取得广泛成功的社交媒体网站，它曾经非常受欢迎，以至于谷歌提出以300亿美元的价格收购它。[13]但是仅仅两年后，聚友网（MySpace）就取代了Friendster，最终在2006年成为互联网上访问量最大的网站。[14]所以，尽管脸书一度看似不太可能扩张到它诞生的精英大学校园之外，但它当然还是继续超出硅谷最乐观预言家的预期。

　　近年来，脸书也显现出了一些脆弱的迹象。它用了五年时间才从聚友网那夺来了社交媒体领域的头把交椅。但仅仅四年之后，Instagram就迅速崛起，在其存在的头两年就吸引了5000万用户。[15] Instagram这个照片共享网站使用量的增长是如此之快，以至于脸书在2012年4月明智地收购了该平台，并使其保持了自己独特的身份。但脸书和Instagram在自拍市场的联合垄断地位并不会长期无人挑战：到2013年12月，色拉布的用户每天发送超过4亿条消息；到2015年4月，该平台的用户超过1亿。[16]同样，TikTok也是突然出现。它于2018年登陆美国，仅两年后用户就超过了1亿。[17]尽管脸书仍然是当今社交媒体领域占主导地位的平台，但它的年轻用户正在持续流失，而年轻人的偏好最终将决定市场格局。[18]

　　接下来会发生什么？可能不会有一个新的社交平台取代占主导地位的平台，并成为更富有成效的政治讨论场所。但是，正如用户已经根据自己的兴趣、爱好和专业需求分散到多个新平台一样，我认为一个用于政治讨论的新平台也有存在的空间。每个人都会使用这个平台吗？当然不是。但数十年的社会科学研究表明，大多数人的政治观点都是从朋友、家人或同事那里获得的，他们会主动寻求有关政治的信息，定期与他人就此类信息进行交流。他们足够关心政治议题，而且会试图影响那些在自己的社会网络中并相信自己观点的人。[19]对于这些积极主动的人，尤其是那些对目前社交平台上的政治极化状态感到震惊的人来说，更好的社交媒体应该是什么样子的呢？

一种新型平台

想象一下，如果我们可以剥开社交媒体的层层外衣，并将那些赋予社交媒体棱镜力量的人孤立起来，会发生什么？几年前，当我第一次做这个思想实验时，我有一种冲动，想联系在社交媒体平台工作的朋友，看看他们是否有兴趣进行一个可以回答这个问题的实验。毕竟，他们已经在用自己平台的各个部分做实验了。推特显然是先进行了广泛的研究，分阶段试运行以评估影响，然后才增加了用户单条推文的最大字符数。[20] Instagram在对其"喜欢"按钮作出调整之前也做了同样的事情：允许一些国家的用户看到他们的帖子收到的"喜欢"数，但不向其他国家的人显示此信息。该公司了解到，这一变化可能会阻止该平台上的地位寻求活动或欺凌行为。脸书在其平台上进行的实验如此之多，以至于公司内部的数据科学家被迫开发了一种全新的软件来比较数十个甚至数百个实验的数据。然而，其中绝大多数实验的设计目的都是提高广告效果和用户留存率。我和政治极化实验室的同事想要进行的实验类型与此截然不同。

我们想询问的是有关社交媒体架构的基本问题。更具体地说，我们想探索出一系列干预措施，我们可以用它们来打破我在本书中描述的对身份认同、地位寻求和政治极化之间的反馈循环。正如我在第八章末尾提到的，我们希望创建一个场所，让像萨拉·伦登和德里克·亨特这样的人可以就种族议题和警察执法议题进行富有成效的对话。我们实验室有兴趣探索的第一件事是，如果你可以创建一个让人们能将自己的想法置于身份认同之上的空间，那么可能会发生什么？我们想知道，如果你把共和党人和民主党人聚集在一起，让他们在一个所有用户完全匿名的新平台上讨论政治，会发生什么？将游戏转移到一个新的游戏场所是否会让人们更容易找到基本共识？

当然，互联网上的匿名对话也有非常阴暗的一面。诸如4chan.org之类的匿名网站承载了互联网上一些最令人不安的内容。[21]同样，许多匿名的推特"喷子"发表的古怪言论，他们可能永远不会实名发表。Yik Yak（一个已关停的允许人们与附近的其他人匿名交谈的平台）等其他平台也被指控鼓励不礼貌行为或辱骂行为。[22]与此同时，其他社交媒体论坛正是因其匿名性而蓬勃发展。尽管匿名性可以最大限度地减少不良行为的社会后果，但它也让人们有机会探索超脱于社会关系约束的其他观点。[23]一个典型的例子是"改变我的观点"（Change My View），这是红迪网（Reddit）上的一个社区，其用户被邀请

123

就一个有争议的话题发表观点，以便其他人可以试图说服他们
来重新考虑自己的立场。如果一个用户因其他用户而改变了对
某个议题的看法，那么他应该奖励该用户德尔塔（delta）*。"改
变我的观点"［它催生了另一个名为"熄火"（Ceasefire）的
应用程序］上的讨论并不局限于政治话题，尽管该论坛上的
许多讨论都是在大规模人群中就社会政策进行的热烈但高度
理性的讨论。[24]

　　对于脸书或推特这样的大公司来说，研究匿名对话是增加
还是减少政治极化只会带来巨大的风险。而且，我们的目标是
让共和党人和民主党人脱离他们的环境，创造一个新的游戏场
所。所以我们决定创建自己的社交媒体平台，它可以允许我们
以高度符合道德标准的方式对平台的不同功能进行实验。我们
希望该平台足够完善，能够有效地模拟真实用户彼此交流的体
验。我们还希望它具有足够的吸引力，让人们真的想要使用
它。我们不希望该平台的名字泄露它的用途。比如，如果称
它为"反回声室"，我们担心它可能只会吸引一小群愿意改变
观点的人——这种批评经常被用来针对"改变我的观点"的支
持者。

　　我们决定给自己的平台起一个常见的名称：DiscussIt。我
们做宣传时，将其称为"人们匿名讨论各种话题的地方"。我

124

———————————

* "delta"即数学中的Δ（音似"德尔塔"）。根据"改变我的观点"社区的解释，因
　为delta（Δ）在数学中代表变量，该网站用它来代表变化。如果该网站的用户因某
　条评论而改变了观点，那么他应该用delta（Δ）来回复这条评论，并且解释自己为
　什么改变了观点。

们聘请了一位平面设计师来制作一个时尚的标识，并且花了一年多的时间为该平台编程以及测试和调试软件。最后，我们创建了一款移动应用程序，它会让用户两两配对，这样他们就可以在该程序上匿名讨论问题。安装DiscussIt后，用户会看到一系列图像，解释如何使用该平台，并告知他们系统将给他们分配一个问题来和自己的聊天伙伴讨论。DiscussIt会通知用户，他们的名字将被化名取代。然后，系统会给所有用户都分配一个讨论主题，并告诉他们系统将尽快让他们与另一个用户配对。一旦配对成功，该应用程序就会为他们各自分配一个男女通用的名字，例如杰米或凯西，并将他们引导至主聊天界面。然后用户可以实时或不同时地讨论被分配到的主题。如果人们不积极主动参与聊天，该程序就会定期提醒他们，而且我带领一群研究生作为用户支持团队以进一步模拟一个真实的社交媒体平台。我们甚至不得不创建一家有限责任公司，来为我们的应用程序提供苹果应用商店的审核所需的证明。

为测试DiscussIt能否成功减少共和党和民主党之间的政治极化，我们设计了一个实地实验。[25] 2020年1月上旬，我们雇用一家调查公司招募了1200名民主党人和共和党人，来完成一项关于他们的政治观点以及他们对对方阵营成员态度的调查。我们的调查还包括一系列关于移民和枪支管制的问题，而且我们要求受访者在本研究中的DiscussIt上就这两个议题进行对话。在受访者完成调查后的第一天，我们随机地分配一些人进行如下实验，即给他们17美元来让他们"花费几个小时测试一个新型社交媒体平台"。那些同意接受实验的人会得到一个邀请码，并被指示将带有邀请码的卡片插入应用程序的登录屏幕的卡槽。在被试不知情的情况下，我们的应用程序使用此代码将他们与研究中来自对立政党的另一个人配对。[26]一周后，我们向所有被试发送了一份后续调查问卷，其中包括许多第一次调查时提出的问题。

实验结果让我对匿名性的力量持谨慎乐观的态度。使用DiscussIt的人在使用它不久后就表现出明显较低的政治极化水平。许多人对对立政党表达了更少的负面态度，或者对他们的刻板印象不再那么强烈。[27]还有很多其他人对自己讨论的政治问题或旨在解决这些问题的社会政策表达了更温和的观点。在所有这些度量维度上，很多人的政治极化程度都减轻了。然而最令我惊讶的是，绝大多数人告诉我们他们喜欢使用我们的社交媒体平台，尽管我们并没有鼓励他们这样做。在用户完成讨论后，我们在应用程序上对他们进行了一次调查，结果显示，89%的人表示他们很享受这次对话。被试的参与体验并非清一色都是积极的，但更鼓舞我的是，有些被试向我们的用户支持团队发送了电子邮件，询问他们如何在测试会话结束后继续使用我们的应用程序。几名用户甚至询问该应用程序向公众发布时收价多少。

如果说实验的定量结果令人振奋，那么阅读被试的交流记录更是令人加倍振奋。他们分享了朋友和亲人用手枪自杀的令人心碎的故事，以及成为犯罪受害者的可怕故事。一个人甚至详细讲述了她是如何在大规模枪击事件中幸存下来的。其他人则围绕着非政治议题展开交流。两位正在抚养十几岁孩子的父母对彼此表示同情，而有些人则对因政治观点而屏蔽了自己的朋友或家人表示同情。并非所有对话都如此融洽。有两个人的聊天变得如此糟糕，以至于我们决定在他们聊天结束前就关闭了对话。然而，绝大多数聊天不仅礼貌，而且非常有成效。许多人概述了复杂的政策建议，其中一对对话者甚至为一次基层运动做了准备工作，该运动旨在防止农村居民自杀，这两人成了脸书好友，以确保自己在试用DiscussIt后仍可以继续交谈。

　　我们的实验也让我对匿名论坛能促进跨种族的更有成效的对话抱有希望。在一次聊天中，我们将一名共和党白人男性和一名民主党黑人女性配对，以讨论枪支管制议题。这位男士首先分享了他对自己家乡加利福尼亚州两名警察被谋杀的愤怒。这位女士以同情的态度回应并告诉这位男士她的儿子是一名警察。但这位女士接下来谴责了最近发生的警察对手无寸铁的黑人施暴的事件。对话继续以相互尊重的方式进行着，而且根据我们的后续调查，最终两位被试在控枪方面都采取了稍微温和的立场。当我读到这段聊天记录时，我开始怀疑，如果被试都知道彼此的种族背景，这次聊天是否有可能取得这种进展？这位白人男士会分享他对谋杀警察的看法吗？黑人女士会不会有机会告诉白人男士，她和他一样害怕和愤怒？他们会找到任何基本共识吗？这些问题只能留给未来的研究者去解决了，但值得注意的是，我们研究中将白人和黑人配对的108次对话中，大多数都具有去政治极化效果，这与我们分析的其他660次对话不相上下。种族议题或许只是一个起点。有针对性的匿名对话是否也可以消除与性别、阶级或人们的名字旁边是否有蓝色对号标记（或其他网络名人标记）相关的偏见或地位等级？人们不应该只有在匿名的情况下才能被倾听或受到尊重，但匿名性可能会让弱势群体有权决定分享多少自己的身份信息。精心设计的匿名对话可能有助于为我们迫切需要的更深层次的尊重和相互理解奠定基础。

有愿景的社交平台

据我所知，DiscussIt的实验是为数不多的在社交平台上对抗政治极化的成功案例之一。但是像DiscussIt这样的平台真的可以扩大使用范围吗？即使人们愿意在短期内放弃部分身份认同以进行更有成效的讨论，但是当平台在数周、数月或数年内扩展到包括数千甚至数百万用户时，上面的用户还会继续这样做吗？在"喷子"或极端派出现之后，对话还会如此礼貌吗？更有成效的政治对话的承诺是否足以吸引人们不断地重返平台？还是像我们这样的平台会以不光彩的方式进入社交媒体的坟墓？

要回答这些问题，我们需要重新审视我在本书中提出的关于人们最初为什么使用社交媒体的核心论证。在第四章中，我认为人们之所以不断重返社交媒体，是因为社交媒体可以帮助我们做一些使我们与众不同的事情：创造、修正和维护我们的身份认同以获得社会地位。社交媒体让人们可以展现不同版本的自己、监测其他人对不同版本自己的反应，并以前所未有的速度和效率修正自己的身份认同。但众所周知，人类不善于判断别人对自己的看法——而我们在社交媒体上与别人的短暂互动让事情变得更糟。正如我在第五章和第六章中所描述的，社交媒体棱镜助长了极端主义，压制了温和派，并让我们大多数人对另一阵营深感疑虑。但我们不会停止使用社交媒体，也不会停止关心我们的身份认同和社会地位。相反，我们需要更多地思考，社交平台的设计如何塑造了我们创造的身份认同类型和我们寻求的社会地位。

　　脸书的愿景是什么？该公司告诉我们，它的使命是"让世界更紧密地联系在一起"。[28]但该平台最初是哈佛大学本科学生用来评价彼此外表吸引力的一个不成熟工具。推特的愿景是什么？它的座右铭是"为公共对话服务"，但据报道，它的创建是为了帮助一群朋友互相广播短信式的消息。[29]Instagram的愿景是什么？我们被告知它是为了"捕捉和分享世界的瞬间"。但该应用程序最初名为"Burbn"（像酒的名字），旨在帮助人们制订跟朋友外出游玩的计划。[30]TikTok的愿景是什么？我甚至不打算去看看。希望我已经表达清楚了自己的观点：我们真的应该期望最初是为如此幼稚或平庸的愿景而设计的社交平台，可以无缝地自我转变并服务于公共利益吗？当社交平台创造出一种没有领袖的煽动活动，任何人都可以从中创造一种地位——无论多么肤浅或对民主多么有害，我们应该感到惊讶吗？当没有共同的发帖目的时，人们发现自己在社交媒体上如此群龙无首，这有什么值得奇怪的吗？

　　想象一下，如果我们创建了这样一个社交平台，在该平台上，地位与更高尚的愿景相关联。这个平台赋予人们地位不是因为他们巧妙地击败了自己的政治对手，而是因为人们创作了具有跨党派吸引力的内容。一旦我们更清楚地阐明了社交平台的愿景，我们就可以将这些原则融入社交平台系统的架构中。这样的社交平台可以提高那些同时引起不同受众共鸣的内容的排名，而不会提高有争议的或促成分裂的内容的排名。该平台可以让人们接触那些在自己接受维度内的人，而不是建议人们关注那些已经跟自己观点相同的人。我们可以通过要求人们在注册之前完成一份关于他们观点的问卷来定义这个接受维度。为了对抗虚假政治极化，我们甚至可以将我们在政治极化实验室里开发的工具整合进这个平台。"喜欢"的计数器可以换成仪表盘，该仪表盘用蓝色、红色和紫色来显示处于意识形态光谱不同位置的人如何回复帖子。我们可以用人工智能来要求即将发布不礼貌或人身攻击内容的人反思他们的目标，或帮助人们使用吸引对方阵营成员的价值观来重新表述他们的信息。

　　无须赘言，并非所有人都会使用这样一个人们在上面通过弥合政治分歧来获得地位的社交平台，但这可能是一件好事。我们无法从我设想的平台上完全禁止那些在其他平台上因驳倒政治对手而声名狼藉的"喷子"和极端派，但对他们来说，这个平台将是一个回报少得多的地方。[31]驳倒别人不再能获得关注，他们的相关帖子会被降低关注度，因为这些帖子只对一个阵营有吸引力。监管极端内容也将变得更加容易。一旦平台有了一个愿景，比如弥合党派分歧，那么制定政策来定义可接受的行为和不可接受的行为就会容易得多。一个旨在消除用户政治极化的平台可以处理任何人身攻击或不礼貌的帖子，而不是实行过于宽泛以至于难以执行甚至不可能执行的审核政策。这些帖子仍然难以定义，但我认为，一个以自上而下原则为指导的平台——这些原则对所有用户来说都是透明的，他们在注册时可以看到——总是比一个依赖规范自下而上地涌现出来的平台更有效，特别是当"下方"由温和派没有能力或意愿监管的极端派组成时。[32]这些政策与未公开的身份验证相结合，以进一步阻止"喷子"和极端主义，这可以为跨党派匿名对话创造必要的条件，让对话不仅是礼貌的，而且是富有成效的。

　　执行此类政策并不容易，成本也不低。虽然去中心化平台自下而上减少极化的想法很浪漫，但我认为这不现实。长毛象（Mastadon）和Diaspora等去中心化社交媒体平台在努力维持运营的同时，还在一直尝试吸引新用户。[33]要想全力打造一个平台来消除政治极化，这需要重要资助者的大量投资。政府将是理想的候选人，受公共资助平台的支持者——例如互联网活动家伊桑·祖克曼（Ethan Zuckerman）认为，这些平台可以通过数字广告税来获得资金。[34]尽管去政治极化的努力在如美国这样高度政治极化的国家应该很容易被接受，但我并不会被动等待它们成为现实。如果政府不介入，那些愿意在以下情况中押注的企业家就可以赚到钱：存在一个人们可以通过成为有效的跨党派沟通者而获得声誉的平台，该平台将对企业、政府和非营利组织等更具吸引力。对社交媒体进行这种根本性重新设计的先例来自Stack Overflow等公司，其中的软件开发人员凭借为彼此的问题提供最佳答案而获得声誉分数。虽然这个网站最初是一个讨论复杂技术问题的简单论坛，但它对技术行业来说已经变得如此重要，以至于猎头现在会通过这个平台筛选出不仅拥有技术才能而且受到同行尊重的人。随着美国在一代人中都面临着对其社会结构最严峻的挑战，建立弥合党派分歧的声誉可能会成为一种越来越有价值的社会资产。如果民主党人和共和党人线下互动的机会持续减少，那么一个新型社交媒体平台可能是为数不多的可以建立这种声誉的地方之一。

　　现有的社交媒体平台也不妨采用上述许多原则。脸书、推特和其他平台可以根据帖子从两党那里获得的认可度来优化用户时间线中的帖子顺序，而不是仅仅根据简单的参与度指标来给帖子排序。可以训练推荐算法来识别每个用户的接受维度——基于他们喜欢的内容或他们关注的人——并鼓励人们与观点不同但相差不大的人联系。由这两项改革所共同推广的内容，可以推动社交媒体用户围绕有妥协余地的议题进行交流，而不是选择那些在任何情况下都会激怒己方阵营的内容。我们当前的社交平台还可以为人们参与这种富有成效的讨论建立新的激励机制——例如，创建这样一个排行榜，它可以跟踪著名用户生成对两党都具有吸引力的内容的频率。或者，它们可以发明新的地位形式——比如为有效吸引多元受众的人颁发徽章，而不是突出那些因在政治之外取得的成就而名声大噪的人。脸书、推特和其他主流社交媒体平台也可以尝试在自己的平台上为那些想要跨越两党界限的人创造新的空间，并为自己的用户提供通过参与聚焦的、小范围的对话来相互联系的机会，这类对话就像我们在政治极化实验室的模拟社交媒体平台上创建的那类对话一样。

无论解决方案是自上而下还是自下而上的，让社交平台去
政治极化的努力都可以从与社会科学更深入的互动中获益。当
我们解锁减少社交平台政治极化的关键时，我们可以利用社会
科学的洞见使它成为现实。我们必须像一些社交媒体公司已经
开始做的那样，将对人类行为的经验观察方法构建到社交平台
的架构中，而不是实施技术领军人物、知识权威或政策制定者
提出的未经测试的干预措施。在此过程中，我们必须认识到，
我们面临的巨大挑战将随着时间推移而不断演变。在未来的几
年和几十年里，我们必须继续检验我在本书中提出的所有解决
方案。如果快速演化的计算社会科学领域发现我提出的建议不
再有效，我将是第一个呼吁修改这些建议的人。

附录　研究方法

在本书正文中，我描述了我们政治极化实验室在2018年至2020年间进行的三次大型实地实验。在这篇附录中，我对每次研究中使用的研究方法进行了更详细的讨论，为的是给以下读者提供方便：希望了解更多有关本书使用的具体抽样程序、建模假设和分析技术的读者，以及那些希望对我们工作的优点和局限性进行更详尽讨论的读者。该附录的每一节详述了正文中阐述的三次研究中每一次研究的具体情况。在第一次研究（第二章中描述的网络机器人定量实验）中，我们招募了1220名民主党人和共和党人关注我们创建的推特机器人，该网络机器人让他们了解来自对方阵营的消息。第二次研究（第二章和第三章中描述的网络机器人定性实验）是第一次研究的后续研究，我们对一组新招募的共和党人和民主党人进行了155次深入访谈，时间分别是在他们使用与第一次研究中相同类型的推特机器人之前和之后。在第三次研究（第九章中描述的模拟社交媒体平台实验）中，我们招募了7074名民主党人和共和党人来完成关于他们政治观点的调查，并邀请其中的2507人在我们创建的新型社交媒体上相互交流。

网络机器人定量实验

134　　我们聘请了一家知名的大型调查公司——舆观（YouGov），来招募一组美国人样本，并让他们在2017年10月10日至19日之间完成一项时长为10分钟的在线调查。参与者必须：（1）认同共和党或民主党，（2）每周至少访问推特三次并定期登录推特去阅读来自其他账号的消息，（3）愿意为了配合研究而分享自己的推特名称，以及（4）年满18岁。舆观对10634人发出了邀请，其中5114人接受了最初邀请，根据上述资格，这些受邀人中有2539人被认为符合完成调查的条件。在符合条件的人中，285人拒绝参与调查，500人参与了调查但没有完成，102人提供的回答被舆观的数据质量算法排除在外。剩下的1652人对我们的实验前调查提供了可接受的回答。每个受访者都被告知，该调查旨在"研究人们在推特上的经历"，完成调查并与研究团队分享自己的推特名称后他们将获得11美元的报酬。我们获得了所有受访者的知情同意并告知他们，他们也符合在一个月后完成一项后续研究的条件。

　　实验前调查包括一系列问题，涉及受访者的政治信念、社交媒体行为、媒体浏览习惯以及与对立政党成员接触的频率（线上和线下）。第二章描述的核心测量指标包括对名为"意识形态一致性量表"（Ideological Consistency Scale）中10个问题的回答。在过去的二十年里，皮尤研究中心发起的16次具有全国代表性的调查使用了该量表。该量表包括5个具有保守倾向的陈述，例如"穷人过得很轻松，因为他们可以在不付出任何回报的情况下获得政府福利"；以及5个具有自由倾向的问题，例如"种族歧视是现在黑人不能出人头地的主要原因"。量表中的陈述不仅涉及社会福利和种族歧视，还涉及环境、移民、不平等、政府对经济的监管、国际关系和同性恋。我们要求受访者在7分制量表上对每项陈述表示同意或不同意，他们的回答使我们能够创建一个从极度自由到极度保守的量表。

135

在我们将受访者随机分配到实验组或控制组之前，我们出于以下原因（符合任何一个即可）从研究中剔除了一些受访者。首先，我们比较了调查公司提供的关于每个受访者的年龄、性别、种族和地理位置的人口统计信息，以及我们可以在每个受访者的推特上观察到的此类信息。据此，我们剔除了74名受访者，因为在他们的数据中，我们通过比较上面描述的关于人口统计信息的两个信息来源，发现了至少两处不一致；另外剔除的4名受访者所提供的推特名称并非来自他们自己的账号，而是来自名人的账号。我们还剔除了44名未关注任何推特账号的受访者，因为他们没能满足我们的以下要求，即定期登录推特并浏览其他人的账号。最后，我们将人们的推特数据与我们的调查数据进行比较的能力，使我们能够识别因果推断（causal inference）的另一个重要威胁：因果干扰（causal interference）。想象一下如果我们研究中的两个人在推特上相互关注会怎样。如果我们将其中一个人随机分配到我们的实验组，将另一个人随机分配到我们的控制组，则被分配到实验组的受访者可能会通过转发或评论我们网络机器人的一条消息来影响控制组中受访者的观点。出于这个原因，我们剔除了另外113人，他们要么在推特上有直接的相互联系，要么是以下用户群中的一员，该用户群可能将网络机器人（直接或间接地）暴露给对方。我们还剔除了197人，因为他们提供的数据质量不佳或未能在调查中提供有效的推特名称。

136 　　最终的预实验研究包括1220名被试（691名民主党人和529名共和党人）。尽管我们的研究并非为了代表美国全国人口而设计的，但我们还是实施了额外的步骤，将样本的人口统计特征与2016年美国社区调查的官方人口统计数据进行比较。最终样本的平均年龄比美国人口的平均年龄大，因为我们要求被试至少年满18岁。被试是非白人的概率也更小。我们的被试中有84%是白人，而在全国人口中这一比例为70%。虽然我们使用了统计程序来解释我们分析中的这些偏差，但是调查结果也不应该被推广到以下范围之外：属于共和党或民主党、定期访问推特并愿意与研究者分享自己推特信息的美国人。读者在将这项研究发现推广到推特以外的平台时也要小心谨慎，这不仅是因为推特具有吸引不同类型人群的独特功能和特点，而且还因为它提供了一种比其他社交媒体平台（比如脸书）更公开的用户互动形式。

　　在出于上述原因从预实验研究人群中剔除一些受访者后，我们使用名为"区组随机化"（block randomization）的统计程序将共和党人和民主党人随机分为实验组或控制组。这种统计技术使研究者能够确保实验组和控制组中属于不同兴趣亚群的人数相等。在我们的案例中，我们采取了措施，在被试的党派偏见强度、使用推特的频率以及对政府和公共事务的兴趣之间建立了平衡。2017年10月21日，我们告诉实验组中的被试，如果他关注我们研究中的一个网络机器人一个月，便可以获得11美元，如果回答与这个网络机器人每天即将转发的24条消息的内容相关问题，他将获得高达18美元的额外奖励。正如我在本书的正文中提到的，我们的招募对话采用了多个步骤来减轻反应偏差（response bias）*和实验者效应（或霍桑效应）。更具体地说，我们（1）没有在招募对话中披露网络机器人发布推文的内容类型；（2）设计邀请，使完成调查与关注网络机器人看起来彼此无关；（3）在研究的头几天，让机器人转发自然景观图片，而不是政治内容。

　　我们的网络机器人设计如下。我们采用了政治学家巴勃罗·巴尔韦拉（Pablo Barberá）开发的技术来测量推特上一大批意见领袖的政治意识形态。[1]我们首先创建了一个推特名称列表，这些推特账号的主人包括2016年总统竞选期间的所有候选人，以及截至2017年8月5日美国众议院和参议院的所有成员。然后我们从推特公司的应用程序接口获得了这些用户在推特上关注的所有账号的列表。这让我们的总样本包含了636737个账号，其中许多账号本质上与政治无关，也不属于美国意见领袖。为了系统地剔除这些账号，我们采取了几个步

137

---

* 被试在回答问题时因社会期望、回答倾向等因素而产生非真实反应，导致调查结果失真的现象。

骤。首先，我们剔除了所有未被至少15位意见领袖关注的账号。其次，我们剔除了所有美国政府机构、世界各地的营利性公司以及美国境外用户的账号。我们的最终样本包括4176个账号，这些账号的主人是美国媒体、非营利组织、倡导团体、智囊团和其他非政府或非公司职位的一系列意见领袖。

为了测量这个由民选官员和意见领袖组成网络中每个人的意识形态倾向，我们使用了统计程序——对应分析和主成分分析——以根据人们关注的人来将他们分组。这些技术使我们能够创建从极端保守派到极端自由派的意识形态强度的测量指标。这种技术的一个弱点是它假设在推特上关注某账号的人与该账号的政治观点相同。但许多关注@realDonaldTrump等知名账号的人这样做并不是因为他们认可这些账号的主人，而是因为他们想了解来自这些账号的消息。如果我们不解决这个问题，这些账号就会显得比实际更偏中间派。出于这个原因，我们给处在意识形态连续体中间位置且拥有超过10万名推特关注者的少数意见领袖重新分配了一个得分，该得分处在我们发明的自由-保守连续体上跟他们自己党派同侧的、靠近中点的1/5到2/5之间。

我们的自由派和保守派推特机器人被托管在一个虚拟机上，该虚拟机在亚马逊云服务（Amazon Web Services）上连续运行了几个月。在每一个小时里，我们的网络机器人都会从上文中描述的数据库中随机挑选一个民选官员或意见领袖，并且通过询问推特的应用程序接口来确定该用户是否在之前的24小时内发了推文。如果该用户发了推文，网络机器人就会转发该推文。如果该用户没有发过推文，机器人就会从数据库中随机选择另一位用户，直到它找到前一天发过推文的用户。在为期一个月的研究周期里，这两个网络机器人转发了来自1001位意见领袖、媒体机构、倡导团体或非营利组织的1293条推文。对这些推文的后续分析表明，它们代表了共和党和民主党的各种观点、信仰和意见，而且从一方转发的内容并没有比另一方更极端。[2]

　　我在本书正文中讨论的另一个关键挑战是实验依从性（treatment compliance）：即使人们表示他们会关注网络机器人，我们怎么知道他们是否真正关注了网络机器人并阅读了它们转发的内容呢？在第二章中，我描述了我们如何进行每周调查，要求被试识别机器人每天转发的可爱动物图片，我们会在调查开始前将其删除。这些调查中的问题还会涉及网络机器人转发消息的实质内容。这些依从性调查分别开展于10月27—29日，11月3—5日和11月10—13日。如果人们能够回答这三次调查中的所有问题，我们将他们定义为完全依从者。如果他们至少正确回答了一个问题，但不是所有问题，我们将他们定义为部分依从者。如果他们在研究期间每天都跟随网络机器人，我们将他们定义为最低限度依从者。为了提高依从性，我们还告知被试，我们会监控他们是否屏蔽了我们的账号——也就是说，在不取消关注的情况下将我们的消息屏蔽在他们的时间线之外。然而，实际上我们是不可能监控到这种情况的，我们的调查公司后来向被试汇报了这种欺骗行为。

　　在我们邀请的325名共和党人中，有186人同意这样做。

在这些同意的被试中，有119人能够发现网络机器人转发的第一只可爱动物，而分别有120人和113人发现了网络机器人在研究的第二周和第三周发布的可爱动物。实验组的共和党人中，有128人能够在第一周正确回答有关网络机器人推文内容的实质性问题，在第二周和第三周的调查中则分别有134人和125人正确回答问题。在我们邀请加入实验组的419名民主党人中，有272人同意了。在这些被试中，第一周有170人发现了这只可爱的动物，第二周和第三周分别有175人和170人发现了这只可爱的动物。实验组的民主党人中，第一周能够回答有关网络机器人推文实质性问题的有226人，第二周和第三周分别有203人和176人。

在我们的研究中，另一种对因果推断的威胁被称为算法混淆（algorithmic confounding），我们在本书正文中没有描述该威胁。[3]当研究者因为人们正在与公众视野之外的算法进行交互，而将某种形式的人类行为与实际发生的事情混淆时，算法混淆就发生了。一个典型的例子是谷歌的流感趋势预测，这是一种使用搜索数据来监测流感传播的工具。虽然此工具多年来对季节病作出了非常准确的估计，但在2012年年中，其估计的数字突然飙升。研究人员最初担心这种激增预示着某种大流行，但后来发现，搜索量激增的部分原因是，该公司算法的转变使得在谷歌上搜索普通感冒症状的人会看到有关流感的广告。这显然让其中的许多人搜索了与流感相关的词语，这些词语后来被研究人员误认为是流感正在迅速传播的证据。[4]

在我们的研究中，我们担心推特的时间线算法——它决定了消息在用户时间线中出现的顺序——会导致在不同被试间发生实验中的不一致性问题。尽管推特没有公开该算法的设计细节，但推特数据科学家发表的一篇论文表明了该算法会从用户参与中学习。[5]如果用户很少点"喜欢"或转发网络机器人的转推，那么这些推文可能会沉入这些用户推特时间线的底部，这可能会让他们接受过少的实验处理。为了阻止这种情况，我们要求所有被试禁用推特的时间线算法，以确保他们看到网络机器人的推文，并且提醒他们：若要赚取招募对话中提到的额外的18美元，必须要看到这些消息。我们还采取措施评估与推特的推荐算法相关的算法混淆可能性，该算法为用户推荐新账号，以供关注。我们担心该算法可能会向我们的被试推荐更多与网络机器人密切相关的账号，从而让他们接受更多的实验处理。因为文献表明，该算法会根据任何特定账号所关注的账号提出建议，但是，我们能够通过设置我们的网络机器人，使它们不关注任何人来避免产生这种偏差。[6]

　　2017年11月中旬，即开展最初调查的一个月后，我们向所有实验组和控制组中的被试提供12美元，让他们完成一项用时10分钟的后续调查，该调查（再次）被设计得看起来与之前邀请他们关注我们的机器人毫不相关。本次调查包括与第一次调查相同的所有关于政治信念的问题，我们使用这些测试结果来计算：研究期间，被试的政治信念在上文提及的"意识形态一致性量表"中位置的变化。在随机分配到本次研究的实验组或控制组中的1220人中，有1069人完成了实验后调查。我们观察到实验组和控制组各自的减员率没有显著差异，这表明与对照组相比，我们的实验处理并没有导致人们以更高的比率放弃参与研究——这被称为实验后偏差（posttreatment bias）问题。[7]幸运的是，我们也没有观察到任何党派背景、人口因素或地理位置导致减员偏差的证据。[8]

　　除了最初的调查和网络机器人实验，我们还从推特收集了大量有关被试的数据。使用被试同意与我们分享的推特名称，我们收集了每位被试的最新推文和"喜欢"的推文（或"收藏夹"），以及在研究期间和最多一年后发表的推文和"喜欢"的推文。我们总共收集了1777280条推文和704951条"喜欢"的推文。此外，我们还从每位被试推特的公开个人资料中收集了所有可用数据。这包括用户的个人简介、他们关注的人数和他们拥有的关注者人数，以及他们的位置（如果有）。此外，我们用自己编写的代码收集了每位被试关注的每个账号的名称，以及所有关注我们被试的推特用户的名称。我们使用这些数据来制定额外的措施，以评估在参与实验之前每个被试的回声室强度，并开展在别处描述过的其他稳健性检验（robustness checks）[*]。[9]

　　在一个月内一直关注一个网络机器人，该机器人转发来自对立政党意见领袖的推特，为了估算关注该机器人一个月的效果，我们计算了每个被试在第一次和最后一次调查之间的"意识形态一致性量表"得分的变化量。通过比较实验组和

---

[*] 评价方法和解释能力稳健性的方式，即当改变某些参数时，评价方法和指标是否仍然能对评价结果保持一个较为一致、稳定的解释。——编注

控制组的变化量，我们能够估算出关注网络机器人的效果，该
效果独立于人们在本次研究之前可能已经形成的信念或可能塑
造了他们信念的历史因素，比如分裂的2016年美国总统大选。
社会科学家通常将这种方法称为双重差分模型（difference-in-
differences model）法，然而该方法并不能排除我们研究期间发
生事件的影响。我们的模型还使用了一种名为依从者平均因果
效应（complier average causal effect）的统计指标，来考察每个
被试对网络机器人的关注程度——即对实验处理的依从程度。
我们的模型还考虑了其他混杂因素，例如调查对象的年龄、收
入、受教育程度、性别、种族和所处的地理区域。此外，我们
的模型还包括测量每个被试回声室强度的指标，即他们关注的
意见领袖的平均意识形态得分。最后，我们的分析解释了我们
从实验前调查中得到的人们跟对立政党成员的线下接触次数。

网络机器人定性实验

我们的网络机器人定量实验的一个主要局限是，我们无法
确定为什么接触对方阵营会导致人们更加坚持自己的既有观
点。网络机器人定性实验的目标之一是，通过在一小群人（我
们可以在他们关注网络机器人之前和之后访谈他们至少一个小
时）身上重复这个实验，来确定这种影响的机制。我们在第三
章中阐述了我们的发现，关于被试的小插曲则出现在第一章和
第二章的开头。网络机器人定性实验的第二个，同时也是更广

143

泛的目标是，更深入地了解社交媒体如何更普遍地塑造政治极化。事实上，定性研究的一个核心优势在于，它可以让研究者发现不易觉察的新的社会过程，或者发现那些比大规模民意调查用时更长、更具开放性的观察才能发现的社会过程。[10]这些发现在第五章和第六章的讨论中随处可见。因为这项研究的方法论没有在其他地方被阐述过，所以我在这里展开详细描述。

　　2018年7月中旬，我们聘请了舆观（为我们的网络机器人定量研究招募被试的同一家调查公司）来招募如下一组美国人样本：认同共和党或民主党，是美国公民，每周至少访问推特三次，愿意与研究者分享他们的推特名称，并且至少年满18岁。我们的目标是在2018年夏末或秋初对60名共和党人和60名民主党人进行两次开放式的定性访谈。使用这些抽样标准，舆观向261名受访者发送了我们在第一次网络机器人研究中使用的在线调查问卷。我们将样本分层，以获得相同数量的民主党人和共和党人，以及相同数量的自认为具有强党派偏见的人和弱党派偏见的人。我们还按美国各州将该样本进行分层。我们使用与第一次调查相同的数据筛选标准来在该样本中确定定性访谈的候选人，并且我们再次获得所有受访者参与我们研究的知情同意。我们剔除了30名未提供有效推特名称或提供的推特名称受到保护的推特账号主人。我们还剔除了另外8个人，我们在他们的社交媒体账号上观察到的人口统计特征中至少有两个特征与定量调查中他们报告的特征相冲突。

　　我们从符合条件的受访者中随机抽取了134名候选人进行访谈。向每位受访者都发送了一封电子邮件，表明他们可以通

过参加我们研究团队的一小时电话访谈来获得价值75美元的
亚马逊礼品卡。如果无法通过电子邮件联系到受访者，我们会
使用调查公司提供的手机号码给他们打电话。最后，我们无法
联系到的有4人，因为他们没有提供准确的联系信息。有1人
拒绝接受访谈。在剩余的129人中，86人同意参加，有效回复
率为66.7%。然而，同意参加的人中有3人没有最终参加，这
使得实际回复率还要更低一些。我们没有观察到任何与政党或
年龄有关的反应偏差的证据。尽管如此，与未参加的人相比，
参加我们定性访谈的人是强党派偏见者的可能性略低，是男性
的可能性则要大得多。

　　受访者的平均年龄是44岁，最小的19岁，最大的75岁。
在这些人中，55%是男性，80%是白人，52%的人认为自己是
民主党人，48%的人认为自己是共和党人，45%的人认为自己
具有强党派偏见，55%的人认为自己具有弱党派偏见。这些
受访者来自30个不同的州，纽约州占有最大的份额（8个受访
者）、佛罗里达州（7个）、弗吉尼亚州（7个）、北卡罗来纳州（6
个）、得克萨斯州（5个）和加利福尼亚州（4个）。受访者的家
庭年收入中位数为6万—7万美元，52%的人拥有四年制大学
学位。受访者中只有1名处于失业状态，另有12名退休人员，
5名全职父母，10名大学生。46%的受访者已婚，32%的受访
者家中有18岁以下的孩子。按宗教信仰划分，受访者中最大
的几个群体是：新教徒（32人），不可知论者或无神论者（27
人）和天主教徒（16人）。尽管受访者是从多个不同的人口群
体和地理位置招募而来，但该样本并不能代表美国人口，因为

145

美国人口的规模很大，而且我们只研究了那些属于共和党或民主党并经常使用推特的人。再一次，我们需要更多的研究才能确认我们的研究结果可以推广到其他社交媒体平台——尽管我们的大部分定性研究分析了受访者在推特之外的行为。但是，我们不能排除推特用户可能与非推特用户具有不同的特征。

　　我们的第一轮访谈是在2018年7月下旬至10月中旬之间进行的。所有访谈都通过电话进行，并被移动应用程序录制了下来。我们聘请了一支由9名访谈员组成的团队——他们都是社会科学专业的或已经拥有相关领域高级学位的研究生。所有访谈员都至少完成了一门定性研究方法的课程。9名访谈员中有2名男性、7名女性。其中2人在共和党人占多数的地区长大，7人在民主党人占多数的地区长大。在可能的情况下，我们将来自共和党人占多数地区的访谈员与属于共和党的受访者进行匹配，以减少与访谈员的口音、语言风格等其他方面以及电话中的自我呈现相关的访谈员效应。所有访谈员都参加了由我或一位高级研究生主持的培训课程。在这些课程期间，访谈员们在访谈受访者前先进行了相互访谈练习。在我们的实地调查之前，5名访谈员进行了额外的试验性访谈，用于在研究团队成员间的面对面或线上会面期间修改访谈问卷。我们还征求了顶尖的定性研究者对访谈问卷的意见。

　　所有访谈开始前，访谈员都要向受访者征求录制访谈内容的许可，并向他们作如下解释：研究团队将遵守"严格的保密标准"，用化名代替受访者的真实姓名，并删除或更改与他们相关的人口统计信息以增强保密性。接下来，访谈员转述了研究团队编写的以下对话："感谢你今天抽出时间与我交谈。我是一名研究者，试图了解美国人如何使用推特和脸书等社交媒体网站。今天想和你聊聊你为什么开始使用社交媒体，你在日常生活中如何使用社交媒体，以及关于社交媒体你喜欢或不喜欢哪类事物。"为了鼓励受访者将访谈视为开放式对话并提供有关自己生活的详细叙述，我们告诉他们：

> 这次谈话可能与你在奥观上参与的其他调查中的谈话略有不同。我不想问一系列预先准备好的问题并让你从选项列表中进行选择，相反，我想尝试着从你的角度出发来理解这个世界。我想通过让你告诉我你使用社交媒体的经历，或告诉我与你在社交媒体网站上的经历有关的故事，或告诉我你自己生活中的例子，来倾听你用自己的话讲出来的、你认为重要的事情。我真的希望我们能在短时间内更好地了解彼此并进行愉快的谈话。

访谈员随后解释说，访谈将从几个宽泛的问题开始，但再次提醒受访者，访谈员的目标是"进行谈话，让我更多地了解你以及社交媒体如何融入你的生活——所以请在任何需要的地方随时打断我"。

我们首先询问了受访者一系列关于他们为什么开始使用社交媒体的开放式问题。接下来，让他们告诉我们，他们最近两次登录社交媒体网站时都做了什么。最后，询问了他们在网上关注了哪些类型的账号。访谈第一部分的最后一个开放式问题是这么询问受访者的："如果我从未当面见过你或与你交谈过，那么通过查看你的社交媒体账号，我是否能很好地了解你是谁？"接下来，我们转向了一系列关于受访者如何获取新闻和时事信息的问题，不仅是通过社交媒体，还包括电视和报纸等其他形式的媒体。第一，我们询问受访者关注新闻和时事对他们有多重要。第二，让他们说出自己用哪些途径来获取新闻（如果有的话），并解释哪些途径是最喜欢的，以及为什么。还询问了他们是否使用社交媒体来了解新闻。第三，询问新闻中的哪些话题对他们很重要——或者如果他们告诉我们自己不关注时事，我们会让他们描述上次看到有关政治或政府的故事是什么时候。第四，向受访者询问了一系列关于虚假信息和媒体偏见的问题。

在我们与受访者的首次访谈的下一部分中，我们从询问有关他们政治观点的问题开始。首先，我们询问了他们关于最早听到政治内容的记忆，并要求他们描述生活中影响了自己政治观点的任何人。接下来，询问受访者是否将自己描述为民主党人、共和党人或无党派人士。然后，询问他们"民主党人"或"共和党人"一词在多大程度上描述了自己，以及为什么自己倾向于加入一个或另一个政党。我们还问他们："如果你能改变每一个党的一件事，你会改变什么？"接着，询问了一系列问题，包括受访者对来自对立政党的人的看法，以及他们与不同意其政治观点的人互动的频率。然后我们询问了这些互动的结果。

访谈的下一部分涵盖了用"意识形态一致性量表"来测量

的社会政策议题，在本附录描述过的网络机器人定量实验中，我们曾用该量表来评估被试的政治意识形态。首先，我们询问他们是否认为政府对经济的监管是必要的，或者他们是否认为这会减缓经济发展。接下来，我们询问了他们关于移民的问题，具体来说就是，美国应该接受更多还是更少的移民？我们还询问他们是否认为移民会影响美国的工作和价值观，以及美国是否有责任接受难民。然后我们转向有关环境的问题。我们询问了受访者是否认为政府应该对气候变化采取任何措施，以及他们个人是否受到环境问题的影响。接下来，我们询问了一系列关于种族、不平等和警察执法的问题。具体来说，我们询问受访者是否认为种族歧视是造成黑人贫困的主要因素之一，以及警察对待黑人和白人的方式是否不同。最后，我们询问了受访者对特朗普工作表现的看法——他们认为他在哪些问题上"做得好"和"做得不好"——以及自2016年总统大选以来，他们对特朗普的总体评价是有所好转还是有所降低。

在这次访谈的最后一部分，我们向受访者提出了一系列关于他们线上和线下行为之间差异的开放式问题。第一，询问他们是否曾看到过这样的社交媒体帖子，该帖子改变了自己思考问题的方式，或者改变了自己可能的投票方式或与他人讨论问题的方式。第二，询问他们是否遇到过让自己不高兴的社交媒体帖子。如果遇到过，我们会询问他们这种帖子给自己造成了怎样的感受，是否对这个帖子发表了评论，以及对在社交媒体上看到的事情感到不安的频繁程度。第三，询问他们是否曾经发现自己在阅读别人的帖子很久之后还在思考这个帖子。第四，询问他们是否在线下与任何人讨论政治，以及是否与这些人讨论自己在社交媒体上看到的事情。第五，询问他们是否在线下参与任何政治行动，例如抗议、抵制某种产品或加入倡导团体。最后，询问他们是否愿意告诉我们自己在2018年11月的中期选举中计划投票给谁；或者，如果在选举后接受了访谈，是否愿意告诉我们自己把票投给了谁。

在根据党派背景和党派偏见强度对受访者进行分组后，我们将他们随机分配到实验组和控制组中。2018年10月中旬，实验组中的每个人都收到了一份邀请（该邀请被设计得看起来与我们的访谈无关），让他们关注我们的一个网络机器人。我们再次使用每周调查的方法来监测实验依从性，我们在这些调查中询问被试是否可以发现我们的网络机器人在推特上发布的可爱动物图片，并回答有关网络机器人推文内容的实质性问题。总体而言，70%的被试至少通过了一次依从性检查。在为期一个月的实验期结束一周后，所有实验组和控制组中的被试都获得了另一张价值75美元的亚马逊礼品卡，好让他们来参加另一个一小时的访谈。在2018年11月下旬至2019年2月期间，完成最初访谈的83名被试中有72人再一次接受了访谈，这样我们总共就有了155份访谈数据。在没有回应我们后续邀请的13人中，有5人是民主党人，8人是共和党人。其中的8名无回复者被分配到了实验组，另外5名被分配到了控制组。

实验后访谈问题与实验前访谈问题的不同之处如下：首先，在第二轮访谈中，我们没有询问被试使用社交媒体的历史或最早的政治记忆。取而代之的是，我们让访谈员首先询问一系列关于被试最近在推特上经历的问题。我们询问他们上次登录推特时做了什么。接下来，我们请他们给我们列举一些最近在推特上看到的东西。我们还询问，自上一次的访谈以来，他们是否关注过其他新账号。接下来，我们询问了他们最近在社交媒体上关注哪些类型的问题。实验后访谈的下一部分重复了之前访谈中关于政治身份认同以及被试对民主党和共和党的态度的问题。实验后访谈还包括与上次访谈中涉及的问题相同的针对5个实质性议题的开放式问题，这5个议题是：经济、移民、环境、种族和特朗普。

此外，我们的后续访谈还包括一系列问题，这些问题旨在研究被试对实验期间发生的重大事件的态度。其中包括2018年11月的中期选举、特朗普政府与加拿大和墨西哥签订的贸易协定，以及升级对中国的贸易战。在同一时期，发生了与以下事件相关的争议：开往美墨边境的移民车队，以及美国边境人员使用催泪瓦斯驱散他们。发生于该月的其他备受瞩目的事件包括，山火——当时加州历史上最大的森林火灾，芝加哥一名黑人保安在试图抓捕一名罪犯时被白人警察开枪射杀。在此期间，特朗普的前竞选经理和律师被控犯罪，穆勒扩大对特朗普的调查范围。最后，美国前总统老布什去世，《华盛顿邮报》记者贾迈勒·卡舒吉据称在土耳其的沙特大使馆被暗杀。我们首先询问被试是否听说过以上任意一个事件。如果他们没有听说过某个事件，我们会提供一个针对该事件的简短介绍。无论如何，我们向每位被试提出了一系列问题，旨在测量他们对每个议题的看法。

151

由于两个原因，实验后访谈没有包含任何关于网络机器人的问题。首先，我们不希望被试将他们收到的关注网络机器人的邀请与我们访谈他们的请求联系起来，因为这可能会增加霍桑效应、表现式回答（expressive responding）*或其他反应——这些反应由被试对研究的看法驱动，而非由我们的实验对他们的影响驱动。其次，大量文献表明，人们对自己改变主意的原因往往会给出极其不准确的解释，要么是动机推理等自我保护策略，要么是社会心理学家说的对确定性的需要，要么是简单的记忆错误。[11]与此相反，我们旨在通过比较人们在实验前后的访谈中回答问题方式的变化，以及通过比较实验组和控制组中的被试如何讨论上一段中所描述的备受关注的事件，来评估关注网络机器人造成的影响。关于被试最近在推特上经历的问题被进一步设计成鼓励被试讨论网络机器人，如果他们主动这样做的话。最后，访谈员不知道哪些被试被分配到了实验组，哪些被分配到了控制组，而且研究团队中只有两名成员知道这项研究还包含实验成分。

所有访谈都被记录了下来，并经过了多轮编码和分析。在第一轮编码中，我编写了代码来识别文字记录中访谈员提出的每个开放式问题，以及被试对这些问题的回答。在第二轮编码中，我阅读了155次访谈的所有文字记录全文，并写了一份简短的备忘录，描述每位被试的社会背景，包括他们的职业和社

152

---

* 公开表示相信一些自己事实上并不相信的事情，以表示对内群体的支持或对外群体的敌意。

会地位，并就他们的政治信念和行为作了一般说明。我还记录下了我观察到的，被试关注网络机器人前后信念和行为的任何转变。在此编码过程中，我没有参考那张记录了哪些被试在实验组、哪些在控制组中的列表，以使我的分析尽可能客观。然后我阅读了所有备忘录，并生成了一个由新类别组成的列表，用于对所有访谈进行编码。接下来，我再次阅读了155份访谈记录中的每一份内容，以应用这些编码，并评估我在实验组和控制组中的被试备忘录中观察到的趋势。最后，我分析了这些编码在所有被试中的分布情况，并创建了被试列表来举例说明我观察到的每个过程。然后，我重新阅读了每一组访谈的完整记录，对每一组访谈做了更详细的笔记，以组织本书中呈现的叙述。

除了在网络机器人定性研究中从被试处收集的访谈数据，我们再次收集了他们在推特上发布或公开的关于他们的所有公开信息。正如在我们的网络机器人定量研究中一样，这些信息产生了一个庞大的数据集，其中包含每个被试的推文、"喜欢"、个人简介和详细的社交网络数据。如果被试提供了其他社交媒体账号的信息，我们也访问了这些网站并进行了谷歌搜索，以进一步研究每个被试的日常生活。

模拟社交媒体平台实验

贯穿本书的第三个研究目标是确定社交媒体平台的不同特

153 征如何导致政治极化。附录的这一部分描述了一次实验，该实验旨在研究匿名性如何影响政治极化，其依托的社交媒体平台是我们为了学术研究而专门创建的。这是多项计划研究中的第一项，这些研究将检验其他因素，例如，社交媒体平台如何为用户分配社会地位以及推荐系统如何塑造政治妥协的可能性。由于使用我们新平台进行的第一项研究的结果尚未在别处阐述过，因此我在这里提供一下有关研究设计的大量详细信息。

　　2020年1月中旬，我们聘请舆观（与本书描述的其他实地实验所聘请的调查公司是同一家）来进行非概率抽样，招募1200人（600名民主党人和600名共和党人）完成两项在线调查。我们计划为900名受访者提供额外的奖励，以让他们使用我们的社交媒体平台。根据初步研究，我们了解到，招募人员让他们完成多项调查、安装应用程序、学习如何使用该程序以及成功地使用该应用程序与其他用户进行交流，这会带来相当大的实际操作上的挑战。因为我们预料到了低响应率和实验依从性方面的困难，所以我们要求调查公司招募了大量受访者来完成实验前调查。2020年1月中旬，7074名受访者完成了一项时长20分钟的在线调查。受访者必须：（1）是美国公民，（2）认同共和党或民主党，以及（3）使用智能手机或平板电脑参与调查。所有受访者都通过我们调查公司的积分系统获得了12.50美元的报酬，该系统允许小组成员将积分转化为亚马逊礼品卡或其他奖励。

　　实验前调查包括知情同意对话和一系列关于受访者政治态度的问题，我们用这些问题创建了单一的政治极化指数。问题包括对对立党派成员态度的10项测量指标，以及关于移民和枪支管制两个社会政策议题的10项测量指标——我们要求实验组中的用户在我们的平台上关于这两个社会政策议题展开讨论。此外，该调查还包括对可能影响实验处理与结果相互作用的其他议题的测量指标，例如受访者的政治知识、个性、党派偏见强度、媒体订阅和社交媒体的使用。此外，我们还从我们的调查公司获得了所有受访者的基本人口统计信息，例如，年龄、收入、受教育程度和地理位置。

154

所有研究参与者都被随机分配到了五个实验组中的一组。在本研究的三个实验组中，我们向被试提供了相当于17.50美元的奖励，让他们使用我们的社交媒体平台。为了评估这些实验处理的效果，我们将它们与其他两个实验组进行了比较。在第四个实验组中，我们要求被试撰写有关移民或枪支管制的文章，但不让他们与其他任何人讨论这些问题。第五个实验组中的被试则没有进行额外的活动。进行实验前调查一天之后，所有实验组中的被试都收到了一个邀请，请他们帮助测试一个名为DiscussIt的新社交媒体平台，他们被告知该平台允许"匿名讨论各种话题和议题"。该平台的名称和我们的招募对话故意被设计得与政治无关，以减轻反应偏差。用户被告知，他们必须进行一次"真诚的对话"，在这次对话中，他们一周之内至少要在平台上回复另一位用户14次，每一次回复都被定义为对话中的一个转折点——即从一个人的陈述转移到另一个人的陈述。被试没有被告知该平台是由学术研究人员开发的，因为我们的初步研究表明，揭示我们的身份会引发表现式回答。在研究结束时，调查公司向所有研究参与者说明了这一点。

同意使用该应用程序的研究参与者被转到了在线招募对话中的一个屏幕上，该屏幕解释了如何在iOS或Android智能手机或平板电脑上安装DiscussIt。我们还给了他们一个邀请码，并告诉他们在登录平台时使用。被试不知道的是，我们的社交媒体平台会使用此邀请码将他们与对立政党成员配对。DiscussIt应用程序中的前三个新用户引导（或介绍）画面提醒被试，该平台是为匿名对话而设计的，并且他们在使用该应用程序时会获得一个随机昵称。这些画面还提醒用户，他们必须至少回复另一位用户14次才能获得测试应用程序的报酬。画面还鼓励被试打开应用程序的通知，这样他们就可以在他们的讨论伙伴回复他们的消息时收到提示。在下一个画面上，用户会看到一个通知，告诉他们已被选中来讨论移民或枪支管制议题。接下来，我们询问用户他们有多么强烈地同意或不同意关于所选议题的陈述，这是为了给他们带来这样的印象，即我们将用他们的回答来将他们匹配其他用户。然后，系统会搜索到对立党派的一名成员，该成员也已完成新用户引导流程并被分配了相同的讨论主题。

一旦被试完成配对，他们就会收到一条消息，将他们介绍给自己的伙伴。所有被试都被赋予了以下男女通用的化名之一：杰米、杰西、泰勒、奎因或凯西。除了本研究的主实验条件，我们还添加了三个子实验条件，其中包括有关被试的讨论伙伴的信息。在一个子条件下，被试只能看到他们伙伴的名字。在另一个子条件下，我们向被试展示了讨论伙伴所属的政党。在第三个子条件中，我们向被试展示的是讨论伙伴属于与事实相反的政党。我们设计这些子条件是为了评估党派线索匿名与否的影响，并确定如果人们认为自己正在与对立政党的成员交谈，或者正在与自己党派的成员交谈，他们是否更有可能找到跨党派的共同立场。本书报告的调查结果仅适用于使用该应用程序的人，无论我们如何标注讨论伙伴所属的党派。我和同事目前正在分析三个子条件，即标记、不标记以及错误标记讨论伙伴的党派身份，以供将来发表。

　　一旦被试与他们的讨论伙伴匹配成功，他们就会被重新定向到DiscussIt的主聊天界面，并被要求分享他们对以下两个问题之一的看法："你是否认为移民的好处超过了潜在的坏处"或者"你认为枪支管制的好处大于坏处吗"。在两个用户完成对彼此的一次回复后，他们会收到一个弹窗，告诉他们必须至少再回复13次才能获得测试应用程序的报酬。该应用程序具有以下功能，即给长时间不回复的讨论伙伴发通知，以及重新为讨论伙伴超过三天未回复的被试重新匹配讨论伙伴。当对话停滞不前时，该应用程序还会提供对话提示，例如："这个议题对你的生活有何影响"以及"你拥有这个职位的关键原因之一是什么"。在被试相互回复了13次后，他们会收到一条弹窗，通知他们在发送下一条消息后将被重新定向到该程序内的一个简短调查上。这项程序内调查旨在通过测量被试对移民或枪支管制议题的态度变化，对于对立政党的态度和他们使用该应用程序的整体体验来测量实验处理的直接效果。在为期一周的测试期结束时，少数至少完成了10次回复但未完成14次回

复的用户被引导至该应用程序的退出调查中，并被视为已得到

157　处理。退出调查向他们询问了一系列关于讨论伙伴的问题，以

及几个关于他们对于对立政党成员态度的问题。

　　在为期一周的实验结束后几天，所有被试都被邀请完成一
次后续调查。本次调查的招募对话被设计得看似与之前的调查
和邀请使用DiscussIt应用程序无关。后续调查包括用于测量实
验前调查中政治极化情况的所有相同变量，以及一组有关医疗
保健和税制改革的问题，这些问题旨在进一步降低被试将本
次调查与实验前调查联系起来的能力。总共有1306人使用了
DiscussIt应用程序，其中525人被分配到了控制组中，我们要
求他们写一篇关于枪支管制议题或移民议题的文章；403人被
分配到了无须进行额外活动的控制组中。

　　为了评估在新型社交媒体平台上与对立党派成员进行匿名
政治对话的效果，我们计算了实验前调查与实验后调查之间被
试的政治极化指数的差异。我们对该指数进行了编码，用正值
表示更多的政治极化（例如远离对立党派的政策立场或增加对
对立党派的敌意）。我们运行线性模型，将我们实验组中被试
的政治极化指数变化与文章写作条件下被试的政治极化指数变
化进行比较，同时控制以下变量：被试的政治知识、人格类
型、整体的政治兴趣、党派偏见强度、年龄、性别、种族和受
教育水平。总的来说，这些估值表明，使用我们的应用程序导
致被试在实验后的调查中表现出的政治极化量减少了0.3个标
准差。

致　谢

我对政治极化具有个人兴趣。11岁那年，我和父母搬到了一个处于内战边缘的国家——法属刚果（当时称为法属刚果）。该国当时实行的是寡头政治，这引发了可可椰民兵组织（Cocoye）、眼镜蛇民兵组织（Cobras）和忍者民兵组织（Ninjas）三者之间的冲突。我们居住的刚果首都布拉柴维尔与我长大的地方——舒适的波士顿郊区之间的差异非常明显。我父母计划将我送到邻国的一所寄宿学校，那时，我父亲——一名由医生转变而来的公共卫生活动家——在布拉柴维尔的世界卫生组织工作。然而，我们很快得知邻国的学校已经关闭，因为那个国家（当时称为扎伊尔共和国）遭受的种族冲突比我们新家所在的国家还要严重。在某些晚上，如果分隔两国的大河中水位足够低，我们就能听到子弹声和偶尔的手榴弹爆炸声。

接下来的几年永远改变了我的生活。我母亲在一个混乱的市场上试图寻找面粉来为我制作美式比萨饼时，一把刀被扔在了她附近，她差点丧命。父亲被一个民兵组织监禁，在交通违章时给他们钱就可以避免被捕，但他拒绝给他们钱，这激怒了该民兵组织的成员。他没有向他们行贿。当母亲留下我一个人去救父亲时，不法分子抢劫了我们的房子，我父母回来时发现我躲在壁橱里。母亲和我乘坐最近的一班航班离开了法属刚果，六个月后，父亲成了最后一批离开该国的美国人之一，他所乘坐的直升机也正在从美国大使馆撤离海军陆战队士兵。

来到法属刚果后，像我这样的人之前可能会采用的任何常规路径都不再可行了。这段经历让我一辈子都渴望了解人们为何会如此深恶对方。与此同时，父亲更深入地投入了行动主义的生活：我们回到美国后，他成立了一个非营利组织，与撒哈拉以南非洲的贫困和疾病作斗争。当他对事实与和解的力量越来越乐观时，我对人性和人们相互妥协的能力变得非常悲观。不知何故，我在那些自己几乎无法读懂的德国哲学家的书中找到了慰藉，我甚至念不出他们的名字。每当父亲提起他的工作时，我都会感到最深层次的怀疑——德国式的怀疑——怀疑他的工作仅仅是为了减轻美国人当中自由派的罪恶感，这些美国人是他招募来的，他们每年一起去非洲朝圣。

在父亲于2020年去世之前——他在法属刚果患上了一种疾病——我花了几个小时采访他，了解他的生活，试图了解他无限的利他主义从何而来。大约在同一时间，我开始写作这本书。我以前的所有学术研究都彰显了我的个人特点。例如，我写了一本书，来讨论反穆斯林极端主义在美国的兴起——这看似没有希望，书中警告说社交媒体平台只会让问题变得更糟。然而，在给《打破社交媒体棱镜》写提纲的过程中，我改变了路线。我对社交媒体上反对政治部落主义的斗争持谨慎乐观态度，即使美国经历了前所未有的政治极化（尤其是在社交媒体平台上）。当我在撰写本书中的章节，提出消除社交媒体平台 政治极化的解决方案时，我意识到了这种顽固的利他主义起源于我内心的何处。我对自己笑了笑，流下了眼泪，最后我把这本书献给了爸爸。真是被你打败了，老头子。

如果说是一个不寻常的童年为这本书的诞生提供了灵感，那么是图书出版领域真正杰出的合作伙伴给了我写作这本书的勇气、想法和毅力。通过在几个月内与我无与伦比的文学代理人、布罗克曼公司的玛戈·弗莱明（Margo Fleming）一起交谈、起草和修改书稿，这本书诞生了。她不仅帮我构思了这本书，还为它找到了完美的归宿——在普林斯顿大学出版社出版，该社的米根·莱文森（Meagan Levinson）立即分享了我的想法，更重要的是，她在我每一遍将书稿修改结束时给我提出新的挑战，这让本书写得比我自己写的更好。她花了很长时间——在新冠大流行期间同时要照顾年幼的孩子——帮助我强化论证，打磨我的文稿，并遗憾地告诉我，我的许多笑话并不像我想的那么好笑。我也非常感谢普林斯顿大学出版社的许多其他人，他们使这本书成为可能，尤其是玛丽亚·惠兰（Maria Whelan），她帮助我学会了如何向公众传达我的作品，还有凯瑟琳·史蒂文斯（Kathryn Stevens）、科琳·苏利奇（Colleen Suljic）、劳里·施莱辛格（Laurie Schlesinger）、克里斯蒂·亨利（Christie Henry）、大卫·卢雅克（David Luljak）和文案编辑珍妮·费里斯（Jeanne Ferris），他们差点劝我不要使用牛津逗号。

当然，如果没有与我一起在政治极化实验室工作的非凡的跨学科研究团队，这本书是不可能完成的。我非常感谢我的联合主管亚历克斯·沃尔夫沃斯基（Alex Volfovsky）和D.森夏恩·希拉古思（D. Sunshine Hillygus）。我也深深地感谢所有学生和研究助理——他们中的一些人现在是教职工、博士后或社交媒体平台的数据科学家——他们参与了本书中呈现的部分研究：丽莎·阿盖尔（Lisa Argyle）、泰勒·布朗（Taylor Brown）、约翰·邦珀斯（John Bumpus）、尼克·查克拉波蒂（Nick Chakraborty）、陈冠华（音，Guanhua Chen）、陈浩涵（音，Haohan Chen）、艾丹·库姆斯（Aidan Combs）、董俊成（音，Juncheng Dong）、布莱恩·圭伊（Brian Guay）、玛丽·贝丝·亨扎克（Mary Beth Hunzaker）、妮哈·卡娜（Neha Karna）、弗里多林·梅尔豪特（Friedolin Merhout）、莫思琪（音，Siqi Mo）、格雷厄姆·蒂尔尼（Graham Tierney）和于凯程（音，Kaicheng Yu）。在半年多的时间里，马库斯·曼（Marcus Mann）领导了一个杰出的定性研究团队，他们收集了本书中提供的大量数据，团队成员包括：柯尔斯顿·亚当斯（Kirsten Adams）、劳拉·巴利安（Lara Balian）、玛丽贝斯·格鲁（MaryBeth Grewe）、艾什莉·赫德里克（Ashley Hedrick）、玛丽·凯特·迈切克（Mari Kate Mycek）、萨拉·迈（Sarah Mye）、卡桑德拉·罗韦（Cassandra Rowe）和杰瑞德·赖特（Jared Wright）。我也非常感谢艾米·布林德（Amy Binder）、米歇尔·史蒂文斯（Mitchell Stevens）和杰西·斯特里布（Jessi Streib），他们帮助我和我的同事改进了我们的定性研究技术。我同样要感谢约拿·伯杰（Jonah Berger）、加里·金（Gary

King）、斯吉普·卢皮亚（Skip Lupia）、吉姆·穆迪（Jim Moody）、布伦丹·尼汉（Brendan Nyhan）、林恩·史密斯－洛文（Lynn Smith-Lovin）和邓肯·瓦茨（Duncan Watts），他们帮助我集中精力并改进了我们的定量实地实验。杰米·德鲁克曼（Jamie Druckman）提供了一篇超过10页的精彩评论，这使本书变得更加出色——我对他感激不尽。我也非常感谢梅布尔·贝雷津（Mabel Berezin），她也对手稿提供了广泛的评论。关于如何将我们的工作成果传达给普通观众，丹·艾瑞里（Dan Ariely）给了我很好的建议。丹尼尔·克赖斯（Daniel Kreiss）和我就这本书讨论了很多次，以至于我不敢让他读这本书，但他的反馈仍然触及了很多章节。沙里克·哈桑（Sharique Hasan）和马特·佩罗（Matt Perault）也提供了非常有用的反馈。

如果没有许多不同组织的支持，本书也不可能问世。卡内基基金会（Carnegie Foundation）、古根汉姆基金会（Guggenheim Foundation）、拉塞尔·塞奇基金会（Russell Sage Foundation）和美国国家科学基金会（National Science Foundation）为我们的研究提供了资金支持。杜克大学教务长办公室提供了种子资金，使成立政治极化实验室成为可能。杜克大学社会科学研究所和社会学系，以及杜克大学的信息倡议，也为我们的实验室提供了办公空间和其他对我们的研究必不可少的实际操作上的资源。威尼斯国际大学为我写这本书提供了一个最平静的机会——即使威尼斯这座美丽的城市偶尔会减慢我的进度。我还要感谢我在社交媒体公司工作的许多同事和朋友，他们帮助我扩展了本书的信息，并就如何对抗社交平台上的政治极化提出了更尖锐的建议。最后，我与马修·萨尔加尼克共同创立的计算社会科学暑期学院仍然是一个非凡的创意孵化器，我每年都有幸在那里遇到许多计算社会科学领域最聪明的年轻人——他们中的许多人帮助我更有效地传达了本书的信息。

　　最后，我要感谢参与本书研究的数千人。他们中的许多人将关于他们政治信念的敏感信息和关于他们生活的私密细节托付给了我们，这让我们带着荣幸撰写了这本书。但在我目前充满如此之多福祉的生活中，我最深切的感激之情要献给我的好朋友和家人。我为他们写作，不仅因为他们不断地激励我，和我一起欢笑，在身边鼓励我，还因为我希望我写的一些内容可以让我们所处的网络世界变得更好一些。

注　释

第一章：回声室传奇

1. 出于保密性的考虑，本书中所有接受访谈人员的姓名均已替换为化
   名。在任何必要的地方，他们的人口统计特征（例如地理位置、职业
   或家庭成员人数）的详细信息已被修改，以进一步保护他们的隐私。
   本书中描述个人的小插曲是根据以下信息编纂的：多次深入访谈，研
   究受访者对两项在线调查的反应，深入分析从他们的社交媒体账号中
   和互联网搜索中获得的所有公开信息，以及关于他们的人口统计特征
   的额外信息（由招募他们的调查公司提供）。我们改写或缩写了一些
   来自公开社交媒体账号的直接引述，以进一步保护受访者的隐私——
   此外在一个案例中，引述中的术语被同义词替代，以防止通过互联网
   搜索识别出受访者。有关用于编纂个人社交媒体用户（例如戴夫·凯
   利）小插曲的多种研究技术的完整描述，请参阅附录。

2. 这一部分的标题我借鉴了 Guess et al., *Avoiding the Echo Chamber about
   Echo Chambers*。

3. 在本书中，我使用"保守派"（conservative）一词来描述通常与美国
   共和党相关的一套原则，并使用"自由派"（liberal）一词来描述与民
   主党相关的原则。在这样做的过程中，我认识到保守的和自由的意识
   形态体系并不总是与两党体系完全一致。我还认识到，这些术语在国
   际背景下变得更加模糊，"自由派"一词经常被用来描述对自由放任
   经济政策的偏好。在本书后面的章节中，我将更详细地讨论意识形态
   测量指标与党派偏见之间错配的问题。

4. 该术语最初用于描述20世纪30年代流行的一种音频工程方法，该方
   法用于增强某人在大房间里讲话的效果。正如我在第二章中将更详

细地讨论的那样，自20世纪中叶以来，社会科学家就一直在研究社会网络是如何塑造政治信念的，当时的人们在经历了两次世界大战之后对宣传和群体思维的兴趣更加浓厚。哈罗德·拉斯韦尔（Harold Laswell）、保罗·拉扎斯菲尔德（Paul Lazarsfeld）、伯纳德·贝雷尔森（Bernard Berelson）、罗伯特·默顿（Robert Merton）和伊丽莎白·诺尔-诺依曼（Elisabeth Noelle-Neumann）等学者特别关注的是，我们在社会关系中的集群（clustering）是如何导致人们重复接触相同类型的信息的。拉斯韦尔和诺尔-诺依曼主要对大众媒体的影响感兴趣，而拉扎斯菲尔德和默顿则探讨了与将大众媒体和公民个人联系起来的中介渠道（即社会网络）相关的更具体的问题。在一系列有影响力的定性研究中，拉扎斯菲尔德追踪了大众媒体信息如何通过对话网络进行传播，并更广泛地影响投票选择和舆论。与当时对媒体影响的普遍理解相反，拉扎斯菲尔德及其同事表明，报纸、电视节目和无线电广播并不是能将意见注入大众心智的皮下注射针。这些学者们发现，大众媒体通过一小群公民产生间接影响，这些公民参与政治并定期关注新闻。几位作者表明，这些意见领袖通常对大众媒体信息持批评态度。尽管如此，大众媒体倾向于塑造意见领袖讨论的话题类型。这一关于大众媒体影响力之间接性的开创性发现，引发了一系列关于社会网络如何形成，特别是个人如何倾向于寻找志同道合的人（一个被称为同质性的相关概念，我在第二章中进行了更详细的讨论的广泛研究）的研究。更详细的信息，请参阅Lazarsfeld, Berelson, and Gaudet, *The People's Choice*; Katz and Lazarsfeld, *Personal Influence*。对这些研究的历史概述，请参阅Katz, "Communications Research since Lazarsfeld"。

5. 请参阅 Key, *The Responsible Electorate*。

6. 直到20世纪80年代，美国的全国新闻报道一直由少数大型媒体公司主导。许多学者认为，媒体公司在这个时代会避免采取公开的党派立场，因为它们的受众包含大量的共和党成员和民主党成员。20世纪80年代见证了新闻市场的细分，因为技术变革为较小的媒体公司创造了新的机会，它们可以在24小时播放、全年无休的有线新闻频道和访谈类广播电台上争夺受众。与它们的前辈不同，这些媒体公司迎合了较小受众群体的偏好，给自己创立了市场激励机制——采取越来越强的党派立场去获得新的受众。有关塑造美国大众媒体政治极化的历史因素的更详细讨论，请参阅 Starr, *The Creation of the Media*; Prior, *Post-*

Broadcast Democracy and "Media and Political Polarization"; Peck, *Fox Populism*; Berry and Sobieraj, *The Outrage Industry*; Sobieraj and Berry, "From Incivility to Outrage"; Arceneaux and Martin Johnson, *Changing Minds or Changing Channels?*。

7. 请参阅 Kull, Ramsay, and Lewis, "Misperceptions, the Media, and the Iraq War"。关于选择性地接触新闻报道塑造了政治观点，更广泛的讨论请参阅 Levendusky, "Why Do Partisan Media Polarize Viewers?"。

8. 请参阅 Eady et al., "How Many People Live in Political Bubbles on Social Media?, " 18。

9. 请参阅 Sunstein, *Republic.com*。关于线上媒体监管者的缺席如何促进了社交媒体上的不礼貌活动，更详细的解释请参阅 Berry and Sobieraj, *The Outrage Industry*。

10. 请参阅 Pariser, *The Filter Bubble*。

11. 请参阅 Bakshy, Messing, and Adamic, "Exposure to Ideologically Diverse News and Opinion on Facebook"。

12. 请参阅 Barberá, "Birds of the Same Feather Tweet Together"。这项研究的一个局限是，它没有考虑推特用户所分享信息的效价。因此，转发推文的部分人有可能是在批评自己转发的内容。此外，正如我在第七章讨论的那样，最新的证据表明，回声室现象在社交媒体上的盛行程度被夸大了——至少在推特上是这样（请参阅 Eady et al., "How Many People Live in Political Bubbles on Social Media?, " 18; and Barberá, "Social Media, Echo Chambers, and Political Polarization"）。

13. 请参阅 Shearer, "Social Media Outpaces Print Newspapers in the U.S. as a News Source"。

14. 请参阅 Watts, *Everything is Obvious*。

15. 研究社交媒体回声室带来了许多方法论上的挑战。第一，回声室现象是一个群体层面的过程，而不是个人层面的过程。这意味着研究回声室不仅需要有关一大群人的数据，还需要有关这些人如何相互联系的信息。如果我们使用社会科学家工具包中的标准工具——随机抽取个人样本以对一大群人进行推断的民意调查——我们就仍然看不见连接个人的社会网络。忽视社会网络如何塑造个人信念将会产生严重的后果，不仅因为社会网络是回声室研究的关键对象，而且因为受同伴影响而产生的个人观点违反了统计推断所必需的核心假设。有关所谓网络自相关问题的更多信息，请参阅 Dow et al., "Galton's

168

Problem as Network Autocorrelation"。关于这如何影响了公众舆论的动态过程，请参阅 Leenders, "Modeling Social Influence through Network Autocorrelation"; Friedkin and Johnsen, *Social Influence Network Theory*; Klar and Shmargad, "The Effect of Network Structure on Preference Formation"。第二，回声室不仅塑造了个人观点，还塑造了整个世界观——也就是在我们解释周围的世界并判断什么是重要的、正义的或真实的时候，那些我们认为理所当然的信念。这些类型的信念系统很难用传统的民意调查来测量（请参阅 Bourdieu, "Public Opinion Does Not Exist"）。最后，评估回声室的概念需要我们跟踪这些世界观，看它们如何随着时间的推移变得具有或多或少的可塑性，而纵向民意调查不仅在实际操作上具有挑战性，而且成本非常高。总而言之，研究回声室极其困难，因为它需要非常详细的、关于一大群人如何跨越多个时间点看待世界的信息。

16. 关于计算社会科学领域的概述，请参阅 Lazer, Pentland, et al., "Computational Social Science"; Golder and Macy, "Digital Footprints"; Bail, "The Cultural Environment"; Salganik, *Bit by Bit*; Edelmann et al., "Computational Social Science and Sociology"。关于计算社会科学中的实验如何引发了积极的人类行为，请参阅 Bond et al., "A 61-Million-Person Experiment in Social Influence and Political Mobilization"; and Cameron et al., "Social Media and Organ Donor Registration"。

17. 请参阅 Kosinski, Stillwell, and Graepel, "Private Traits and Attributes Are Predictable from Digital Records of Human Behavior"。

18. 科辛斯基和他的团队招募了58366名美国脸书用户来安装一个名为"myPersonality"的应用程序，以接收关于他们性格的信息，这些信息收集自他们在该平台上"喜欢"的内容或页面。研究者称，这些志愿者同意参与他们的研究，但他们的文章没有具体说明这些志愿者同意分享哪些信息。与当时创建的许多应用程序一样，科辛斯基团队的应用程序通过脸书的应用程序接口（API）收集有关每个人的信息，假设研究者通过用户获得了许可，那么他们可以利用该API收集有关个人用户的数据，而且在许多情况下，还可以收集关于个人用户好友的基本信息（例如，他们的姓名、喜欢的页面、生日和居住城市，如果可以获得的话）。在完成研究后——该研究警告了公司或政府进行精准投放的危险——科辛斯基和他的团队公开发布了他们数据的一个版本。这是社会科学中的常见做法，允许其他研究者访问数据，对于确保其有效性或以其他方式扩展研究结果而言，是必要的。然而，脸书于2018年8月禁用了该应用程序，因为研究者拒绝了脸书审计他们数据的请求，并且拒绝了"在仅有有限保护措施的情况下与研究者以及公司共享信息"（请参阅Archibong，"An Update on Our App Investigation"）。虽然目前还不知道谁获得了这些数据的访问权，但myPersonality应用程序引起了广泛关注，人们担心为计算社会科学研究而开发的应用程序可能会被重新用于非学术目的。例如，政治咨询公司剑桥分析公司（Cambridge Analytica）被指控向在线众包网站亚马逊土耳其机器人（Amazon Mechanical Turk）的员工支付报酬，让他们使用一款与科辛斯基研究团队开发的应用程序非常相似的应用程序，以生成更多数据用于精准投放的目的（请参阅Weissman，"How Amazon Helped Cambridge Analytica Harvest Americans' Facebook Data"）。有关社交媒体数据研究伦理的更广泛讨论，请参阅Salganik，*Bit by Bit*。

19. 在发表的其他作品中，科辛斯基及其同事报告说，这种精准投放可以增加广告的点击次数（请参阅Matz et al., "Psychological Targeting as an Effective Approach to Digital Mass Persuasion"）。然而，正如我在第七章中讨论的那样，许多社会科学家对该广告投放活动是否导致了投票行为的大规模转变持怀疑态度（请参阅Eckles, Gordon, and Johnson, "Field Studies of Psychologically Targeted Ads Face Threats to Internal Validity"）。这不仅是因为精准投放的影响在政治领域尚未得到很好的证实，而且因为最近的一项荟萃分析表明，大多数政治宣传活动的总体影响可以忽略不计（请参阅Kalla and Broockman, "The Minimal Persuasive Effects of Campaign Contact in General Elections"）。

20. 来自社交媒体网站的数据和其他类型的数字跟踪数据如何提供了不完整的人类行为记录，更详细的相关讨论，请参阅DiMaggio, Hargittai, et al., "Social Implications of the Internet"; Hargittai, "Whose Space?" and "Potential Biases in Big Data"; boyd and Crawford, "Critical Questions for Big Data"; Bail, "The Cultural Environment"; Tufekci, "Big Data"; Freelon, "On the Interpretation of Digital Trace Data in Communication and Social Computing Research"。

第二章：我们为什么无法打破回声室？

1. 请参阅Tucker Higgins, "Trump Declares without Evidence That 'Criminals

and Unknown Middle Easterners Are Mixed In' with Migrant Caravan Making Its Way from Honduras"。

2. 请参阅 ESPN Internet Ventures, "2016 Election Forecast"。

3. 请参阅 Westwood, Messing, and Lelkes, "Projecting Confidence"。

4. 请参阅 Lazarsfeld, Berelson, and Gaudet, *The People's Choice*; Katz and Lazarsfeld, *Personal Influence*; Merton, Lowenthal, and Curtis, *Mass Persuasion*; and Merton and Lazarsfeld, "Studies in Radio and Film Propaganda"。关于研究同质性的大量交叉学科文献的一篇最近的综述，请参阅 McPherson, Smith-Lovin, and Cook, "Birds of a Feather"。

5. 请参阅 Lazarsfeld and Merton, "Friendship as Social Process, " 22。

6. 关于社会科学中实地实验的更完整概述，请参阅 Gerber and Green, *Field Experiments*。

7. 脸书因参与一项大规模研究而受到了严厉批评，该研究旨在探究看到其他人表露情绪是否会让人更容易变得情绪化。康奈尔大学的一组研究者进行了一项涉及689003名脸书用户的实验。研究者调整了确定一半用户看到他们帖子的顺序的算法，以便让更多积极或消极的情感内容早点出现。接下来，研究者追踪了用户们在这种实验条件下使用情绪语言的频率，并将其与信息流未受干扰的用户的情绪语言使用频率进行比较。研究者发现了非常有限的支持情绪传播的证据，但他们因没有给脸书用户选择退出实验的机会而受到广泛批评（请参阅 Kramer, Guillory, and Hancock, "Experimental Evidence of Massive-Scale Emotional Contagion through Social Networks"）。有关此争议和其他类似争议的更多详细信息，请参阅 Salganik, *Bit by Bit*。

8. 尽管互联网研究机构（Internet Research Agency, IRA）的社交媒体活动吸引了政策制定者、知识权威和媒体机构的极大关注，但针对其对舆论的影响的研究相对较少。在第七章中，我讨论了我和同事进行的一项研究，该研究没有发现任何证据表明接触IRA关联推特账号会影响用户在政治态度和行为在六种不同测量指标上的表现（请参阅 Bail, Guay, et al., "Assessing the Russian Internet Research Agency's Impact on the Political Attitudes and Behaviors of American Twitter Users in Late 2017"）。

9. 在过去几年中，使用网络机器人进行的社会科学研究的数量开始迅速增加。一些研究者通过研究被试在与网络机器人互动的同时执行在线协作任务，来研究人类合作新出现的动态过程。例如，请参阅 Shirado and Christakis, "Locally Noisy Autonomous Agents Improve Global

Human Coordination in Network Experiments"; Traeger et al., "Vulnerable Robots Positively Shape Human Conversational Dynamics in a Human-Robot Team"; Jahani et al., "Exposure to Common Enemies Can Increase Political Polarization"。其他人也已经在像我们的研究这样的现实环境中使用了网络机器人。政治学家凯文·芒格（Kevin Munger）使用网络机器人来研究肤色对于审查社交媒体上种族主义言论的影响，并发现与肤色较深的头像相比，使用肤色较浅的头像的网络机器人账号在说服人们停止使用种族主义言论方面更有影响力（"Tweetment Effects on the Tweeted"）。有关基于网络机器人的研究新领域的概述，请参阅 Rahwan et al., "Machine Behaviour"。

10. 有关我们研究设计局限性的更详细讨论，请参阅 Bail, Argyle, et al., "Exposure to Opposing Views on Social Media Can Increase Political Polarization"。因为我们的研究只调查了经常使用推特的自我认定为民主党人和共和党人的用户，所以我们的结果不能推广到整个美国人口，甚至不能推广到其他社交媒体平台。有关我们的研究样本与美国人口比较情况，以及我们用来评估年龄对我们研究影响的统计程序的详细讨论，请参阅本书附录或 Bail, Argyle, et al., "Exposure to Opposing Views on Social Media Can Increase Political Polarization"。

11. 请参阅 Barberá, "Birds of the Same Feather Tweet Together"。

12. 我们无法列出网络机器人的昵称，因为我们的一些被试与这些网络机器人有过接触。因此，公开我们机器人的昵称可能会侵犯我们研究参与者的隐私——尤其是当新的机器学习方法可以跨数据集链接元数据时。

13. 我们测量实验依从性策略的一个重要局限性是，它损害了我们研究发现的外部有效性。换句话说，我们的研究结果揭示了当人们因经济激励去关注来自对立党派的推文，而不是仅仅让人们在一般情况下接触这类推文时会发生什么。如果在没有经济激励的情况下重复我们的实验，实验对象可能会忽略来自对立阵营的信息。

14. 请参阅 Landsberger, *Hawthorne Revisited*。

15. 试图影响人们观点的早期研究可能引发了对研究者的"攻击"——尤其是在如下一群保守派学生中，他们参与了关于所谓逆火效应（backfire effect）的经典研究（请参阅 Wood and Porter, "The Elusive Backfire Effect"）。

16. 这种表面上不相关的调查设计假设，如果被试无法将实验前调查与参与实验条件的邀请联系起来，那么他们将不太可能以表现式回答（编按：参见第192页脚注）来回应实验后调查（Posttreatment survey）。有关详细信息，请参阅Broockman and Kalla, "Durably Reducing Transphobia"。

17. 浏览信息一个月后，关注我们的"民主党"网络机器人的共和党人在"意识形态一致性量表"上的保守程度增加了0.11—0.59个标准差，这表明与社会科学中许多其他实地实验相比，该实验的实验效果相当可观。

18. 请参阅Q. Yang, Qureshi, and Zaman, "Mitigating the Backfire Effect Using Pacing and Leading"。

19. 在2020年的一项研究中，西北大学的数学家使用基于主体的模型（agent-based modeling）为我们的发现提供了正式的证明——研究者使用这种技术创建人工社会并模拟社会互动的可能结果（请参阅Sabin-Miller and Abrams, "When Pull Turns to Shove"）。然而，耶鲁大学博士、经济学家罗伊·利维（Ro'ee Levy）最近的另一项研究表明，这个故事可能要稍微复杂一些（请参阅Levy, "Social Media, News Consumption, and Polarization"）。利维对一大群脸书用户进行了调查，并将其中一些人随机分配到一个实验组中，邀请他们订阅脸书上的保守派或自由派新闻机构。其中包括八家知名新闻机构，如微软全国广播公司（MSNBC）和福克斯新闻频道（Fox News），但不包括我们网络机器人转发的在政治光谱上分布更为广泛的意见领袖、倡导团体和知识权威。（编按：利维的实验是通过脸书广告进行的，在实验组中的用户可以选择订阅广告推荐的新闻机构，也可以选择忽略。就像我们日常使用社交应用一样。事实上实验中只有约一半的用户订阅了一家或多家广告推荐的新闻机构，参见前引文献。）利维发现，那些愿意"喜欢"这些组织的人——因此在他们的新闻信息流中会收到来自这些组织的信息——并没有朝着任何一个方向实质性地改变自己的政治观点。然而，在利维实验组中的人确实表现出了对另一个政党的积极情绪有非常微量的增加（在0—100范围内介于0.58和0.96之间）。正如利维警告的那样，应该谨慎地解释这种影响，因为在控制组中的人比那些同意关注态度与自己不同的新闻来源的人更有可能完成他实验中的后续调查。因此，留在他的实验中的实验组中的人可能一开始就异常宽容。

20. 通过哈佛大学社会心理学家戈登·奥尔波特（Gordon Allport）的工作，"群际接触会减少敌对群体间的紧张关系"的观点变得流行起来（请参阅 Gordon Willard Allport, *The Nature of Prejudice*）。奥尔波特并没有争辩说所有形式的群际接触都会减少群际偏见（intergroup prejudice）。相反，他概述了接触产生积极效果的一系列必要条件。例如，敌对群体的成员必须具有相似的社会地位、共同的目标以及来自组织或管理机构的支持。赫伯特·布鲁默（Herbert Blumer）等社会学家预测，缺少这些条件的话，人们可能会经历群体威胁效应，在这种情况下，对立群体的成员要么被视为对自己群体地位的威胁，要么被视为稀缺的社会或经济资源的竞争者（请参阅 "Race Prejudice as a Sense of Group Position, " 3–7）。正如其他人所指出的那样，接触假设和群体威胁假设并不矛盾，两者都强调了更广泛的社会环境在决定群际接触结果方面的重要性（请参阅 Bobo and Fox, "Race, Racism, and Discrimination"）。

173

21. 2006年，社会心理学家托马斯·佩蒂格鲁（Thomas Pettigrew）和琳达·特罗普（Linda Tropp）对515项关于群际接触与群际偏见之间关系的研究进行了荟萃分析（"How Does Intergroup Contact Reduce Prejudice?"）。他们发现94%的研究包含群际接触会产生积极影响的证据，并且这种影响的大小随着研究设计严谨性的增加而增加。两位作者还报告说，群际接触的影响往往会超出外群体的个别成员，并延展到其他成员。最后，他们发现有证据表明，即使在不满足奥尔波特最初的群际接触理论所概述的条件的研究中，群际接触也能减少偏见。然而，佩蒂格鲁和特罗普的荟萃分析中的许多研究都是在实验室内进行的。贡纳尔·莱麦尔（Gunnar Lemmer）和乌尔里希·瓦格纳（Ulrich Wagner）最近的一项荟萃分析仔细审查了2015年之前在实验室外进行的所有群际接触研究（"Can We Really Reduce Ethnic Prejudice outside the Lab?"）。他们还报告了随着时间的推移，持续存在的群际接触的强烈积极影响。尽管如此，过去几十年的大量文献也发现了对上述群体威胁假说的支持（请参阅 Riek, Mania, and Gaertner, "Inter-group Threat and Outgroup Attitudes"）。政治学家瑞安·伊诺斯（Ryan Enos）在波士顿都会区进行了一项研究群体威胁的实地实验，在该地区，实验者支付演员们报酬，让他们在几个月内乘坐通勤火车时讲西班牙语（"Causal Effect of Intergroup Contact on Exclusionary Attitudes"）。他发现，与那些在控制组中的人相比，与这些演员一起乘坐火车的通勤者后来对移民明显表现出了更强的排斥态度。

22. 长期以来，学者们一直在争论：与持有相反观点的人接触会如何影响人们的政治态度和政治参与。保罗·拉扎斯菲尔德及其同事（Lazarsfeld, Berelson, and Gaudet, *The People's Choice*）首先讨论了这些因素之间的关系，但政治学家戴安娜·穆茨（Diana Mutz）在《倾听另一边》（*Hearing the Other Side*）中对其进行了更系统的分析。穆茨发现，接触反对意见可以缓和政治观点，但这是以牺牲政治参与为代价的。最近对涉及7万多名参与者的48项实证研究进行的荟萃分析发现，接触反对意见与政治参与之间没有显著关系（请参阅 Matthes et al., "A Meta-Analysis of the Effects of Cross-Cutting Exposure on Political Participation"）。罗伯特·哈克费尔特（Robert Huckfeldt）的另一项研究《政治分歧》（*Political Disagreement*）考察了分歧发生的条件。这项研究将焦点转向同质性，表明了跨党派接触与分歧相关，并且分歧的数量随着不同网络集群中人们之间的社会距离增加而增加。近年来，对美国政治极化的民族志研究也观察到了跨党派接触对于减少族群间紧张关系的重要性（请参阅 Hochschild, *Strangers in Their Own Land*; Klinenberg, *Palaces for the People*）。

23. 逆火效应最早在20世纪中叶被报道（Lazarsfeld, Berelson, and Gaudet, *The People's Choice*; and Lord and Lepper, "Biased Assimilation and Attitude Polarization: The Effects of Prior Theories on Subsequently Considered Evidence"）。在早期研究的基础上，政治学家布伦丹·尼汉（Brendan Nyhan）和杰森·赖夫勒（Jason Reifler）让一群人阅读一篇带有误导性陈述的新闻报道，例如，伊拉克独裁者萨达姆·侯赛因（Saddam Hussein）在2003年美国入侵他的国家之前拥有核武器（"When Corrections Fail"）。然后研究者向其中一半参与者展示了纠正性陈述。接触到关于这一纠正说法的共和党人比那些没有看到纠正信息的共和党人更有可能认为伊拉克拥有核武器。后来人们在一系列不同的环境中重复验证了该发现，包括对"自闭症谱系障碍是由常规接种的儿童疫苗中的硫柳汞引起的"这个错误说法的纠正，以及对"奥巴马是穆斯林"这一普遍误解的纠正（请参阅 Nyhan et al., "Effective Messages in Vaccine Promotion"; Berinsky, "Rumors and Health Care Reform"）。然而，政治学家托马斯·伍德(Thomas Wood)和伊桑·波特（Ethan Porter）的一项研究（"The Elusive Backfire Effect"）试图重现这些以及其他逆火效应，但在一组被招募来完成一项在线调查的受访者中，几乎没有证据表明这些效应存在。政治学家安德鲁·格斯（Andrew Guess）和亚历山大·科波克（Alexander Coppock）在一项类似的后续研究中也没有发现逆火效应的证据（请参阅Guess and Coppock, "Does Counter-Attitudinal Information Cause Backlash?"）。

24. 先前对逆火效应的研究尚未确定其发生的确切原因。一种理论借鉴了动机推理的概念：当我们接触到与我们的信念相矛盾的事物时，它会让我们生气或害怕。这种愤怒会让我们在环境中寻找能证实自己感受的信息，或者用我们能找到的任何证据来论证这一点。在任何一种情况下，我们最终都可能找到更多的理由不同意纠正信息，如果在这两种情况之外，我们本不会找到这么多理由。已故的以色列社会心理学家日娃·昆达（Ziva Kunda）推广了动机推理的概念，她和一位同事在一项实验中招募参与者玩历史问答游戏，她最先发现人们会改变自己对准确的定义来支持自己先前存在的观点（"The Case for Motivated Reasoning"）。这个概念后来被法律学者丹·卡汉（Dan Kahan）扩展到政治领域，他证明如果错误答案符合他们的政治信念，民主党人和共和党人将对数学问题提供错误答案（"Ideology, Motivated Reasoning, and Cognitive Reflection"）。有趣的是，在神经学层面也有证据表明确实有这一过程。在2004年美国总统大选前夕，心理学家德鲁·韦斯滕（Drew Westen）和他的同事将30名共和党人和民主党人置于功能磁共振成像（fMRI）机中（"Neural Bases of Motivated Reasoning"）。当研究者向各党派成员展示诋毁本党候选人的信息时，掌管情绪的大脑区域会亮起，而我们认为与冷静、平静的理性相关区域会关闭。还有一种解释是，逆火效应是一种暂时现象。当人们反复接触到正确的信息时，他们可能会通过社会科学家所称的贝叶斯更新（Bayesian updating）的过程逐渐放弃错误的信念。在最近的一篇文章中，政治学家塞思·J.希尔（Seth J. Hill）在让共和党人和民主党人接触关于他们党内总统候选人的一系列纠正声明后，发现了支持这一过程的证据（"Learning Together Slowly"）。

25. 我们的网络机器人转发的一些陈述可谓具有误导性，但大多数是准确的。其他陈述创造了一种不同类型的接触，其不同仅仅在于它们提出的议题与其中一个而不是另一个政党更相关。例如，关注我们自由派网络机器人的保守派可能已经接触到了更多关于种族歧视或宣传气候变化的信息。同样，关注我们保守派网络机器人的自由派可能听到了更多关于袭击警察的消息。接触这些类型的消息，与接触那些旨在纠正错误认知的消息相比——人们出于许多不同原因而形成了这类认知——可能会造成完全不同的效果。例如，参与我们研究的被试并没有

175

176

被他们可能认为居高临下的专家告知他们的观点不准确。相反，在现实生活中，他们会在很长一段时间内接触到一系列公众人物以多种不同的形式做出的论证。

26. 关于这个议题的深度讨论，请参阅 Gross and Niman, "Attitude-Behavior Consistency"; Haidt, *The Righteous Mind*; Vaisey, "Motivation and Justification"; and Jerolmack and Khan, "Talk Is Cheap"。

27. 关于这项研究中所使用的研究技术的更详细描述，请参阅附录中的"网络机器人定性实验"。

28. 在报告定性研究的发现时人们总是面临广度和深度之间的权衡——定性研究的目标是通过归纳来识别新的社会过程而不是通过演绎来确认它们的存在（请参阅 Tavory and Timmermans, *Abductive Analysis*）。你可以举出发生在大量受访者身上的同一件事——这是以牺牲大量细节为代价的——或者你可以选择几位受访者作为样本并更深入地讲述他们的故事。在第三章中，出于两个原因，我选择了后一条路。第一个原因是，宏观层面的模式是前人的研究所确立的。其次，纵向访谈产生了大量关于随着时间展开的社会过程的数据。因此，详细描述这些过程将需要大量的篇幅和额外的重复，而这将牺牲我在第四章至第六章中更详尽的对微观机制的阐述。

第三章：打破回声室会发生什么？

1. 请参阅 Converse, "The Nature of Belief Systems in Mass Publics (1964)"。有关政治冷漠是如何塑造舆论动态的更详尽的理论，请参阅 Zaller, *The Nature and Origins of Mass Opinion*。

2. Eliasoph, *Avoiding Politics*.

3. 正如我在第七章中讨论的那样，将近3/4的美国人（以及9/10的18—29岁的美国人）至少使用一个社交媒体网站（请参阅 Perrin and Anderson, "Share of U.S. Adults Using Social Media, Including Facebook, Is Mostly Unchanged since 2018"）。

4. 其他研究表明，与帕蒂一样，许多在2012年投票给奥巴马和在2016年投票给特朗普的人都是白人，他们没有大学文凭，并且对移民或与种族不正义有关的议题持消极态度（请参阅 Sides, Tesler, and Vavreck, *Identity Crisis*）。

5. 帕蒂还表达了对首席执行官薪酬的更加自由派的看法。尽管在我们的第一次访谈中，她告诉我们她认为首席执行官赚了太多钱，但在我们的第二次会面中，帕蒂表达了一个更为详尽的批评意见："我认为他们赚得太多了——实在太多了。我认为他们应该和……在他们手下工作的人赚得一样多。他们中的很多人，地位如此之高，以至于他们认为自己比其他人都好得多，而且他们做的事情是不可接受的……他们得到的报酬是如此之高，以至于他们认为自己是一切事情的大领导。是谁把它们放在那里的呢？他们应该感恩，而不是索取一切。"

6. 政治学家约翰·扎勒（John Zaller）关于舆论的颇具影响力的著作《公共舆论》（*The Nature and Origins of Mass Opinion*），除了表明大多数美国人对政治的参与度较低，还认为大多数人像帕蒂一样只对少数问题持有强烈的观点。只有少数人能够就范围广泛的问题发表详细的意见。因此，扎勒认为，在政治说服成为可能的极少数情况下，它往往发生在那些积极接触政治的人身上，而且当说服尝试集中在人们关心的问题时，政治说服则更有可能发生。

7. 对于我们的受访者倾向于表达更详细或更复杂政治观点的另一种解释是，他们只是与我们的研究团队建立了更融洽的关系，或者更愿意表达自己的观点了。然而，我认为这种解释不太可能成立，因为我们特意在第一次和第二次访谈中为受访者分配了不同的访谈员。此外，我们没有注意到在我们的控制组中的受访者（那些不关注网络机器人的人）之间有相同程度的观点转变。

8. 有关社交媒体使用与政治激进主义之间关系的更多详细信息，请参阅 Perrin, "Social Media Usage"。

9. 2016年，一项关于脸书上错误信息和阴谋论传播的大规模研究表明，此类信息主要由被困在政治回声室中的人共享（请参阅 Del Vicario et al., "The Spreading of Misinformation Online"）。在2019年关于 IRA 对推特影响的研究中，我和同事还发现，回声室强度是与 IRA 关联账号互动程度的最强预测因素之一（请参阅 Bail, Guay, et al., "Assessing the Russian Internet Research Agency's Impact on the Political Attitudes and Behaviors of American Twitter Users in Late 2017"）。

10. 请参阅 U.S. Customs and Border Protection, "CBP Use of Force Statistics"。

第四章：社交媒体棱镜

1. 关于谢里夫实验的更详尽说明以及他的传记，请参阅 Perry, *The Lost Boys*。

2. 出处同上，第115页。

3. 举例来说，请参阅 Tajfel, *Differentiation between Social Groups*。

4. 请参阅 Brown, *Human Universals*。

5. 对于这些研究的一个概述，请参阅 Tajfel, "Experiments in Inter-group Discrimination"; Diehl, "The Minimal Group Paradigm"。

6. 请参阅 Mason, *Uncivil Agreement*。

7. 请参阅 Goodman, *The Republic of Letters*。

8. 请参阅 Schudson, "Was There Ever a Public Sphere?"。

9. 请参阅 Habermas, *The Structural Transformation of the Public Sphere*。

10. 举例来说，请参阅 Rawls, *A Theory of Justice*。

11. 相关概述请参阅 Fishkin and Luskin, "Experimenting with a Democratic Ideal"。

12. 其他早期观察者则更加愤世嫉俗。甚至在卡斯·桑斯坦（Cass Sunstein）警告互联网和社交媒体可能有阴暗面之前（*Republic.com*），管理学者马歇尔·范·埃尔斯泰恩（Marshall van Alstyne）和埃里克·布莱恩约弗森（Erik Brynjolfsson）就担心互联网会造成一种"网络巴尔干化"（"Electronic Communities: Global Village or Cyberbalkans"）。还有一些人认为，社交媒体的主要功能是激发人们对新型政治参与的兴趣，而不是完全抑制商谈的欲望（请参阅 Papacharissi, *A Private Sphere*）。

13. 请参阅 Levin and Wong, "'He's Learned Nothing'"。

14. 请参阅 Romm and Dwoskin, "Jack Dorsey Says He's Rethinking the Core of How Twitter Works"。

15. Cohen, "Party over Policy."

16. 社会学家保罗·迪马乔（Paul DiMiggio）和他的合著者分析了综合社会调查（General Social Survey）和"美国国家选举研究"（American Nation Election Study）20年的数据，得出的结论为，1974—1994年，尽管人们普遍认为当时美国正在经历一场分裂的文化战争，但美国公众在这个时期并没有变得更加政治极化（请参阅 DiMaggio, Evans, and Bryson, "Have American's Social Attitudes Become More Polarized?"）。在随后的几十年里，政治学家阿兰·阿布拉莫维茨（Alan Abramowitz）和莫里斯·菲奥里纳（Morris Fiorina）以及他们的合著者就十多年来政治极化是否一直在加剧进行了长时间的辩论（请参阅 Abramowitz and Saunders, "Is Polarization a Myth?"; Fiorina and Abrams, "Political Polarization in the American Public"; and Campbell, *Polarized*）。正如我在第六章和第八章中更详细讨论的那样，大多数学者现在认为，基

于议题的政治极化程度在最近几十年中并没有显著增加。在社会科　　179
学家中，对稳定的意识形态极化的主要解释被称为政党选择（partisan
sorting）：并非是选民对诸如福利政策等实质性问题形成越来越极化的
观点，而是政党用他们的施政纲领来更高效地包容具有不同偏好的选
民。有关此问题的详细分析，请参阅 Baldassarri and Gelman, "Partisans
without Constraint" and Levendusky, *The Partisan Sort*。

17. Almond and Verba, "Civic Culture Study."

18. Iyengar, Sood, and Lelkes, "Affect, Not Ideology."

19. 请参阅 Boxell, Gentzkow, and Shapiro, "Cross-Country Trends in Affective
Polarization"。

20. 请参阅 Hochschild, *Strangers in Their Own Land*。

21. 有许多可能的例子，此处仅举其一，党派认同被广泛地认为是推动
投票行为的最重要因素之一（请参阅 Achen and Bartels, *Democracy
for Realists*; Sides, Tesler, and Vavreck, *Identity Crisis*）。许多社会科
学家将党派偏见视为社会认同的关键基础。例如，请参阅 Price,
"Social Identification and Public Opinion"; Greene, "Understanding Party
Identification"; Haidt, *The Righteous Mind*; Huddy, "Group Identity and
Political Cohesion"; Gutmann, *Identity in Democracy*; Mason, *Uncivil
Agreement*; Huddy, Mason, and Aarøe, "Expressive Partisanship"; and
Klar, "When Common Identities Decrease Trust"。但人们对其他集体身
份认同的兴趣越来越大——尤其是那些在美国政治中与白人或高加索
人相关的身份认同（请参阅 Jardina, *White Identity Politics*）。有关身份
认同如何塑造政治极化的研究的更广泛概述，请参阅 Klein, *Why We're
Polarized*。

22. McConnell et al., "The Economic Consequences of Partisanship in a
Polarized Era."另一项研究表明，两党成员都不愿意评估自己党派
观点的事实准确性，即使在以经济激励为代价时也是如此（请参
阅 Peterson and Iyengar, "Partisan Gaps in Political Information and
Information-Seeking Behavior"）。

23. 请参阅 Iyengar and Westwood, "Fear and Loathing across Party Lines";
Gift and Gift, "Does Politics Influence Hiring?"。

24. 请参阅 Klar and Krupnikov, *Independent Politics*, and Nicholson et al.,
"The Politics of Beauty"。最近的一项研究表明，不仅已婚夫妇之间的
政治信念越来越一致，而且党派偏见的代际传承也呈增加趋势（请参

阅 Iyengar, Konitzer, and Tedin, "The Home as a Political Fortress")。

25. 请参阅 DellaPosta, Shi, and Macy, "Why Do Liberals Drink Lattes?"; Shi et al., "Millions of Online Book Co-Purchases Reveal Partisan Differences in the Consumption of Science"; Hetherington and Weiler, *Prius or Pickup*?; A. Lee, "How the Politicization of Everyday Activities Affects the Public Sphere"; and Klein, *Why We're Polarized*。

26. 相关案例，请参阅 Achen and Bartels, *Democracy for Realists*; Mason, *Uncivil Agreement*; Levendusky, *The Partisan Sort*。

27. 有关详细说明政治身份认同的流动性和情境性本质的研究示例，请参阅 Barth, *Ethnic Groups and Boundaries*; Lamont and Molnár, "The Study of Boundaries in the Social Sciences"; Wimmer, "The Making and Unmaking of Ethnic Boundaries"; Douglas, *Purity and Danger*; and Huddy, "Group Identity and Political Cohesion"。

28. 相关事例，参考 Elias, *The Civilizing Process*; Goffman, *The Presentation of Self in Everyday Life*; DiMaggio, "Culture and Cognition"; Baumeister and Leary, "The Need to Belong"; Cikara and Van Bavel, "The Neuroscience of Intergroup Relations"。

29. 请参阅 Kreiss, Barker, and Zenner, "Trump Gave Them Hope"; Mason, *Uncivil Agreement*。

30. 文化社会学家和人类学家产出了丰富的文献，描述了人们如何创造、维持和超越这些所谓象征性边界。有关这些文献的综述，请参考 Lamont and Molnár, "The Study of Boundaries in the Social Sciences"; Wimmer, "The Making and Unmaking of Ethnic Boundaries"。有关该学术范式的例子，请参阅 Barth, *Ethnic Groups and Boundaries*; Douglas, *Purity and Danger*; Lamont, *Money, Morals, and Manners*。

31. Cooley, *Human Nature and the Social Order*.

32. 我们会感知其他人在社会环境中如何回应我们的各种身份认同，据此发展自己的身份认同，这一观点不仅是查尔斯·霍顿·库利（Charles Horton Cooley）的工作的核心，也是以下研究的核心：欧文·戈夫曼（Erving Goffman）关于我们如何展示自己的理论（*The Presentation of Self in Everyday Life*），诺贝特·埃利亚斯（Norbert Elias）关于羞耻与社会心理学的经典研究（*The Civilizing Process*），以及利昂·费斯汀格（Leon Festinger）的社会比较理论（"A Theory of Social Comparison Processes"）。

33. 请参阅 Goffman, *Stigma*。

34. 也请参阅 Elias and Scotson, *The Established and the Outsiders*。

35. Goffman, *The Presentation of Self in Everyday Life*.

36. 请参阅 Marwick and boyd, "I Tweet Honestly, I Tweet Passionately"。关于社交媒体如何改变自我呈现的类似讨论，请参阅 Boyd and Hargittai, "Facebook Privacy Settings"; Murthy, "Towards a Sociological Understanding of Social Media"; Marwick, *Status Update*; Tufekci, "Grooming, Gossip, Facebook and Myspace"。

37. 请参阅 Meshi et al., "The Emerging Neuroscience of Social Media"。

38. 请参阅 Vogel et al., "Who Compares and Despairs?"。

39. 请参阅 Midgley, "When Every Day Is a High School Reunion"。

40. 在2016年的一项研究中，脸书的研究者们得到了一个类似的结论（请参阅 Scissors, Burke, and Wengrovitz, "What's in a Like?"），这跟2020年的一项分析了38000多名用户的研究得出的结论相同（请参阅 Burke, Cheng, and de Gant, "Social Comparison and Facebook"）。 [181]

41. 请参阅 Marwick, *Status Update*。

42. Bazarova et al., "Social Sharing of Emotions on Facebook."

43. 请参阅 Meshi et al., "The Emerging Neuroscience of Social Media"; Von Der Heide et al., "The Social Network-Network"; and Aral, *The Hype Machine*。

44. Sherman et al., "The Power of the Like in Adolescence," 1027.

45. 关于科技公司如何制造出令人成瘾的产品，更详细的讨论请参阅 Eyal, *Hooked*。

46. 尼尔·波兹曼（Neil Postman）等其他学者指出，人们经常将有关时事的新闻作为一种娱乐形式来消遣，他们警告说这对民主和我们达成理性妥协的能力具有危险的后果（请参阅 Postman and Postman, *Amusing Ourselves to Death*）。我的处理方法不同于这个论证及其最近的扩展（例如，请参阅 Vaidhyanathan, *Antisocial Media*），因为我的论证涉及的机制是身份认同保存和地位寻求，而不是娱乐。

第五章：社交媒体棱镜如何推动政治极端主义？

1. Casselman and Tankersley, "Face It."

2. 在本章中，我使用"极端派"（extremist）一词来指代持有强烈意识形态立场并在网上参与不礼貌行为的人，例如对别人发表人身攻击式的评论、传播嘲笑他人的模因，或通过散布误导性信息或虚假信息来支持自己的政治观点或诋毁对手。

3. 请参阅 Sageman, *Understanding Terror Networks*; Daniels, *Cyber Racism*; Stampnitzky, "Disciplining an Unruly Field"; Bail, *Terrified*。关于网络极端主义和"网络喷子"的新兴研究文献的概述，请参阅 Marwick and Lewis, "Media Manipulation and Disinformation Online" and Siegal, "Online Hate Speech"。关于网络极端主义历史的详尽分析，请参阅 Phillips, *This Is Why We Can't Have Nice Things*。关于社交媒体上极端主义的新闻报道，请参阅 Marantz, *Antisocial*。

4. 例如，在我职业生涯的早期，我对"伊斯兰国"（ISIS）导致的暴力的激进化研究很感兴趣。在查阅了一段时间的文献之后，我开始深深怀疑那些旨在测量对暴力极端主义的支持度的调查——这不仅是因为人们倾向于向他人隐藏自己的极端观点，这是社会科学家所说的社会期望偏差（social desirability bias）的结果，而且，网络极端派可能会因为害怕被联邦当局或安全官员发现而避免表达自己的观点。我和几位同事后来发现，谷歌搜索数据可用于测量网络极端派行为的普遍性（请参阅 Bail, Merhout, and Ding, "Using Internet Search Data to Examine the Relationship between Anti-Muslim and pro-ISIS Sentiment in U.S. Counties"），尽管此类数字跟踪数据（digital trace data）也有许多限制性。有关极端派态度和行为之间差距的更多细节，请参阅 Khalil, Horgan, and Zeuthen, "The Attitudes-Behaviors Corrective (ABC) Model of Violent Extremism"。

5. 举例来说，请参阅 Daniels, *Cyber Racism*; Marwick and Lewis, "Media Manipulation and Disinformation Online"；对其他研究的综述，请参阅 Siegal, "Online Hate Speech"。一个重要的例外是传播学学者玛格达莱娜·沃伊切扎克（Magdalena Wojcieszak）对新纳粹和激进环保主义团体的研究，尽管该研究关注的是线上和线下动员之间的关系，而不是我在这里做的线上和线下自我呈现之间的差异（请参阅 Wojcieszak, "Carrying Online Participation Offline"）。

6. 尽管以前的研究没有对地位在网络极端主义中的作用进行全面分析，但心理学领域越来越多的研究表明，对不公平的感知是线下环境中激进化的一个关键驱动因素（请参阅 van den Bos, "Unfairness and Radicalization"）。

7. 对美国西部科技企业家新富（new wealth）的极化效应的详细讨论，

请参阅 Farrell, *Billionaire Wilderness*。

8. 传播学学者爱丽丝·马威克（Alice Marwick）和丽贝卡·刘易斯（Rebecca Lewis）早些时候在她们对有关该主题的学术文献的综述中推测，寻求地位可能是网络极端主义的一个驱动因素（请参阅 Marwick and Lewis, "Media Manipulation and Disinformation Online," 28）。

9. Petersen, Osmundsen, and Arceneaux, "The 'Need for Chaos' and Motivations to Share Hostile Political Rumors."

10. 关于网络极端派基于性的骚扰（gender-based harassment）的更全面讨论，请参阅 Sobieraj, *Credible Threat*。（编按：基于性的骚扰属于性骚扰的一种，它表现为强化异性恋规范的骚扰行为。）

11. 在仅有的几项同时追踪线上和线下极端主义的研究中，有一项来自传播学学者玛格达莱娜·沃伊切扎克。在该研究中，她还发现，经常接触那些在线下环境中不分享其观点者的人可能会参与诸如此类的线上联结仪式。有趣的是，她的研究还表明，在线下环境中接触志趣相投的极端派也可以促进在线协作（请参阅 Wojcieszak, "Don't Talk to Me"）。

12. 在我们 2018 年网络机器人的研究之后，最近的一项后续研究提供了类似的证据，表明极端派对地位的重视程度超过他们对政治观点的关心程度（请参阅 Yang, Qureshi, and Zaman, "Mitigating the Backfire Effect Using Pacing and Leading"）。在这项研究中，研究人员创建了网络机器人，它会关注在推特上表达反对移民观点的人。如果一位用户也关注了该机器人，那么这个自动账号将开始给用户的推文点"喜欢"，它还会发布关于随机主题的推文，有表达支持移民观点的推文，也有表达反对移民观点的推文（紧接着又发布支持移民的观点）。只有接触到相反观点的推特用户才会有我们在 2018 年研究中观察到的相同反应——也就是说，他们会更频繁地表达反对移民的观点。相比之下，那些先接触到反对移民观点然后接触到支持移民观点的人，其发布的推文中反对移民的情绪较少。解释这些发现的一种方法是，人们会调整他们的观点来确保被人"喜欢"，从而获得地位——即使他们调整后的观点与他们以前的信念相冲突。

13. Toennies et al., "Max Weber on Church, Sect, and Mysticism."

14. 最近在对推特上道德语言传播的大规模分析中，研究者观察到了类似的群体动力学，尽管这项研究的作者并没有专门研究政治极端派（请参阅 Brady et al., "Emotion Shapes the Diffusion of Moralized Content in Social Networks"）。

15. 请参阅 Festinger, Riecken, and Schachter, *When Prophecy Fails*。也请参阅 Martin, "Power, Authority, and the Constraint of Belief Systems"; Christakis, *Blueprint*; Rawlings, "Cognitive Authority and the Constraint of Attitude Change in Group"。

16. 在默顿的工作之后，一系列后续研究开始使用更为人熟知的短语"错误共识效应"（the false consensus effect）来描述这种类型的认知偏差（请参阅 Robert K. Merton, *Sociological Ambivalence and Other Essays*; Ross, Greene and House, "The 'False Consensus Effect'"; and Goel et al., "Real and Perceived Attitude Agreement in Social Networks"）。最近对其他六个现实世界网络的大规模研究，以及政治学家贾梅·赛特尔（Jaime Settle）针对脸书用户间的政治极化进行的大规模研究，都证明了同样的动力学——其中同质社会网络塑造了人们对少数群体相对于多数群体的规模的感知（请参阅 E. Lee et al., "Homophily and Minority Size Explain Perception Biases in Social Networks"; Settle, *Frenemies*）。另一项针对新纳粹和激进环保主义团体的调查发现了重要证据，表明错误共识效应在线上环境中特别强劲（请参阅 Wojcieszak, "False Consensus Goes Online"）。

184

17. Settle, *Frenemies*. 一组政治学家在最近的一项研究中也观察到了类似的动力学，他们在该研究中让民主党人和共和党人在社交媒体上接触对立政党的无礼批评，测试其效应。在两个实验中，该团队观察到这种接触会显著增加群际偏见，亦即情感极化（affective polarization），在具有强烈党派观点的人中间尤其如此（请参阅 Suhay, Bello-Pardo, and Maurer, "The Polarizing Effects of Online Partisan Criticism"）。

第六章：社交媒体棱镜如何使温和派沉默？

1. 尽管政治意识形态通常被描述为好像存在于从极度自由到极度保守的单维量表内，但社会科学家越来越一致地认为美国人的政治观点更加多维。正如政治学家肖恩·特雷尔（Shawn Treier）和 D. 森夏恩·希拉古思（D. Sunshine Hillygus）表明，许多美国人在一个议题上持有自由派倾向，但在另一个问题上持有保守派倾向（"The Nature of Political Ideology in the Contemporary Electorate"）。这些受到交叉压力的人通常认为自己在传统的意识形态测量指标中属于温和派，或者在被问及他们的意识形态时回答"不知道"。此外，询问人们党派背景的测量指标存在测量误差。例如，许多自称无党派人士的人实际上持有非常强烈的观点，这使得他们在事实上过于保守或过于自由而无法支持既定的政党（请参阅 Broockman, "Approaches to Studying Policy Representation"）。

2. 请参阅 American National Election Study, "2016 Time Series Study"。

3. 请参阅 DiMaggio, Evans, and Bryson, "Have American's Social Attitudes Become More Polarized?"; Baldassarri and Gelman, "Partisans without Constraint"; Levendusky, *The Partisan Sort*; Lelkes, "Mass Polarization"。

4. 请参阅 "美国国家选举研究" 的调查问卷，"2018 Pilot Study"。

5. 请参阅 Duggan, "Online Harassment 2017"。

6. 社交媒体上针对女性的威胁也经常导致萨拉·伦登所进行的那种自我审查（请参阅 Sobieraj, *Credible Threat*）。

7. 我在第八章中更详细地讨论了虚假政治极化的概念。有关该概念的更详细讨论，请参阅 Pronin, Lin, and Ross, "The Bias Blind Spot"。宾夕法尼亚大学的政治学家雅夫塔克·莱尔凯什（Yphtach Lelkes）进一步将这一概念与政治极化联系起来，尽管他使用的词语不是虚假政治极化，而是 "感知到的政治极化"（perceived polarization，请参阅 Lelks, "Mass Polarization," 392）。

8. 请参阅 Levendusky and Malhotra, "(Mis)perceptions of Partisan Polarization in the American Public"。

9. 请参阅 Pew Research Center, "Republicans, Democrats See Opposing Party as More Ideological Than Their Own"。

10. 也请参阅 Banks et al., "#PolarizedFeeds"。我在第八章对社交媒体与虚假政治极化之间的关系进行了更为详细的讨论。

11. 请参阅 Pew Research Center, "National Politics on Twitter"。在对 2012 年总统竞选期间在推特上传播的极度拥护某一政党的新闻内容的更系统分析中，两位政治学家证实，其中大部分内容是由一小部分社交媒体用户传播的（请参阅 Barberá and Rivero, "Understanding the Political Representativeness of Twitter Users"）。

12. 请参阅 Hughes, "A Small Group of Prolific Users Account for a Majority of Political Tweets Sent by U.S. Adults"。关于网络极端主义的文献的综述也表明，大多数极端内容是由相对较小的人群生产的（请参阅 Marwick and Lewis, "Media Manipulation and Disinformation Online"; and Siegal, "Online Hate Speech"）。

13. 请参阅 Barnidge, "Exposure to Political Disagreement in Social Media

185

versus Face-to-Face and Anonymous Online Settings"。

14. 请参阅 Settle, *Frenemies*。

15. 请参阅 Duggan and Smith, "Political Content on Social Media"。

16. 请参阅 Anderson and Quinn, "46% of U.S. Social Media Users Say They Are 'Worn Out' by Political Posts and Discussions"。

17. 请参阅 Hughes, "A Small Group of Prolific Users Account for a Majority of Political Tweets Sent by U.S. Adults"。

18. 请参阅 Pew Research Center, "National Politics on Twitter"。

19. 这个数据集可见于 Duggan and Smith, "Political Content on Social Media"。

第七章：我该注销自己的账号吗？

1. 请参阅 Lanier, *Ten Arguments for Deleting Your Social Media Accounts Right Now*。

2. 请参阅 Perrin, "Americans Are Changing Their Relationship with Facebook"。

3. 在社交媒体变得如此普遍之前，社会科学家还对"使用互联网对社交能力的影响"进行了各种研究。例如，诺曼·纳尔（Norman Nie）及其同事进行的一项时间日志研究表明，使用互联网与人们花在家人和朋友身上的时间减少有相关关系——尽管它会增加工作中的社交接触（请参阅 Nie, Hillygus, and Erbring, "Internet Use, Interpersonal Relations, and Sociability"）。

4. 请参阅 Allcott et al., "The Welfare Effects of Social Media"。

5. 与此同时，停用账号的人对政治的了解也较少，因此去政治极化效应可能是以失去更广泛的公民参与为代价的（出处同上）。

6. 请参阅 Perrin and Anderson, "Share of U.S. Adults Using Social Media, Including Facebook, Is Mostly Unchanged since 2018"。

7. 请参阅 Allcott et al., "The Welfare Effects of Social Media"。

8. 请参阅 Lanier, "Jaron Lanier Fixes the Internet"。

9. 请参阅 Perrin and Anderson, "Share of U.S. Adults Using Social Media, Including Facebook, Is Mostly Unchanged since 2018"。

10. 请参阅 Anderson and Jiang, "Teens, Social Media & Technology 2018"。

11. 出处同上。

12. 尽管显然有相当多的人认为社交媒体平台带来的整体上是消极的影响，但同样显然的是，许多其他人认为它们带来的整体上是积极的影响。根据皮尤研究中心的一项调查，不到1/4的美国青少年认为社交媒体对他们这个年龄段的人而言，带来了"主要是消极的"影响。相比之下，近1/3的美国青少年认为社交媒体带来了"主要是积极的"影响，45%的人认为其影响"既不积极也不消极"（请参阅 Anderson and Jiang, "Teens, Social Media & Technology 2018"）。

13. 请参阅 Shepherd and Lane, "In the Mix"。

14. 请参阅 Shearer and Grieco, "Americans Are Wary of the Role Social Media Sites Play in Delivering the News"。

15. 请参阅 Shearer, "Social Media Outpaces Print Newspapers in the U.S. as a News Source"。

16. 出处同上。

17. 请参阅 Lalancette and Raynauld, "The Power of Political Image"; Parmelee and Roman, "Insta-Politicos"。

18. 请参阅 Serrano, Papakyriakopoulos, and Hegelich, "Dancing to the Partisan Beat"。

19. 请参阅 McPherson, Smith-Lovin, and Brashears, "Social Isolation in America"; Klinenberg, *Heat Wave, Going Solo, and Palaces for the People*; Parigi and Henson, "Social Isolation in America"。

20. 请参阅 B. Lee and Bearman, "Political Isolation in America"。

21. 请参阅 Bishop, *The Big Sort*。

22. 请参阅 Abrams and Fiorina, "'The Big Sort' That Wasn't"。

23. 请参阅 Huber and Malhotra, "Political Homophily in Social Relationships"。

24. 还有实验证据表明，民主党人和共和党人认为党员身份是浪漫关系中比外表吸引力更重要的考虑因素（请参阅 Klar and Krupnikov, *Independent Politics*; and Nicholson et al., "The Politics of Beauty"）。

25. 请参阅 Chen and Rohla, "The Effect of Partisanship and Political Advertising on Close Family Ties"。

26. 请参阅 Eyal, *Indistractable*; McNamee, *Zucked*。

27. 请参阅 Bosker, "The Binge Breaker"。在最近的学术工作中，社交媒体公司也因造成政治极化而受到严厉批评。举例来说，请参阅 Vaidhyanathan, *Antisocial Media*。

28. 这样的指控很有说服力，因为它们与科技公司的座右铭相矛盾。根据科技评论家肖莎娜·祖博夫（Shoshana Zuboff）在《监视资本主义的时代》（*The Age of Surveillance Capitalism*）中的说法，谷歌的座右铭"不作恶"（don't be evil）掩盖了它对一种险恶的新型资本主义的参与，在这种资本主义中，数据是最重要的商品。其他人则对脸书的准则"快速行动，打破陈规"（move fast and break things）感到遗憾——他们认为，脸书一路走来破坏了太多的民主制度。虽然科技巨头声称他们的工作是出于善意，但硅谷叛逆者警告说，这都是高管们在粉饰门面，目的是维护自己的财富和地位（举例来说，请参阅 McNamee, *Zucked*）。

29. 有关通过学术研究解决与社交媒体相关的政治问题的必要性的一份简洁的概述，请参阅 Persily and Tucker, "Conclusion: The Challenges and Opportunities for Social Media Research"，也请参阅 Aral, *The Hype Machine*。

30. 请参阅 Tufekci, "YouTube, the Great Radicalizer", and Roose, "The Making of a YouTube Radical"。也请参阅 Lewis, "'Fiction Is Outperforming Reality'"。

31. 请参阅 Ribeiro et al., "Auditing Radicalization Pathways on YouTube"。最近的一项研究使用了由谷歌前工程师纪尧姆·查斯洛特（Guillaume Chaslot）创建的网络爬虫技术来通过一个虚拟专用网络（VPN）账号识别油管（YouTube）作出的推荐，注册该虚拟专用网络账号的目的是模拟密苏里州圣路易斯市的一位用户的搜索行为（请参阅 Alfano et al., "Technologically Scaffolded Atypical Cognition"）。研究者搜索了六个领域的视频内容——从极右翼知识权威的相关材料到关于武术和天然食品的信息——然后对推荐给网络爬虫的内容进行手工编码，以确定它是否包含阴谋论内容，他们将阴谋论内容定义为这样一类断言，即"强大的力量"正在试图影响某事。尽管阴谋论内容的定义如此宽泛，作者还是发现油管算法仅向那些搜索过极右翼知识权威的人推荐了大量此类内容。此外，研究者并没有真正研究人们是否真的点击了这些内容，只是研究了这些内容是否被推荐给了他们。最后，还没有研究调查过油管在最初被指控这样做的 2018 年年初之后是否继续向用户推荐大量激进或阴谋论内容。

32. 请参阅 Bakshy, Messing, and Adamic, "Exposure to Ideologically Diverse News and Opinion on Facebook"。

33. 请参阅 Munger and Phillips, "A Supply and Demand Framework for YouTube Politics"。

34. 另一方面，据《华尔街日报》报道，脸书员工发现了推荐算法在德国宣传极端主义内容的证据（请参阅 Horwitz and Seetharaman, "Facebook Executives Shut Down Efforts to Make the Site Less Divisive"）。根据这份报告，脸书员工"在该平台上超过 1/3 的德国大型政治团体中"发现了极端政治内容。然而，据报道，这些内容是由"过度活跃的用户子集"创造的，这与社会科学家之前对假新闻和虚假信息活动的研究一致（举例来说，Guess, Nagler, and Tucker, "Less than You Think"; and Bail, Guay, et al. "Assessing the Russian Internet Research Agency's Impact on the Political Attitudes and Behaviors of American Twitter Users in Late 2017"）。同一份报告还引用了脸书的一份内部报告，据称，该报道称"64% 的极端主义团体的相互联系"是由于脸书的推荐工具。然而，目前尚不清楚推荐算法是否真的影响了人们的观点，或者是否为那些已经持有极端观点的人提供了一种更有效的相互联系的方式。

35. 请参阅 Grinberg et al., "Fake News on Twitter during the 2016 U.S. Presidential Election"。

36. 请参阅 Allcott and Gentzkow, "Social Media and Fake News in the 2016 Election"。

37. 请参阅 Guess, Nagler, and Tucker, "Less than You Think"。也请参阅 Watts and Rothschild, "Don't Blame the Election on Fake News", and Allen et al., "Evaluating the Fake News Problem at the Scale of the Information Ecosystem"。

38. 请参阅 Aral and Eckles, "Protecting Elections from Social Media Manipulation"。

39. 请参阅 Bail, Guay, et al., "Assessing the Russian Internet Research Agency's Impact on the Political Attitudes and Behaviors of American Twitter Users in Late 2017"。

40. 请参阅 Bennett and Iyengar, "A New Era of Minimal Effects?"。

41. 请参阅 Kalla and Broockman, "The Minimal Persuasive Effects of Campaign Contact in General Elections"。另一方面，关于社交媒体广告在塑造政治（宣传）活动方面的研究仍处于起步阶段（请参阅 Fowler, Franz, and Ridout, "Online Political Advertising in the United States"）。关于该主题的首批研究之一发现，此类广告对初选影响很小，但对大选没有影响（请参阅 Shaw, Blunt, and Seaborn, "Testing Overall and Synergistic Campaign Effects in a Partisan Statewide Election"）。这表明相对于对选民的意见和行为施加直接影响，在线广告在提高对候选人或议题的认识方面可能更有效（请参阅 Berger, *The Catalyst*）。

42. 请参阅 Hersh and Schaffner, "Targeted Campaign Appeals and the Value of Ambiguity"; Bailey, Hopkins, and Rogers, "Unresponsive and Unpersuaded"; Vogel et al., "Who Compares and Despairs?"。

43. 请参阅Gordon et al., "A Comparison of Approaches to Advertising Measurement"。

44. 请参阅Eady et al., "How Many People Live in Political Bubbles on Social Media?"。

45. 对谷歌新闻的一个类似研究没有发现个性化搜索会将人们困在过滤泡中的证据（请参阅Haim, Graefe, and Brosius, "Burst of the Filter Bubble?"）。

46. 请参阅Flaxman, Goel, and Rao, "Filter Bubbles, Echo Chambers, and Online News Consumption"。也请参阅Guess, "(Almost) Everything in Moderation"。之前的研究也发现，回声室效应在具有强党派偏见的人中间影响力最大（请参阅Levendusky, "Why do Partisan Media Polarize Viewers?"）。

47. 请参阅Salganik et al., "Measuring the Predictability of Life Outcomes with a Scientific Mass Collaboration"。

48. 一项早期的研究试图使用机器学习的最新进展来预测推特消息的病毒式传播，得出的结果也同样不尽如人意（请参阅Martin et al., "Exploring Limits to Prediction in Complex Social Systems"）。使用这些最先进的方法，学者们甚至无法解释推文分享次数的一半差异。有关社会科学中预测问题的更广泛讨论，请参阅Risi et al., "Predicting History"。还有一些人认为，将机器学习应用于社会科学问题会加剧与种族、性别和其他社会裂痕相关的社会不平等（请参阅Noble, *Algorithms of Oppression*; Obermeyer et al., "Dissecting Racial Bias in an Algorithm Used to Manage the Health of Populations"; Kleinberg et al., "Algorithmic Fairness"; and Athey, "Beyond Prediction: Using Big Data for Policy Problems"）。

49. 请参阅Smith, "Public Attitudes toward Technology Companies"。

50. 请参阅Smith, "Public Attitudes towards Computer Algorithms"。

第八章：驾驭社交媒体棱镜

1. 请参阅Prior, *Post-Broadcast Democracy*。

2. 请参阅DiMaggio, Evans, and Bryson, "Have American's Social Attitudes Become More Polarized?"。

3. 请参阅Robinson et al., "Actual versus Assumed Differences in Construal"。关于文化社会学和社会心理学之间的协同效应，请参阅DiMaggio, "Culture and Cognition"; Dimaggio and Markus, "Culture and Social

Psychology"。

4. 请参阅 Levendusky and Malhotra, "(Mis)perceptions of Partisan Polarization in the American Public"。

5. 请参阅 Enders and Armaly, "The Differential Effects of Actual and Perceived Polarization"。

6. 请参阅 Moore-Berg et al., "Exaggerated Meta-Perceptions Predict Inter-group Hostility between American Political Partisans"; Lees and Cikara, "Inaccurate Group Meta-Perceptions Drive Negative Out-Group Attributions in Competitive Contexts"。

7. 举例来说，请参阅 Schudson, "How Culture Works"; Gamson and Modigliani, "Media Discourse and Public Opinion on Nuclear Power"; Dimaggio et al., "The Role of Religious Actors and Religious Arguments in Public Conflicts over the Arts"; Snow, "Framing Processes, Ideology, and Discursive Fields"。关于近些年来民主党人和共和党人之间的感知鸿沟的更详细报道，请参阅 Yudkin, Hawkins, and Dixon, *The Perception Gap*。

8. 请参阅 Bail, *Terrified*。

9. 请参阅 Berry and Sobieraj, *The Outrage Industry*。

10. 请参阅 Levendusky and Malhotra, "Does Media Coverage of Partisan Polarization Affect Political Attitudes?"。

11. 请参阅 J. Yang et al., "Why Are 'Others' So Polarized?"。

12. 出处同上。也请参阅 Banks et al., "#PolarizedFeeds"。

13. 请参阅 McGregor, "Social Media as Public Opinion"。

14. 请参阅 Ahler and Sood, "The Parties in Our Heads"。

15. 在早期的一项研究中，社会心理学家表明，这些类型的严重误解也延伸到了道德判断领域。民主党人和共和党人都夸大了对方政党成员对同情、公平、忠诚和尊重等人类价值观持有不同信念的程度（请参阅 Graham, Nosek, and Haidt, "The Moral Stereotypes of Liberals and Conservatives"）。

16. 请参阅 Lees and Cikara, "Inaccurate Group Meta-Perceptions Drive Negative Out-Group Attributions in Competitive Contexts"。

17. 请参阅 Robinson et al., "Actual versus Assumed Differences in Construal"。

18. 请参阅 Bialik, "14% of Americans Have Changed Their Mind about an Issue Because of Something They Saw on Social Media"。

19. 请参阅 Van Boven, Judd, and Sherman, "Political Polarization Projection"。

20. 请参阅 Chang, Cheng, and Danescu-Niculescu-Mizil, "Don't Let Me Be Misunderstood"。

21. 请参阅 Sherif, "Social Categorization as a Function of Latitude of Acceptance and Series Range"。也请参阅 Berger, *The Catalyst*，该书描述了两个相关的概念：接受区间（zone of acceptance）和拒绝区间（zone of rejection）。

22. 请参阅 Sherif, "Social Categorization"。与接受维度的观念类似的一个较新的论证，请参阅 Levendusky, "When Efforts to Depolarize the Electorate Fail"。

23. 请参阅 Dorison, Minson, and Rogers, "Selective Exposure Partly Relies on Faulty Affective Forecasts"。同样，传播学者玛格达莱娜·沃伊切扎克和本杰明·R.瓦尔纳（Benjamin R. Warner）发现，美国共和党人和民主党人之间想象或间接的接触也可以减少两个群体成员对彼此的敌意（请参阅 Wojcieszak and Warner, "Can Interparty Contact Reduce Affective Polarization?"）。

24. 请参阅 Wolak, *Compromise in an Age of Party Polarization*。

25. 请参阅 Feinberg and Willer, "From Gulf to Bridge"。

26. 请参阅 Feinberg and Willer, "Moral Reframing"。

27. 请参阅 B. Lee and Bearman, "Political Isolation in America"; Parigi and Bergemann, "Strange Bedfellows"; McPherson, Smith-Lovin, and Brashears, "Social Isolation in America"。

28. 请参阅 Van Boven, Judd, and Sherman, "Political Polarization Projection"。

29. 请参阅 Dorison and Minson, "You Can't Handle the Truth!"。

30. 请参阅 Minson, "Just Listen"。研究者在网络环境中也观察到了这种现象（请参阅 Wojcieszak and Price, "Perceived versus Actual Disagreement"; Wojcieszak and Price, "Facts versus Perceptions"）。最后，美国东北大学的一组研究者使用有关大学生整个社会网络的纵向数据（编按：纵向研究会在一段时间内对同一对象进行多次观察，得到的数据即为纵向数据。亦参见本书第二章尾注28。）研究了政治对话是如何发生的，他们也发现，激发跨党派政治对话并不像以前研究表明的那么困难——并且可以通过偶然接触，而不仅仅是有目的的行动来实现（请参阅 Minozzi et al., "The Incidental Pundit"）。

31. 请参阅 Klar, Krupnikov, and Ryan, "Affective Polarization or Partisan Disdain?"。

32. 出处同上。

33. 请参阅 Bail, "Want to Bridge Divides?"。

34. 请参阅 Rainie, Keeter, and Perrin, *Trust and Distrust in America*, 67。

第九章：更好的社交媒体

1. 请参阅 Sewell, "Historical Events as Transformations of Structures"; Wagner-Pacifici, "Theorizing the Restlessness of Events"; Berezin, "Events as Templates of Possibility"; Bail, *Terrified*。

2. 请参阅 Walt, "The Case against Peace"; Skrentny, "The Effect of the Cold War on African-American Civil Rights"。

3. 请参阅 Safegraph, "U.S. Geographic Responses to Shelter in Place Orders"。 192

4. 请参阅 Bartik et al., "How Are Small Businesses Adjusting to COVID-19?"。

5. 请参阅 Safegraph, "Foot Traffic Patterns by State and Industry"。本段中使用的一些数据来自我对 Safegraph 数据的分析。

6. 请参阅 Koeze and Popper, "The Virus Changed the Way We Internet"。

7. 请参阅 Green et al., "Elusive Consensus"。

8. 请参阅 Van Green and Tyson, "5 Facts about Partisan Reactions to COVID-19 in the U.S"。

9. 请参阅 Vavreck, "COVID-19: Tracking American Responses"。

10. 请参阅 Baum, Ognyanova, and Lazer, "These Three Governors Are Reopening Their States Faster than Their Voters Want"。

11. 请参阅 More in Common, "COVID-19"。

12. 请参阅 Pew Research Center, "Republicans, Democrats Move Even Further Apart in Coronavirus Concern"。

13. 请参阅 Rivlin, "Wallflower at the Web Party"。

14. 请参阅 Arrington, "It's Official(ish)"。

15. 请参阅 Constine, "Instagram's Growth Speeds up as It Hits 700 Million Users"。

16. 请参阅 Shontell, "The Truth about Snapchat's Active Users"; D'Onfro, "Snapchat Now Has Nearly 100 Million Daily Active Users"。

17. 请参阅 Leskin, "Inside the Rise of TikTok"。

18. 请参阅 Perrin and Anderson, "Share of U.S. Adults Using Social Media, Including Facebook, Is Mostly Unchanged since 2018"。

19. 请参阅 Lazarsfeld, Berelson, and Gaudet, The People's Choice; Katz and Lazarsfeld, *Personal Influence*; Zaller, *The Nature and Origins of Mass Opinion*; Burt, "The Social Capital of Opinion Leaders"; Watts and Dodds,

"Influentials, networks, and public opinion formation"。

20. 最近对这种转变的评估表明，字符上限的扩大增加了推特上礼貌话语的数量（请参阅 Jaidka, Zhou, and Lelkes, "Brevity Is the Soul of Twitter"）。

21. 请参阅 Phillips, *This Is Why We Can't Have Nice Things*。

22. 请参阅 Safronova, "The Rise and Fall of Yik Yak, the Anonymous Messaging App"。

23. 请参阅 Papacharissi, "Democracy Online"。

24. 请参阅 Tan et al., "Winning Arguments"。

25. 对于这个实验更详细的描述，请参阅本书附录"模拟的社交媒体平台实验"部分。

26. 在本次研究之后，调查公司告诉了所有受访者本次研究的真正目的。

27. 更令人振奋的是，另一项对匿名对话的研究得出了非常相似的发现。政治学家埃琳·罗西特（Erin Rossiter）从亚马逊土耳其机器人的网站招募了共和党人和民主党人，让他们在她创建的网站上就枪支管制议题展开对话。和我们一样，她发现简短的对话可以显著减少党派间的敌意。有趣的是，她的研究还考察了匿名对话的去政治极化效应是否对非政治对话更强。令人惊讶的是，她发现跨党派对话会显著降低敌意，无论受访者是否被提示讨论政治话题（请参阅 Rossiter, "The Consequences of Interparty Conversation on Outparty Affect and Stereotypes"）。最近的一项研究进一步证明了匿名性的去政治极化效应，该研究要求共和党人和民主党人参加一个线上游戏，在这个游戏中，他们要猜测一个关于气候变化的复杂问题的答案。当这个游戏的玩家彼此匿名时，他们往往会作出更准确的预测——这种现象通常被称为"群体智慧"（wisdom of crowds）。当研究人员为玩游戏的人标记上各自的政治背景时，他们发现人们给出的答案没有之前准确了（请参阅 Guilbeault, Becker, and Centola, "Social Learning and Partisan Bias in the Interpretation of Climate Trends"）。

28. 请参阅 Zuckerberg, "Bringing the World Closer Together"。

29. 请参阅 Carlson, "The Real History of Twitter"。

30. 请参阅 Garber, "Instagram Was First Called 'Burbn'"。

31. 先前的研究表明，线上平台和讨论组建立的规范对使用它们的人的行为有重大影响。例如，一组计算社会科学家进行了一项实验，要求人们就有关政治的新闻文章发表评论。在该研究的一个实验组中，被试会在文章下方看到一条包含不礼貌内容的评论。在这个实验组中的被试比那些没有看到极端评论的人更有可能做出不礼貌的行为（请参阅 Cheng et al., "Anyone Can Become a Troll"）。相反，心理学家 J. 纳森·马西亚斯（J. Nathan Matias）进行了一项对科学进行线上讨论的大规模实验，被试被随机分配到一个实验组中，实验人员在该实验条件下向他们展示有关社区规则的公告。在这个实验组中的被试不仅比那些没有看到公告的人更经常地遵守这些社区规则，而且一般而言也更有可能参与讨论（请参阅 Matias, "Preventing Harassment and Increasing Group Participation through Social Norms in 2190 Online Science Discussions"）。

32. 有关透明度在调节和监管社交媒体政治广告方面的重要性的详细讨论，请参阅 Kreiss and Mcgregor, "The 'Arbiters of What Our Voters See'"。

33. 请参阅 Barabas, Narula, and Zuckerman, "Decentralized Social Networks Sound Great"。 194

34. 请参阅 Zuckerman, "The Case for Digital Public Infrastructure"。

附录：研究方法

1. 请参阅 Barberá, "Birds of the Same Feather Tweet Together"。

2. 关于我们网络机器人转发内容的进一步信息，请参阅 Bail, Argyle, et al., "Exposure to Opposing Views on Social Media Can Increase Political Polarization"。

3. 请参阅 Salganik, *Bit by Bit*。

4. 请参阅 Lazer et al., "The Parable of Google Flu"。

5. 请参阅 Gupta et al., "WTF"。

6. 出处同上。

7. 请参阅 Montgomery, Nyhan, and Torres, "How Conditioning on Post-treatment Variables Can Ruin Your Experiment and What to Do about It"。

8. 关于我们如何分析减员偏差的更多信息，请参阅 Bail, Argyle, et al., "Exposure to Opposing Views on Social Media Can Increase Political Polarization"。

9. 出处同上。

10. 请参阅 Tavory and Timmermans, *Abductive Analysis*; Deterding and Waters, "Flexible Coding of In-Depth Interviews"。

11. 请参阅 Jerolmack and Khan, "Talk Is Cheap"; Vaisey, "Motivation and Justification" and "Is Interviewing Compatible with the Dual-Process Model of Culture?"。

参考文献

Abramowitz, Alan I., and Kyle L. Saunders. "Is Polarization a Myth?" *Journal of Politics* 70, no. 2 (April 1, 2008): 542–55. https://doi.org/10.1017/S0022381608080493.

Abrams, Samuel J., and Morris P. Fiorina. "'The Big Sort' That Wasn't: A Skeptical Reexamination." *PS: Political Science and Politics* 45, no. 2 (April 2012): 203–10. https://doi.org/10.1017/S1049096512000017.

Achen, Christopher, and Larry Bartels. *Democracy for Realists: Why Elections Do Not Produce Responsive Government*. Princeton, NJ: Princeton University Press, 2017.

Ahler, Douglas J., and Gaurav Sood. "The Parties in Our Heads: Misperceptions about Party Composition and Their Consequences." *Journal of Politics* 80, no. 3 (April 27, 2018): 964–81. https://doi.org/10.1086/697253.

Alfano, Mark, Amir Ebrahimi Fard, J. Adam Carter, Peter Clutton, and Colin Klein. "Technologically Scaffolded Atypical Cognition: The Case of YouTube's Recommender System." *Synthese*, June 9, 2020. https://doi.org/10.1007/s11229-020-02724-x.

Allcott, Hunt, Luca Braghieri, Sarah Eichmeyer, and Matthew Gentzkow. "The Welfare Effects of Social Media." *American Economic Review* 110, no. 3 (March 2020): 629–76. https://doi.org/10.1257/aer.20190658.

Allcott, Hunt, and Matthew Gentzkow. "Social Media and Fake News in the 2016 Election." *Journal of Economic Perspectives* 31, no. 2 (2017): 211–36. https://www.aeaweb.org/articles?id=10.1257/jep.31.2.211.

Allen, Jennifer, Baird Howland, Markus Mobius, David Rothschild, and Duncan J. Watts. "Evaluating the fake news problem at the scale of the information ecosystem." *Science Advances*, 6, no. 14 (2020): 1–6. https://advances.sciencemag.org/content/6/14/eaay3539.

Allport, Gordon Willard. *The Nature of Prejudice*. Cambridge, MA: Addison-Wesley, 1954.

Almond, Gabriel, and Sydney Verba. "Civic Culture Study, 1959–1960" [data set]. ICPSR07201-v2. Inter-University Consortium for Political and Social Research, 1960. https://www.icpsr.umich.edu/web/ICPSR/studies /7201/versions/V2/variables.

American National Election Study. "2016 Time Series Study" [data set]. Ann Arbor: University of Michigan, 2016.

————. "2018 Pilot Study" [data set]. Ann Arbor: University of Michigan, 2018.

Anderson, Monica, and Jingjing Jiang. "Teens, Social Media & Technology 2018." Pew Research Center, May 31, 2018. https://www.pewresearch.org/internet/2018/05/31/teens-social-media-technology -2018/.

Anderson, Monica, and Dennis Quinn. "46% of U.S. Social Media Users Say They Are 'Worn Out' by Political Posts and Discussions." *Fact Tank* (blog). Pew Research Center, August 8, 2019. https://www.pewresearch .org/fact-tank/2019/08/08/46-of-u-s-social-media-users-say-they-are -worn-out-by-political-posts-and-discussions/.

Aral, Sinan. *The Hype Machine: How Social Media Disrupts Our Elections, Our Economy, and Our Health—and How We Must Adapt.* New York: Currency, 2020.

Aral, Sinan, and Dean Eckles. "Protecting Elections from Social Media Manipulation." *Science* 365, no. 6456 (August 30, 2019): 858–61. https:// doi.org/10.1126/science.aaw8243.

Arceneaux, Kevin, and Martin Johnson. *Changing Minds or Changing Channels? Partisan News in an Age of Choice.* Chicago: University of Chicago Press, 2013.

Archibong, Ime. "An Update on Our App Investigation." Facebook.com (newsroom blog), August 22, 2018. https://about.fb.com/news/2018/08 /update-on-app-investigation/.

Arrington, Michael. "It's Official(ish): MySpace Is Biggest Site on Internet." *TechCrunch*, December 12, 2006. https://techcrunch.com/2006/12/12 /its-officialish-myspace-is-biggest-site-on-internet/.

Athey, Susan. "Beyond Prediction: Using Big Data for Policy Problems." *Science* 355, no. 6324: 483–85. https://science.sciencemag.org/content/355 /6324/483.

Bail, Christopher. "The Cultural Environment: Measuring Culture with Big Data." *Theory and Society* 43, nos. 3–4 (2014): 465–82. http://dx.doi.org /10.1007/s11186-014-9216-5.

————. *Terrified: How Anti-Muslim Fringe Organizations Became Mainstream.* Princeton, NJ: Princeton University Press, 2015.

————. "Want to Bridge Divides? Clean Your Twitter House First." CNN, November 22, 2019. https://www.cnn.com/2019/11/22/opinions/twitter -political-divide-bridge-bail/index.html.

Bail, Christopher, Lisa P. Argyle, Taylor W. Brown, John P. Bumpus, Hao-han Chen, M. B. Fallin Hunzaker, Jaemin Lee, Marcus Mann, Friedolin Merhout, and Alexander Volfovsky. "Exposure to Opposing Views on Social Media Can Increase Political Polarization." *Proceedings of the National Academy of Sciences of the United States of America* 115, no. 37 (September 11, 2018): 9216–21. https://doi.org/10.1073/pnas.1804840115.

Bail, Christopher, Brian Guay, Emily Maloney, Aidan Combs, D. Sunshine Hillygus, Friedolin Merhout, Deen Freelon, and Alexander Volfovsky. "Assessing the Russian Internet Research Agency's Impact on the Political Attitudes and Behaviors of American Twitter Users in Late 2017." *Proceedings of the National Academy of Sciences of the United States of America* 117, no. 1 (January 7, 2020): 243–50. https://doi.org/10.1073/pnas.1906420116.

Bail, Christopher, Friedolin Merhout, and Peng Ding. "Using Internet Search Data to Examine the Relationship between Anti-Muslim and pro-ISIS Sentiment in U.S. Counties." *Science Advances* 4, no. 6 (June 1, 2018): eaao5948. https://doi.org/10.1126/sciadv.aao5948.

Bailey, Michael A., Daniel J. Hopkins, and Todd Rogers. "Unresponsive and Unpersuaded: The Unintended Consequences of a Voter Persuasion Effort." *Political Behavior* 38, no. 3 (September 1, 2016): 713–46. https://doi.org/10.1007/s11109-016-9338-8.

Bakshy, Eytan, Solomon Messing, and Lada A. Adamic. "Exposure to Ideologically Diverse News and Opinion on Facebook." *Science* 348, no. 6239 (June 5, 2015): 1130–32. https://doi.org/10.1126/science.aaa1160.

Baldassarri, Delia, and Andrew Gelman. "Partisans without Constraint: Political Polarization and Trends in American Public Opinion." *American Journal of Sociology* 114, no. 2 (January 28, 2008): 408–46. https://doi.org/10.2139/ssrn.1010098.

Banks, Antoine, Ernesto Calvo, David Karol, and Shibley Telhami. "#PolarizedFeeds: Three Experiments on Polarization, Framing, and Social Media." *International Journal of Press/Politics*, July 23, 2020, 1940161220940964. https://doi.org/10.1177/1940161220940964.

Barabas, Chelsea, Neha Narula, and Ethan Zuckerman. "Decentralized Social Networks Sound Great. Too Bad They'll Never Work." *Wired*, September 8, 2017. https://www.wired.com/story/decentralized-social-networks-sound-great-too-bad-theyll-never-work/.

Barberá, Pablo. "Birds of the Same Feather Tweet Together: Bayesian Ideal Point Estimation Using Twitter Data." *Political Analysis* 23, no. 1 (January 1, 2015): 76–91. https://doi.org/10.1093/pan/mpu011.

———. "Social Media, Echo Chambers, and Political Polarization." In *Social Media and Democracy: The State of the Field, Prospects for Reform*, edited by Nathaniel Persily and Joshua A. Tucker, 34–54. Cambridge: Cambridge University Press, 2020.

Barberá, Pablo, and Gonzalo Rivero. "Understanding the Political Representativeness of Twitter Users." *Social Science Computer Review* 33, no. 6 (December 1, 2015): 712–29. https://doi.org/10.1177/0894439314558836.

Barnidge, Matthew. "Exposure to Political Disagreement in Social Media versus Face-to-Face and Anonymous Online Settings." *Political Communication* 34, no. 2 (April 3, 2017): 302–21. https://doi.org/10.1080/10584609.2016.1235639.

Barth, Frederick. *Ethnic Groups and Boundaries: The Social Organization of Cultural Difference.* Boston: Little, Brown, 1969.

Bartik, Alexander W., Marianne Bertrand, Zoë B. Cullen, Edward L. Glaeser, Michael Luca, and Christopher T. Stanton. "How Are Small Businesses Adjusting to COVID-19? Early Evidence from a Survey." NBER Working Paper 26989, National Bureau of Economic Research, Cambridge, MA, April 2020. https://doi.org/10.3386/w26989.

Baum, Matthew, Katherine Ognyanova, and David Lazer. "These Three Governors Are Reopening Their States Faster than Their Voters Want." *Monkey Cage* (blog). *Washington Post*, April 29, 2020. https://www.washingtonpost.com/politics/2020/04/29/these-three-governors-are-reopening-their-states-faster-than-their-voters-want/.

Baumeister, Roy F., and Mark R. Leary. "The Need to Belong: Desire for Interpersonal Attachments as a Fundamental Human Motivation." *Psychological Bulletin* 117, no. 3 (1995): 497–529.

Bazarova, Natalya (Natalie), Yoon Choi, Victoria Schwanda Sosik, Dan Cosley, and Janis Whitlock. "Social Sharing of Emotions on Facebook." In *Proceedings of the 18th ACM Conference on Computer Supported Cooperative Work and Social Computing*, 154–64. New York: Association for Computing Machinery, 2015. https://doi.org/10.1145/2675133.2675297.

Bennett, W. Lance, and Shanto Iyengar. "A New Era of Minimal Effects? The Changing Foundations of Political Communication." *Journal of Communication* 58, no. 4 (December 1, 2008): 707–31. https://doi.org/10.1111/j.1460-2466.2008.00410.x.

Berezin, Mabel. "Events as Templates of Possibility: An Analytic Typology of Political Facts." In *The Oxford Handbook of Cultural Sociology*, edited by Jeffrey C. Alexander, Ronald N. Jacobs, and Philip Smith, 613–35. New York: Oxford University Press, 2012.

Berger, Jonah. *The Catalyst: How to Change Anyone's Mind.* New York: Simon and Schuster, 2020.

Berinsky, Adam J. "Rumors and Health Care Reform: Experiments in Political Misinformation." *British Journal of Political Science* 47, no. 2 (April 2017): 241–62. https://doi.org/10.1017/S0007123415000186.

Berry, Jeffrey M., and Sarah Sobieraj. *The Outrage Industry: Political Opinion Media and the New Incivility.* Oxford: Oxford University Press, 2013.

Bialik, Kristen. "14% of Americans Have Changed Their Mind about an Issue Because of Something They Saw on Social Media." *Fact Tank* (blog). Pew Research Center, August 15, 2018. https://www.pewresearch.org/fact-tank/2018/08/15/14-of-americans-have-changed-their-mind-about-an-issue-because-of-something-they-saw-on-social-media/.

Bishop, Bill. *The Big Sort: Why the Clustering of Like-Minded America Is Tearing Us Apart*. Boston: Mariner Books, 2009.

Blumer, Herbert. "Race Prejudice as a Sense of Group Position." *Pacific Sociological Review* 1, no. 1 (Spring 1958): 3–7. https://doi.org/10.2307/1388607.

Bobo, Lawrence, and Cybelle Fox. "Race, Racism, and Discrimination: Bridging Problems, Methods, and Theory in Social Psychological Research." *Social Psychology Quarterly* 66, no. 4 (December 2003): 319–32. https://psycnet.apa.org/doi/10.2307/1519832.

Bond, Robert M., Christopher J. Fariss, Jason J. Jones, Adam D. I. Kramer, Cameron Marlow, Jaime E. Settle, and James H. Fowler. "A 61-Million-Person Experiment in Social Influence and Political Mobilization." *Nature* 489, no. 7415 (September 13, 2012): 295–98. https://doi.org/10.1038/nature11421.

Bosker, Bianca. "The Binge Breaker." *The Atlantic*, November 2016. https://www.theatlantic.com/magazine/archive/2016/11/the-binge-breaker/501122/.

Bourdieu, Pierre. "Public Opinion Does Not Exist." In *Communication and Class Struggle*, vol. 1: *Capitalism, Imperialism*, edited by Armand Mattelart and Seth Siegelaub, 124–30. New York: International General, 1979.

Boxell, Levi, Matthew Gentzkow, and Jesse M. Shapiro. "Cross-Country Trends in Affective Polarization." NBER Working Paper 26669, National Bureau of Economic Research, Cambridge, MA, April 2020. https://www.nber.org/papers/w26669.

boyd, danah, and Kate Crawford. "Critical Questions for Big Data: Provocations for a Cultural, Technological, and Scholarly Phenomenon." *Information, Communication and Society* 15, no. 5 (2012): 662–79. https://doi.org/10.1080/1369118X.2012.678878.

boyd, danah, and Eszter Hargittai. "Facebook Privacy Settings: Who Cares?" *First Monday* 15, no. 8 (July 27, 2010). https://firstmonday.org/article/view/3086/2589.

Brady, William J., Julian A. Wills, John T. Jost, Joshua A. Tucker, and Jay J. Van Bavel. "Emotion Shapes the Diffusion of Moralized Content in Social Networks." *Proceedings of the National Academy of Sciences of the United States of America* 114, no. 28 (July 11, 2017): 7313–18. https://doi.org/10.1073/pnas.1618923114.

Broockman, David E. "Approaches to Studying Policy Representation." *Legislative Studies Quarterly* 41, no. 1 (2016): 181–215. https://doi.org/10.1111/lsq.12110.

Broockman, David, and Joshua Kalla. "Durably Reducing Transphobia: A Field Experiment on Door-to-Door Canvassing." *Science* 352, no. 6282 (2016): 220–24.

Brown, Donald. *Human Universals*. New York: McGraw-Hill, 1991.

Burke, Moira, Justin Cheng, and Bethany de Gant. "Social Comparison and Facebook: Feedback, Positivity, and Opportunities for Comparison." In *CHI '20: Proceedings of the 2020 CHI Conference on Human Factors in Computing Systems*, 1–13. New York: Association for Computing Machinery, 2020. https://doi.org/10.1145/3313831.3376482.

Burt, Ronald S. "The Social Capital of Opinion Leaders." *ANNALS of the American Academy of Political and Social Science* 566, no. 1 (November 1, 1999): 37–54. https://doi.org/10.1177/000271629956600104.

Cameron, A. M., A. B. Massie, C. E. Alexander, B. Stewart, R. A. Montgomery, N. R. Benavides, G. D. Fleming, and D. L. Segev. "Social Media and Organ Donor Registration: The Facebook Effect." *American Journal of Transplantation* 13, no. 8 (August 1, 2013): 2059–65.

Campbell, James E. *Polarized: Making Sense of a Divided America*. Princeton, NJ: Princeton University Press, 2016.

Carlson, Nicholas. "The Real History of Twitter." *Businessinsider.com*, April 13, 2011. https://www.businessinsider.com/how-twitter-was-founded-2011-4.

Casselman, Ben, and Jim Tankersley. "Face It: You (Probably) Got a Tax Cut." *New York Times*, November 19, 2019. https://www.nytimes.com/2019/04/14/business/economy/income-tax-cut.html.

Chang, Jonathan P., Justin Cheng, and Cristian Danescu-Niculescu-Mizil. "Don't Let Me Be Misunderstood: Comparing Intentions and Perceptions in Online Discussions." In *WWW '20: Proceedings of The Web Conference 2020*, 2066–77. New York: Association for Computing Machinery, 2020. https://doi.org/10.1145/3366423.3380273.

Chen, M. Keith, and Ryne Rohla. "The Effect of Partisanship and Political Advertising on Close Family Ties." *Science* 360, no. 6392 (June 1, 2018): 1020–24. https://doi.org/10.1126/science.aaq1433.

Cheng, Justin, Michael Bernstein, Cristian Danescu-Niculescu-Mizil, and Jure Leskovec. "Anyone Can Become a Troll: Causes of Trolling Behavior in Online Discussions." In *CSCW '17: Proceedings of the 2017 ACM Conference on Computer Supported Cooperative Work and Social Computing*, 1217–30. New York: Association for Computing Machinery, 2017. https://doi.org/10.1145/2998181.2998213.

Christakis, Nicholas A. *Blueprint: The Evolutionary Origins of a Good Society*. New York: Little, Brown Spark, 2019.

Cikara, Mina, and Jay Van Bavel. "The Neuroscience of Intergroup Relations: An Integrative Review." *Perspectives on Psychological Science* 9, no. 3 (2014): 245–74. https://doi.org/10.1177/1745691614527464.

Cohen, Geoffrey L. "Party over Policy: The Dominating Impact of Group Influence on Political Beliefs." *Journal of Personality and Social Psychology* 85, no. 5 (2003): 808–22. https://doi.org/10.1037/0022-3514.85.5.808.

Constine, Josh. "Instagram's Growth Speeds up as It Hits 700 Million Users." *TechCrunch*, April 26, 2017. https://techcrunch.com/2017/04/26 /instagram-700-million-users/.

Converse, Philip E. "The Nature of Belief Systems in Mass Publics (1964)." *Critical Review* 18, nos. 1–3 (2006): 1–74. https://doi.org/10.1080 /08913810608443650.

Cooley, Charles Horton. *Human Nature and the Social Order.* New York: Charles Scribner's Sons, 1902.

Daniels, Jessie. *Cyber Racism: White Supremacy Online and the New Attack on Civil Rights.* Lanham, MD: Rowman and Littlefield, 2009.

DellaPosta, Daniel, Yongren Shi, and Michael Macy. "Why Do Liberals Drink Lattes?" *American Journal of Sociology* 120, no. 5 (March 1, 2015): 1473–511. https://doi.org/10.1086/681254.

Del Vicario, Michela, Alessandro Bessi, Fabiana Zollo, Fabio Petroni, Antonio Scala, Guido Caldarelli, H. Eugene Stanley, and Walter Quattrociocchi. "The Spreading of Misinformation Online." *Proceedings of the National Academy of Sciences of the United States of America* 113, no. 3 (January 19, 2016): 554–59. https://doi.org/10.1073/pnas.1517441113.

Deterding, Nicole M., and Mary C. Waters. "Flexible Coding of In-Depth Interviews: A Twenty-First-Century Approach." *Sociological Methods and Research*, October 1, 2018, 0049124118799377. https://doi.org/10.1177 /0049124118799377.

Diehl, Michael. "The Minimal Group Paradigm: Theoretical Explanations and Empirical Findings." *European Review of Social Psychology* 1, no. 1 (1990): 263–92. https://doi.org/10.1080/14792779108401864.

DiMaggio, Paul. "Culture and Cognition." *Annual Review of Sociology* 23 (1997): 263–87. https://doi.org/10.1146/annurev.soc.23.1.263.

Dimaggio, Paul, Wendy Cadge, Lynn Robinson, and Brian Steensland. "The Role of Religious Actors and Religious Arguments in Public Conflicts over the Arts: A Case Study of the Philadelphia Area, 1965–1997." Working paper, Princeton University Woodrow Wilson School of Public and International Affairs, Center for Arts and Cultural Policy Studies.

DiMaggio, Paul, John Evans, and Bethany Bryson. "Have American's Social Attitudes Become More Polarized?" *American Journal of Sociology* 102, no. 3 (1996): 690–755. https://doi.org/10.1086/230995.

DiMaggio, Paul, Eszter Hargittai, W. Russell Neuman, and John P. Robinson. "Social Implications of the Internet." *Annual Review of Sociology* 27 (January 1, 2001): 307–36. https://doi.org/10.1146/annurev.soc .27.1.307.

Dimaggio, Paul, and Hazel Rose Markus. "Culture and Social Psychology: Converging Perspectives." *Social Psychology Quarterly* 73, no. 4 (December 1, 2010): 347–52. https://doi.org/10.1177/0190272510389010.

D'Onfro, Jillian. "Snapchat Now Has Nearly 100 Million Daily Active Users." *Businessinsider.com*, May 26, 2015. https://www.businessinsider.com/snapchat-daily-active-users-2015-5.

Dorison, Charles A., and Julia Minson. "You Can't Handle the Truth! Errors in Affective Perspective-Taking during Disagreement." Working paper, Harvard Kennedy School, Cambridge, MA, accessed August 30, 2020. http://www.charlesdorison.com/uploads/1/2/4/4/124452321/dorisonminson.2019.pdf.

Dorison, Charles A., Julia A. Minson, and Todd Rogers. "Selective Exposure Partly Relies on Faulty Affective Forecasts." *Cognition* 188 (July 1, 2019): 98–107. https://doi.org/10.1016/j.cognition.2019.02.010.

Douglas, Mary. *Purity and Danger: An Analysis of Concepts of Pollution and Taboo*. New York: Praeger, 1966.

Dow, Malcolm M., Michael L. Burton, Douglas R. White, and Karl P. Reitz. "Galton's Problem as Network Autocorrelation." *American Ethnologist* 11, no. 4 (1984): 754–70. https://doi.org/10.1525/ae.1984.11.4.02a00080.

Duggan, Maeve. "Online Harassment 2017." Pew Research Center, July 11, 2017. https://www.pewresearch.org/internet/2017/07/11/online-harassment-2017/.

Duggan, Maeve, and Aaron Smith. "Political Content on Social Media." Pew Research Center, October 25, 2016. https://www.pewresearch.org/internet/2016/10/25/political-content-on-social-media/.

Eady, Gregory, Jonathan Nagler, Andy Guess, Jan Zalinsky, and Joshua A. Tucker. "How Many People Live in Political Bubbles on Social Media? Evidence from Linked Survey and Twitter Data." *SAGE Open*, 2019, 1–21. https://doi.org/10.1177%2F2158244019832705.

Eckles, Dean, Brett R. Gordon, and Garrett A. Johnson. "Field Studies of Psychologically Targeted Ads Face Threats to Internal Validity." *Proceedings of the National Academy of Sciences of the United States of America* 115, no. 23 (June 5, 2018): E5254–55. https://doi.org/10.1073/pnas.1805363115.

Edelmann, Achim, Tom Wolff, Danielle Montagne, and Christopher A. Bail. "Computational Social Science and Sociology." *Annual Review of Sociology* 46 (2020): 61–81. https://doi.org/10.1146/annurev-soc-121919-054621.

Elias, Norbert. *The Civilizing Process: Sociogenetic and Psychogenetic Investigations*. Rev. ed. Oxford: Blackwell Publishers, 1969.

Elias, Norbert, and John L Scotson. *The Established and the Outsiders: A Sociological Enquiry into Community Problems*. 2nd ed. London: Sage, 1994.

Eliasoph, Nina. *Avoiding Politics: How Americans Produce Apathy in Everyday Life*. Cambridge: Cambridge University Press, 1998.

Enders, Adam M., and Miles T. Armaly. "The Differential Effects of Actual and Perceived Polarization." *Political Behavior* 41, no. 3 (September 1, 2019): 815–39. https://doi.org/10.1007/s11109-018-9476-2.

Enos, Ryan. "Causal Effect of Intergroup Contact on Exclusionary Attitudes." *Proceedings of the National Academy of Sciences of the United States of America* 111, no. 10 (2014): 3699–3704. https://doi.org/10.1073/pnas.1317670111.

ESPN Internet Ventures. "2016 Election Forecast." fivethirtyeight.com, accessed September 2020. https://projects.fivethirtyeight.com/2016-election-forecast/.

Eyal, Nir. *Hooked: How to Build Habit-Forming Products.* Edited by Ryan Hoover. New York: Portfolio, 2014.

———. *Indistractable: How to Control Your Attention and Choose Your Life.* Dallas, TX: BenBella Books, 2019.

Farrell, Justin. *Billionaire Wilderness: The Ultra-Wealthy and the Remaking of the American West.* Princeton, NJ: Princeton University Press, 2020.

Feinberg, Matthew, and Robb Willer. "From Gulf to Bridge: When Do Moral Arguments Facilitate Political Influence?" *Personality and Social Psychology Bulletin* 41, no. 12 (December 1, 2015): 1665–81. https://doi.org/10.1177/0146167215607842.

———. "Moral Reframing: A Technique for Effective and Persuasive Communication across Political Divides." *Social and Personality Psychology Compass* 13, no. 12 (December 2019): 2. https://doi.org/10.1111/spc3.12501.

Festinger, Leon. "A Theory of Social Comparison Processes:" *Human Relations* 7, no. 2 (May 1, 1954): 117–40. https://doi.org/10.1177/001872675400700202.

Festinger, Leon, Henry Riecken, and Stanley Schachter. *When Prophecy Fails.* Eastford, CT: Martino Fine Books, 2009.

Fiorina, Morris P., and Samuel J. Abrams. "Political Polarization in the American Public." *Annual Review of Political Science* 11, no. 1 (2008): 563–88. https://doi.org/10.1146/annurev.polisci.11.053106.153836.

Fishkin, James S., and Robert C. Luskin. "Experimenting with a Democratic Ideal: Deliberative Polling and Public Opinion." *Acta Politica* 40, no. 3 (2005): 284–98. https://doi.org/10.1057/palgrave.ap.5500121.

Flaxman, Seth, Sharad Goel, and Justin M. Rao. "Filter Bubbles, Echo Chambers, and Online News Consumption." *Public Opinion Quarterly* 80, no. S1 (January 1, 2016): 298–320. https://doi.org/10.1093/poq/nfw006.

Fowler, Erika Franklin, Michael M. Franz, and Travis N. Ridout. "Online Political Advertising in the United States." In *Social Media and Democracy: The State of the Field, Prospects for Reform,* edited by Nathaniel Persily and Joshua A. Tucker, 111–38. Cambridge: Cambridge University Press, 2020.

Freelon, Deen. "On the Interpretation of Digital Trace Data in Communication and Social Computing Research." *Journal of Broadcasting and Electronic Media* 58, no. 1 (January 2, 2014): 59–75. https://doi.org/10.1080/08838151.2013.875018.

Friedkin, Noah E., and Eugene C. Johnsen. *Social Influence Network Theory: A Sociological Examination of Small Group Dynamics.* New York: Cambridge University Press, 2014.

Gamson, William, and Andre Modigliani. "Media Discourse and Public Opinion on Nuclear Power: A Constructionist Approach." *American Journal of Sociology* 95, no. 1 (1989): 1–37. https://doi.org/10.1086/229213.

Garber, Megan. "Instagram Was First Called 'Burbn.'" *The Atlantic*, July 2, 2014. https://www.theatlantic.com/technology/archive/2014/07/instagram-used-to-be-called-brbn/373815/.

Gerber, Alan S., and Donald P. Green. *Field Experiments: Design, Analysis, and Interpretation.* New York: W. W. Norton, 2012.

Gift, Karen, and Thomas Gift. "Does Politics Influence Hiring? Evidence from a Randomized Experiment." *Political Behavior* 37, no. 3 (September 1, 2015): 653–75. https://doi.org/10.1007/s11109-014-9286-0.

Goel, Sharad, Winter Mason, and Duncan J. Watts. "Real and Perceived Attitude Agreement in Social Networks." *Journal of Personality and Social Psychology* 99, no. 4 (2010): 611–21. https://psycnet.apa.org/doiLanding?doi=10.1037%2Fa0020697.

Goffman, Erving. *The Presentation of Self in Everyday Life.* New York: Doubleday and Company, 1959.

———. *Stigma: Notes on the Management of Spoiled Identity.* New York: Touchstone, 1963.

Golder, Scott, and Michael Macy. "Digital Footprints: Opportunities and Challenges for Social Research." *Annual Review of Sociology* 40 (2014). https://doi.org/10.1146/annurev-soc-071913-043145.

Goodman, Dena. *The Republic of Letters: A Cultural History of the French Enlightenment.* Ithaca, NY: Cornell University Press, 1996.

Gordon, Brett R., Florian Zettelmeyer, Neha Bhargava, and Dan Chapsky. "A Comparison of Approaches to Advertising Measurement: Evidence from Big Field Experiments at Facebook." *Marketing Science* 38, no. 2 (2019): 193–364.

Graham, Jesse, Brian A. Nosek, and Jonathan Haidt. "The Moral Stereotypes of Liberals and Conservatives: Exaggeration of Differences across the Political Spectrum." *PLOS One* (2012). https://doi.org/10.1371/journal.pone.0050092.

Green, Jon, Jared Edgerton, Daniel Naftel, Kelsey Shoub, and Skyler J. Cranmer. "Elusive Consensus: Polarization in Elite Communication on the COVID-19 Pandemic." *Science Advances* 6, no. 28 (July 1, 2020): eabc2717. https://doi.org/10.1126/sciadv.abc2717.

Greene, Steven. "Understanding Party Identification: A Social Identity Approach." *Political Psychology* 20, no. 2 (1999): 393–403. https://doi.org/10.1111/0162-895X.00150.

Grinberg, Nir, Kenneth Joseph, Lisa Friedland, Briony Swire-Thompson, and David Lazer. "Fake News on Twitter during the 2016 U.S. Presidential Election." *Science* 363, no. 6425 (January 25, 2019): 374–78. https://doi.org/10.1126/science.aau2706.

Gross, Steven Jay, and C. Michael Niman. "Attitude-Behavior Consistency: A Review." *Public Opinion Quarterly* 39, no. 3 (January 1, 1975): 358–68. https://doi.org/10.1086/268234.

Guess, Andrew. "(Almost) Everything in Moderation: New Evidence on Americans' Online Media Diets." *American Journal of Political Science* 64, no. 4 (2020; forthcoming).

Guess, Andrew, and Alexander Coppock. "Does Counter-Attitudinal Information Cause Backlash? Results from Three Large Survey Experiments." *British Journal of Political Science* 50, no. 4 (2018): 1497–1515. https://doi.org/10.1017/S0007123418000327.

Guess, Andrew, and Benjamin A. Lyons. "Misinformation, Disinformation, and Online Propaganda." In *Social Media and Democracy: The State of the Field, Prospects for Reform*, edited by Nathaniel Persily and Joshua A. Tucker, 10–33. Cambridge: Cambridge University Press, 2020.

Guess, Andrew, Benjamin Lyons, Brendan Nyhan, and Jason Reifler. *Avoiding the Echo Chamber about Echo Chambers: Why Selective Exposure to Like-Minded Political News Is Less Prevalent Than You Think*. The Knight Foundation, 2018. https://kf-site-production.s3.amazonaws.com/media_elements/files/000/000/133/original/Topos_KF_White-Paper_Nyhan_V1.pdf.

Guess, Andrew, Jonathan Nagler, and Joshua Tucker. "Less than You Think: Prevalence and Predictors of Fake News Dissemination on Facebook." *Science Advances* 5, no. 1 (January 1, 2019): eaau4586. https://doi.org/10.1126/sciadv.aau4586.

Guilbeault, Douglas, Joshua Becker, and Damon Centola. "Social Learning and Partisan Bias in the Interpretation of Climate Trends." *Proceedings of the National Academy of Sciences of the United States of America* 115, no. 39 (2018): 9714–19. https://www.pnas.org/content/115/39/9714.

Gupta, Pankaj, Ashish Goel, Jimmy Lin, Aneesh Sharma, Dong Wang, and Reza Zadeh. "WTF: The Who to Follow Service at Twitter." In *Proceedings of the 22nd International Conference on World Wide Web*, edited by Daniel Scwabe, Virgilio Almeida, and Hartmut Glaser, 505–14. New York: Association for Computing Machinery, 2013. https://doi.org/10.1145/2488388.2488433.

Gutmann, Amy. *Identity in Democracy*. Princeton, NJ: Princeton University Press, 2003.

Habermas, Jürgen. *The Structural Transformation of the Public Sphere: An Inquiry into a Category of Bourgeois Society.* 6th ed. Translated by Thomas Burger. Cambridge, MA: MIT Press, 1991.

Haidt, Jonathan. *The Righteous Mind: Why Good People Are Divided by Politics and Religion.* New York: Vintage Books, 2012.

Haim, Mario, Andreas Graefe, and Hans-Bernd Brosius. "Burst of the Filter Bubble?" *Digital Journalism* 6, no. 3 (March 16, 2018): 330–43. https://doi.org/10.1080/21670811.2017.1338145.

Hargittai, Eszter. "Potential Biases in Big Data: Omitted Voices on Social Media." *Social Science Computer Review* 38, no. 1 (February 1, 2020): 10–24. https://doi.org/10.1177/0894439318788322.

———. "Whose Space? Differences among Users and Non-Users of Social Network Sites." *Journal of Computer-Mediated Communication* 13, no. 1 (October 1, 2007): 276–97. https://doi.org/10.1111/j.1083-6101.2007.00396.x.

Hersh, Eitan D., and Brian F. Schaffner. "Targeted Campaign Appeals and the Value of Ambiguity." *Journal of Politics* 75, no. 2 (April 1, 2013): 520–34.https://doi.org/10.1017/S0022381613000182.

Hetherington, Marc, and Jonathan Weiler. *Prius or Pickup? How the Answers to Four Simple Questions Explain America's Great Divide.* Boston: Houghton Mifflin Harcourt, 2018.

Higgins, Tucker. "Trump Declares Without Evidence That 'Criminals and Unknown Middle Easterners Are Mixed In' with Migrant Caravan Making Its Way from Honduras." CNBC.com, October 22, 2018. https://www.cnbc.com/2018/10/22/trump-says-unknown-middle-easterners-are-mixed-in-migrant-caravan.html.

Hill, Seth J. "Learning Together Slowly: Bayesian Learning about Political Facts." *Journal of Politics* 79, no. 4 (October 1, 2017): 1403–18. https://doi.org/10.1086/692739.

Hochschild, Arlie. *Strangers in Their Own Land: Anger and Mourning on the American Right.* New York: New Press, 2018.

Horwitz, Jeff, and Deepa Seetharaman. "Facebook Executives Shut Down Efforts to Make the Site Less Divisive." *Wall Street Journal*, May 26, 2020. https://www.wsj.com/articles/facebook-knows-it-encourages-division-top-executives-nixed-solutions-11590507499.

Huber, Gregory A., and Neil Malhotra. "Political Homophily in Social Relationships: Evidence from Online Dating Behavior." *Journal of Politics* 79, no. 1 (January 1, 2017): 269–83. https://doi.org/10.1086/687533.

Huckfeldt, Robert. *Political Disagreement: The Survival of Diverse Opinions within Communication Networks.* Cambridge: Cambridge University Press, 2004.

Huddy, Leonie. "Group Identity and Political Cohesion." In *Emerging Trends in the Social and Behavioral Sciences*, edited by Robert Scott and Stephen Kosslyn, 1–14. New York: John Wiley and Sons, 2015.

Huddy, Leonie, Lilliana Mason, and Lene Aarøe. "Expressive Partisanship: Campaign Involvement, Political Emotion, and Partisan Identity." *American Political Science Review* 109, no. 1 (February 2015): 1–17. https://doi.org/10.1017/S0003055414000604.

Hughes, Adam. "A Small Group of Prolific Users Account for a Majority of Political Tweets Sent by U.S. Adults." *Fact Tank* (blog). Pew Research Center, October 23, 2019. https://www.pewresearch.org/fact-tank/2019/10/23/a-small-group-of-prolific-users-account-for-a-majority-of-political-tweets-sent-by-u-s-adults/.

Iyengar, Shanto, Tobias Konitzer, and Kent Tedin. "The Home as a Political Fortress: Family Agreement in an Era of Polarization." *Journal of Politics* 80, no. 4 (October 1, 2018): 1326–38. https://doi.org/10.1086/698929.

Iyengar, Shanto, Guarav Sood, and Yphtach Lelkes. "Affect, Not Ideology: A Social Identity Perspective on Polarization." *Public Opinion Quarterly* 76, no. 3 (2012): 405–31.

Iyengar, Shanto, and Sean J. Westwood. "Fear and Loathing across Party Lines: New Evidence on Group Polarization." *American Journal of Political Science* 59, no. 3 (2015): 690–707. https://doi.org/10.1111/ajps.12152.

Jahani, Eaman, Natalie Gallagher, Friedolin Merhout, Nicolo Cavalli, Douglas Guibeault, and Yan Leng. "Exposure to Common Enemies Can Increase Political Polarization: Evidence from a Cooperation Experiment with Automated Partisans." Working paper, Polarization Lab, Duke University, 2020.

Jaidka, Kokil, Alvin Zhou, and Yphtach Lelkes. "Brevity Is the Soul of Twitter: The Constraint Affordance and Political Discussion." *Journal of Communication* 69, no. 4 (August 1, 2019): 345–72. https://doi.org/10.1093/joc/jqz023.

Jardina, Ashley. *White Identity Politics*. Cambridge: Cambridge University Press, 2019.

Jerolmack, Colin, and Shamus Khan. "Talk Is Cheap: Ethnography and the Attitudinal Fallacy." *Sociological Methods and Research* 43, no. 2 (March 9, 2014): 178–209. https://doi.org/10.1177/0049124114523396.

Kahan, Dan. "Ideology, Motivated Reasoning, and Cognitive Reflection." *Judgment and Decision Making* 8, no. 4 (2013): 407–24. https://doi.org/10.2139/SSRN.2182588.

Kalla, Joshua L., and David E. Broockman. "The Minimal Persuasive Effects of Campaign Contact in General Elections: Evidence from 49 Field Experiments." *American Political Science Review* 112, no. 1 (February 2018): 148–66. https://doi.org/10.1017/S0003055417000363.

Katz, Elihu. "Communications Research since Lazarsfeld." *Public Opinion Quarterly* 51, no. 4 (1987): S25–45.

Katz, Elihu, and Paul Lazarsfeld. *Personal Influence: The Part Played by People in the Flow of Mass Communications*. 2nd ed. New Brunswick, NJ: Transaction Publishers, 1955.

Key, V. O. *The Responsible Electorate*. Cambridge, MA: Harvard University Press, 1966.

Khalil, James, John Horgan, and Martine Zeuthen. "The Attitudes-Behaviors Corrective (ABC) Model of Violent Extremism." *Terrorism and Political Violence*. Accessed June 1, 2020. https://doi.org/10.1080/09546553.2019.1699793.

Klar, Samara. "When Common Identities Decrease Trust: An Experimental Study of Partisan Women." *American Journal of Political Science* 62, no. 3 (2018): 610–22. https://doi.org/10.1111/ajps.12366.

Klar, Samara, and Yanna Krupnikov. *Independent Politics: How American Disdain for Parties Leads to Political Inaction*. New York: Cambridge University Press, 2016.

Klar, Samara, Yanna Krupnikov, and John Barry Ryan. "Affective Polarization or Partisan Disdain? Untangling a Dislike for the Opposing Party from a Dislike of Partisanship." *Public Opinion Quarterly* 82, no. 2 (June 26, 2018): 379–90. https://doi.org/10.1093/poq/nfy014.

Klar, Samara, and Yotam Shmargad. "The Effect of Network Structure on Preference Formation." *Journal of Politics* 79, no. 2 (April 1, 2017): 717–21. https://doi.org/10.1086/689972.

Klein, Ezra. *Why We're Polarized*. New York: Avid Reader Press, 2020.

Kleinberg, Jon, Jens Ludwig, Sendhil Mullainathan, and Ashesh Rambachan. "Algorithmic Fairness." *AEA Papers and Proceedings* 108 (May 2018): 22–27. https://www.aeaweb.org/articles?id=10.1257/pandp.20181018.

Klinenberg, Eric. *Going Solo: The Extraordinary Rise and Surprising Appeal of Living Alone*. New York: Penguin Books, 2013.

———. *Heat Wave: A Social Autopsy of Disaster in Chicago*. Chicago: University of Chicago Press, 2002.

———. *Palaces for the People: How Social Infrastructure Can Help Fight Inequality, Polarization, and the Decline of Civic Life*. New York: Crown, 2018.

Koeze, Ella, and Nathaniel Popper. "The Virus Changed the Way We Internet." *New York Times*, April 7, 2020. https://www.nytimes.com/interactive/2020/04/07/technology/coronavirus-internet-use.html.

Kosinski, Michal, David Stillwell, and Thore Graepel. "Private Traits and Attributes Are Predictable from Digital Records of Human Behavior." *Proceedings of the National Academy of Sciences of the United States of*

America 110, no. 15 (April 9, 2013): 5802–5. https://doi.org/10.1073/pnas.1218772110.

Kramer, Adam D. I., Jamie E. Guillory, and Jeffrey T. Hancock. "Experimental Evidence of Massive-Scale Emotional Contagion through Social Networks." *Proceedings of the National Academy of Sciences of the United States of America* 111, no. 24 (June 17, 2014): 8788–90.

Kreiss, Daniel, Joshua O. Barker, and Shannon Zenner. "Trump Gave Them Hope: Studying the Strangers in Their Own Land." *Political Communication* 34, no. 3 (July 3, 2017): 470–78. https://doi.org/10.1080/10584609.2017.1330076.

Kreiss, Daniel, and Shannon C. Mcgregor. "The 'Arbiters of What Our Voters See': Facebook and Google's Struggle with Policy, Process, and Enforcement around Political Advertising." *Political Communication* 36, no. 4 (October 2, 2019): 499–522. https://doi.org/10.1080/10584609.2019.1619639.

Kull, Steven, Clay Ramsay, and Evan Lewis. "Misperceptions, the Media, and the Iraq War." *Political Science Quarterly* 118, no. 4 (2003): 569–98. https://doi.org/10.1002/j.1538-165X.2003.tb00406.x.

Kunda, Ziva. "The Case for Motivated Reasoning." *Psychological Bulletin* 108, no. 3 (1990): 480–98.

Lalancette, Mireille, and Vincent Raynauld. "The Power of Political Image: Justin Trudeau, Instagram, and Celebrity Politics." *American Behavioral Scientist* 63, no. 7 (June 2019): 888–924. https://doi.org/10.1177/0002764217744838.

Lamont, Michèle. *Money, Morals, and Manners: The Culture of the French and American Upper-Middle Class.* Chicago: University of Chicago Press, 1992.

Lamont, Michèle, and Virág Molnár. "The Study of Boundaries in the Social Sciences." *Annual Review of Sociology* 28 (2002): 167–95. https://doi.org/10.1146/annurev.soc.28.110601.141107.

Landsberger, Henry A. *Hawthorne Revisited: Management and the Worker: Its Critics, and Developments in Human Relations in Industry.* Ithaca, NY: Cornell University Press, 1958.

Lanier, Jaron. "Jaron Lanier Fixes the Internet." Produced by Adam Westbrook. *New York Times*, September 23, 2019. Video. https://www.nytimes.com/interactive/2019/09/23/opinion/data-privacy-jaron-lanier.html.

———. *Ten Arguments for Deleting Your Social Media Accounts Right Now.* New York: Henry Holt, 2018.

Lazarsfeld, Paul, Bernard Berelson, and Hazel Gaudet. *The People's Choice: How the Voter Makes Up His Mind in a Presidential Campaign.* New York: Columbia University Press, 1948.

Lazarsfeld, Paul F., and Robert K. Merton. "Friendship as Social Process: A Substantive and Methodological Analysis." In *Freedom and Control in*

Modern Society, edited by Morroe Berger, Theodore Abel, and Charles H. Page, 18–66. New York: Van Nostrand, 1954.

Lazer, David, Ryan Kennedy, Gary King, and Alessandro Vespignani. "The Parable of Google Flu: Traps in Big Data Analysis." *Science* 343, no. 6176 (March 14, 2014): 1203–5.

Lazer, David, Alex Pentland, Lada Adamic, Sinan Aral, Albert-László Barabási, Devon Brewer, Nicholas Christakis, Noshir Contractor, James Fowler, Myron Gutmann, et al. "Computational Social Science." *Science* 323, no. 5915 (February 6, 2009): 721–23. https://doi.org/10.1126/science.1167742.

Lee, Amber Hye-Yon. "How the Politicization of Everyday Activities Affects the Public Sphere: The Effects of Partisan Stereotypes on Cross-Cutting Interactions." *Journal of Communication* (2020; forthcoming). https://doi.org/10.1080/10584609.2020.1799124.

Lee, Byungkyu, and Peter Bearman. "Political Isolation in America." *Network Science* 8, no. 3 (September 2020): 333–55. https://doi.org/10.1017/nws.2020.9.

Lee, Eun, Fariba Karimi, Claudia Wagner, Hang-Hyun Jo, Markus Strohmaier, and Mirta Galesic. "Homophily and Minority Size Explain Perception Biases in Social Networks." *Nature Human Behaviour* 3 (2019): 1078–87. https://doi.org/10.1038/s41562-019-0677-4.

Leenders, Roger Th. A. J. "Modeling Social Influence through Network Autocorrelation: Constructing the Weight Matrix." *Social Networks* 24, no. 1 (January 1, 2002): 21–47. https://doi.org/10.1016/S0378-8733(01)00049-1.

Lees, Jeffrey, and Mina Cikara. "Inaccurate Group Meta-Perceptions Drive Negative Out-Group Attributions in Competitive Contexts." *Nature Human Behaviour* 4, no. 3 (March 2020): 279–86. https://doi.org/10.1038/s41562-019-0766-4.

Lelkes, Yphtach. "Mass Polarization: Manifestations and Measurements." *Public Opinion Quarterly* 80, no. S1 (January 1, 2016): 392–410. https://doi.org/10.1093/poq/nfw005.

Lemmer, Gunnar, and Ulrich Wagner. "Can We Really Reduce Ethnic Prejudice outside the Lab? A Meta-Analysis of Direct and Indirect Contact Interventions." *European Journal of Social Psychology* 45, no. 2 (2015): 152–68. https://doi.org/10.1002/ejsp.2079.

Leskin, Paige. "Inside the Rise of TikTok, the Viral Video-Sharing App Wildly Popular with Teens and Loathed by the Trump Administration." *Businessinsider.com*, August 7, 2020. https://www.businessinsider.com/tiktok-app-online-website-video-sharing-2019-7.

Levendusky, Matthew. *The Partisan Sort: How Liberals Became Democrats and Conservatives Became Republicans*. Chicago: University of Chicago Press, 2009.

———. "When Efforts to Depolarize the Electorate Fail." *Public Opinion Quarterly* 82, no. 3 (October 18, 2018): 583–92. https://doi.org/10.1093/poq/nfy036.

———. "Why Do Partisan Media Polarize Viewers?" *American Journal of Political Science* 57, no. 3 (February 26, 2013): 611–23. https://www.jstor.org/stable/23496642.

Levendusky, Matthew, and Neil Malhotra. "Does Media Coverage of Partisan Polarization Affect Political Attitudes?" *Political Communication* 33, no. 2 (April 2, 2016): 283–301. https://doi.org/10.1080/10584609.2015.1038455.

Levendusky, Matthew S., and Neil Malhotra. "(Mis)perceptions of Partisan Polarization in the American Public." *Public Opinion Quarterly* 80, no. S1 (January 1, 2016): 378–91. https://doi.org/10.1093/poq/nfv045.

Levin, Sam, and Julia Carrie Wong. "'He's Learned Nothing': Zuckerberg Floats Crowdsourcing Facebook Fact-Checks." *The Guardian*, February 20, 2019. https://www.theguardian.com/technology/2019/feb/20/facebook-fact-checking-crowdsourced-mark-zuckerberg.

Levy, Ro'ee. "Social Media, News Consumption, and Polarization: Evidence from a Field Experiment." Social Science Research Network, August 19, 2020. https://papers.ssrn.com/sol3/papers.cfm?abstract_id=3653388.

Lewis, Paul. "'Fiction Is Outperforming Reality': How YouTube's Algorithm Distorts Truth." *The Guardian*, February 2, 2018. https://www.theguardian.com/technology/2018/feb/02/how-youtubes-algorithm-distorts-truth.

Lord, Charles G., Ross Lee, and Mark R. Lepper. "Biased Assimilation and Attitude Polarization: The Effects of Prior Theories on Subsequently Considered Evidence." *Journal of Personality and Social Psychology* 37, no. 11 (1979): 2098–109.

Marantz, Andrew. *Antisocial: Online Extremists, Techno-Utopians, and the Hijacking of the American Conversation*. New York: Viking, 2019.

Martin, John Levi. "Power, Authority, and the Constraint of Belief Systems." *American Journal of Sociology* 107, no. 4 (2002): 861–904. https://doi.org/10.1086/343192.

Martin, Travis, Jake M. Hofman, Amit Sharma, Ashton Anderson, and Duncan Watts. "Exploring Limits to Prediction in Complex Social Systems." *Proceedings of the 25th International Conference on World Wide Web*, (April 2016): 683–94. https://dl.acm.org/doi/abs/10.1145/2872427.2883001.

Marwick, Alice E. *Status Update: Celebrity, Publicity, and Branding in the Social Media Age*. New Haven, CT: Yale University Press, 2013.

Marwick, Alice E., and danah boyd. "I Tweet Honestly, I Tweet Passionately: Twitter Users, Context Collapse, and the Imagined Audience." *New Media and Society* 13, no. 1 (2011): 114–33. https://journals.sagepub.com/doi/10.1177/1461444810365313.

Marwick, Alice, and Rebecca Lewis. "Media Manipulation and Disinformation Online." New York: Data & Society Research Institute.

Mason, Lilliana. *Uncivil Agreement: How Politics Became Our Identity.* Chicago: University of Chicago Press, 2018.

Matias, J. Nathan. "Preventing Harassment and Increasing Group Participation through Social Norms in 2,190 Online Science Discussions." *Proceedings of the National Academy of Sciences of the United States of America* 116, no. 20 (2019): 9785–89.

Matthes, Jörg, Johannes Knoll, Sebastián Valenzuela, David Nicolas Hopmann, and Christian Von Sikorski. "A Meta-Analysis of the Effects of Cross-Cutting Exposure on Political Participation." *Political Communication* 36, no. 4 (October 2, 2019): 523–42. https://doi.org/10.1080/10584609.2019.1619638.

Matz, S. C., M. Kosinski, G. Nave, and D. J. Stillwell. "Psychological Targeting as an Effective Approach to Digital Mass Persuasion." *Proceedings of the National Academy of Sciences of the United States of America* 114, no. 48 (November 28, 2017): 12714–19. https://doi.org/10.1073/pnas.1710966114.

McConnell, Christopher, Yotam Margalit, Neil Malhotra, and Matthew Levendusky. "The Economic Consequences of Partisanship in a Polarized Era." *American Journal of Political Science* 62, no. 1 (2018): 5–18. https://doi.org/10.1111/ajps.12330.

McGregor, Shannon C. "Social Media as Public Opinion: How Journalists Use Social Media to Represent Public Opinion." *Journalism* 20, no. 8 (August 1, 2019): 1070–86. https://doi.org/10.1177/1464884919845458.

McNamee, Roger. *Zucked: Waking Up to the Facebook Catastrophe.* New York: Penguin Press, 2019.

McPherson, Miller, Lynn Smith-Lovin, and Matthew E. Brashears. "Social Isolation in America: Changes in Core Discussion Networks over Two Decades." *American Sociological Review* 71, no. 3 (June 1, 2006): 353–75. https://doi.org/10.1177/000312240607100301.

McPherson, Miller, Lynn Smith-Lovin, and James M. Cook. "Birds of a Feather: Homophily in Social Networks." *Annual Review of Sociology* 27, no. 1 (2001): 415–44. https://doi.org/10.1146/annurev.soc.27.1.415.

Merton, Robert K. *Mass Persuasion: The Social Psychology of a War Bond Drive.* New York: Harper and Brothers, 1947.

Merton, Robert K. *Sociological Ambivalence and Other Essays.* New York: Free Press, 1976.

Merton, Robert, and Paul Lazarsfeld. "Studies in Radio and Film Propaganda." In *Social Theory and Social Structure*, edited by Robert Merton, 553–70. New York: Free Press, 1949.

Merton, Robert, Marjorie Lowenthal, and Alberta Curtis. *Mass Persuasion: The Social Psychology of a War Bond Drive.* New York: Harper, 1946.

Meshi, Dar, Diana I. Tamir, and Hauke R. Heekeren. "The Emerging Neuroscience of Social Media." *Trends in Cognitive Sciences* 19, no. 12 (December 2015): 771–82. https://www.sciencedirect.com/science/article/abs/pii/S1364661315002284.

Midgley, Claire. "When Every Day Is a High School Reunion: Social Media Comparisons and Self-Esteem." PhD diss., University of Toronto, 2019. https://tspace.library.utoronto.ca/handle/1807/95911.

Minozzi, William, Hyunjin Song, David M. J. Lazer, Michael A. Neblo, and Katherine Ognyanova. "The Incidental Pundit: Who Talks Politics with Whom, and Why?" *American Journal of Political Science* 64, no. 1 (2020): 135–51. https://onlinelibrary.wiley.com/doi/full/10.1111/ajps.12469.

Minson, Julia. "Just Listen: How Do Emotions Shape Our Willingness to Engage with Others." Harvard Kennedy School, Winter 2020. https://www.hks.harvard.edu/faculty-research/policy-topics/democracy-governance/julia-minson-just-listen.

Montgomery, Jacob M., Brendan Nyhan, and Michelle Torres. "How Conditioning on Posttreatment Variables Can Ruin Your Experiment and What to Do about It." *American Journal of Political Science* 62, no. 3 (July 2018): 760–75. https://doi.org/10.1111/ajps.12357.

Moore-Berg, Samantha, Lee-Or Ankori-Karlinsky, Boaz Hameiri, and Emile Bruneau. "Exaggerated Meta-Perceptions Predict Intergroup Hostility between American Political Partisans." *Proceedings of the National Academy of Sciences* 117, no. 26 (January 9, 2020): 14864–72. https://doi.org/10.1073/pnas.2001263117.

More in Common. "COVID-19: Polarization and the Pandemic." Working paper, More in Common Foundation, April 3, 2020. https://www.moreincommon.com/media/z4fdmdpa/hidden-tribes_covid-19-polarization-and-the-pandemic-4-3-20.pdf.

Munger, Kevin. "Tweetment Effects on the Tweeted: Experimentally Reducing Racist Harassment." *Political Behavior* 39, no. 3 (September 1, 2017): 629–49. https://doi.org/10.1007/s11109-016-9373-5.

Munger, Kevin, and Joseph Phillips. "A Supply and Demand Framework for YouTube Politics." Working paper, Department of Political Science, Penn State University, 2020. https://osf.io/73jys/download.

Murthy, Dhiraj. "Towards a Sociological Understanding of Social Media: Theorizing Twitter." *Sociology* 46, no. 6 (December 1, 2012): 1059–73. https://doi.org/10.1177/0038038511422553.

Mutz, Diana C. *Hearing the Other Side: Deliberative versus Participatory Democracy.* Cambridge: Cambridge University Press, 2006.

Nicholson, Stephen P., Chelsea M. Coe, Jason Emory, and Anna V. Song. "The Politics of Beauty: The Effects of Partisan Bias on Physical Attractiveness." *Political Behavior* 38, no. 4 (December 1, 2016): 883–98. https://doi.org/10.1007/s11109-016-9339-7.

Nie, Norman H., D. Sunshine Hillygus, and Lutz Erbring. "Internet Use, Interpersonal Relations, and Sociability: A Time Diary Study." In *The Internet in Everyday Life*, edited by Barry Wellman and Caroline Haythornthwaite, 213–43. John Wiley and Sons, 2002.

Noble, Safiya Umoja. *Algorithms of Oppression: How Search Engines Reinforce Racism*. New York: NYU Press, 2018.

Nyhan, Brendan, and Jason Reifler. "When Corrections Fail: The Persistence of Political Misperceptions." *Political Behavior* 32, no. 2 (March 2010): 303–30. https://doi.org/10.1007/s11109-010-9112-2.

Nyhan, Brendan, Jason Reifler, Sean Richey, and Gary L. Freed. "Effective Messages in Vaccine Promotion: A Randomized Trial." *Pediatrics* 146, no. 3 (February 1, 2014): 2013–365. https://doi.org/10.1542/peds.2013-2365.

Obermeyer, Ziad, Brian Powers, Christine Vogeli, and Sendhil Mullainathan. "Dissecting Racial Bias in an Algorithm Used to Manage the Health of Populations." *Science* 366, no. 6464 (2019): 447–53. https://science.sciencemag.org/content/366/6464/447.

Papacharissi, Zizi. "Democracy Online: Civility, Politeness, and the Democratic Potential of Online Political Discussion Groups." *New Media and Society* 6, no. 2 (2004): 259–83. http://journals.sagepub.com/doi/10.1177/1461444804041444.

Papacharissi, Zizi A. *A Private Sphere: Democracy in a Digital Age*. Cambridge: Polity, 2010.

Parigi, Paolo, and Patrick Bergemann. "Strange Bedfellows: Informal Relationships and Political Preference Formation within Boardinghouses, 1825–1841." *American Journal of Sociology* 122, no. 2 (September 1, 2016): 501–31. https://doi.org/10.1086/688606.

Parigi, Paolo, and Warner Henson. "Social Isolation in America." *Annual Review of Sociology* 40 (2014): 153–71.

Pariser, Eli. *The Filter Bubble: How the New Personalized Web Is Changing What We Read and How We Think*. New York: Penguin Books, 2012.

Parmelee, John H., and Nataliya Roman. "Insta-Politicos: Motivations for Following Political Leaders on Instagram." *Social Media + Society* 5, no. 2 (April 1, 2019). https://doi.org/10.1177/2056305119837662.

Peck, Reece. *Fox Populism: Branding Conservatism as Working Class*. Cambridge: Cambridge University Press, 2019.

Perrin, Andrew. "Americans Are Changing Their Relationship with Facebook." *Fact Tank* (blog). Pew Research Center, September 5, 2018. https://www.pewresearch.org/fact-tank/2018/09/05/americans-are-changing-their-relationship-with-facebook/.

———. "Social Media Usage: 2005–2015." Pew Research Center, October 8, 2015. http://www.pewinternet.org/2015/10/08/social-networking-usage-2005-2015/.

Perrin, Andrew, and Monica Anderson. "Share of U.S. Adults Using Social Media, Including Facebook, Is Mostly Unchanged since 2018." *Fact Tank* (blog). Pew Research Center, April 10, 2019. https://www.pewresearch .org/fact-tank/2019/04/10/share-of-u-s-adults-using-social-media -including-facebook-is-mostly-unchanged-since-2018/.

Perry, Gina. *The Lost Boys: Inside Muzafer Sherif's Robbers Cave Experiment.* Melbourne, Australia: Scribe, 2018.

Persily, Nathaniel, and Joshua Tucker. "Conclusion: The Challenges and Opportunities for Social Media Research." In *Social Media and Democracy: The State of the Field, Prospects for Reform*, edited by Nathaniel Persily and Joshua A. Tucker, 313–331. Cambridge: Cambridge University Press, 2020.

Petersen, Michael Bang, Mathias Osmundsen, and Kevin Arceneaux. "The 'Need for Chaos' and Motivations to Share Hostile Political Rumors." PsyArXiv, May 2020. https://doi.org/10.31234/osf.io/6m4ts.

Peterson, Erik, and Shanto Iyengar. "Partisan Gaps in Political Information and Information-Seeking Behavior: Motivated Reasoning or Cheerleading?" *American Journal of Political Science.* Published ahead of print, June 17, 2020. https://doi.org/10.1111/ajps.12535.

Pettigrew, Thomas F., and Linda R. Tropp. "How Does Intergroup Contact Reduce Prejudice? Meta-Analytic Tests of Three Mediators." *European Journal of Social Psychology* 38, no. 6 (September 1, 2008): 922–34. https://doi.org/10.1002/ejsp.504.

Pew Research Center. "National Politics on Twitter: Small Share of U.S. Adults Produce Majority of Tweets." Pew Research Center, October 2019. https://www.pewresearch.org/politics/wp-content/uploads/sites/4 /2019/10/PDL_10.23.19_politics.twitter_FULLREPORT.pdf.

———. "Republicans, Democrats Move Even Further Apart in Coronavirus Concern." Pew Research Center, June 25, 2020. https://www.pew research.org/politics/2020/06/25/republicans-democrats-move-even -further-apart-in-coronavirus-concerns/.

———. "Republicans, Democrats See Opposing Party as More Ideological Than Their Own." Pew Research Center, September 13, 2018. https://www .people-press.org/2018/09/13/republicans-democrats-see-opposing-party -as-more-ideological-than-their-own/.

Phillips, Whitney. *This Is Why We Can't Have Nice Things: Mapping the Relationship between Online Trolling and Mainstream Culture.* Cambridge, MA: MIT Press, 2015.

Postman, Neil, and Andrew Postman. *Amusing Ourselves to Death: Public Discourse in the Age of Show Business.* Anniversary ed. New York: Penguin Books, 1985.

Price, Vincent. "Social Identification and Public Opinion: Effects of Communicating Group Conflict." *Public Opinion Quarterly* 53 (1989): 197–224.

Prior, Markus. "Media and Political Polarization." *Annual Review of Political Science* 16 (2013): 101–27. https://doi.org/10.1146/annurev-polisci -100711-135242.

———. *Post-Broadcast Democracy: How Media Choice Increases Inequality in Political Involvement and Polarizes Elections.* New York: Cambridge University Press, 2007.

Pronin, Emily, Daniel Y. Lin, and Lee Ross. "The Bias Blind Spot: Perceptions of Bias in Self versus Others." *Personality and Social Psychology Bulletin* 28, no. 3 (2002): 369–81. https://doi.org/10.1177/014616720228 6008.

Rahwan, Iyad, Manuel Cebrian, Nick Obradovich, Josh Bongard, Jean-François Bonnefon, Cynthia Breazeal, Jacob W. Crandall, Nicholas A. Christakis, Iain D. Couzin, Matthew O. Jackson, et al. "Machine Behaviour." *Nature* 568, no. 7753 (April 2019): 477–86. https://doi.org/10 .1038/s41586-019-1138-y.

Rainie, Lee, Scott Keeter, and Andrew Perrin. *Trust and Distrust in America.* Pew Research Center, July 22, 2019. https://www.pewresearch .org/politics/wp-content/uploads/sites/4/2019/07/PEW-RESEARCH -CENTER_TRUST-DISTRUST-IN-AMERICA-REPORT_2019-07-22-1.pdf.

Rawlings, Craig. "Cognitive Authority and the Constraint of Attitude Change in Group." Working paper, Department of Sociology, Duke University, 2020.

Rawls, John. *A Theory of Justice.* Cambridge, MA: Harvard University Press, 1971.

Ribeiro, Manoel Horta, Raphael Ottoni, Robert West, Virgílio A. F. Almeida, and Wagner Meira. "Auditing Radicalization Pathways on YouTube." ArXiv 1908.08313 [Cs], December 4, 2019. http://arxiv.org/abs/1908 .08313.

Riek, Blake M., Eric W. Mania, and Samuel L. Gaertner. "Intergroup Threat and Outgroup Attitudes: A Meta-Analytic Review." *Personality and Social Psychology Review* 10, no. 4 (November 1, 2006): 336–53. https:// doi.org/10.1207/s15327957pspr1004_4.

Risi, Joseph, Amit Sharma, Rohan Shah, Matthew Connelly, and Duncan J. Watts. "Predicting History." *Nature Human Behavior* 3 (2019): 906–12. https://www.nature.com/articles/s41562-019-0620-8.

Rivlin, Gary. "Wallflower at the Web Party." *New York Times*, October 15, 2006. https://www.nytimes.com/2006/10/15/business/yourmoney/15 friend.html.

Robinson, Robert J., Dacher Keltner, Andrew Ward, and Lee Ross. "Actual versus Assumed Differences in Construal: 'Naive Realism' in Intergroup Perception and Conflict." *Journal of Personality and Social Psychology* 68, no. 3 (1995): 404–17. https://doi.org/10.1037/0022-3514.68.3.404.

Romm, Tony, and Elizabeth Dwoskin. "Jack Dorsey Says He's Rethinking the Core of How Twitter Works." *Washington Post*, August 15, 2018.

https://www.washingtonpost.com/technology/2018/08/15/jack
-dorsey-says-hes-rethinking-core-how-twitter-works/.

Roose, Kevin. "The Making of a YouTube Radical." *New York Times*, June 8, 2019.

Ross, Lee, David Greene, and Pamela House. "The 'False Consensus Effect': An Egocentric Bias in Social Perception and Attribution Processes." *Journal of Experimental Social Psychology* 13, no. 3 (May 1, 1977): 279–301. https://doi.org/10.1016/0022-1031(77)90049-X.

Rossiter, Erin. "The Consequences of Interparty Conversation on Outparty Affect and Stereotypes." Working paper, Department of Political Science, Washington University, St. Louis, MO, 2020. https://erossiter.com/files/conversations.pdf.

Sabin-Miller, David, and Daniel M. Abrams. "When Pull Turns to Shove: A Continuous-Time Model for Opinion Dynamics." *Physical Review Research* 2 (October 2020). https://journals.aps.org/prresearch/abstract/10.1103/PhysRevResearch.2.043001.

Safegraph. "Foot Traffic Patterns by State and Industry." Safegraph.com, May 24, 2020. https://www.safegraph.com/dashboard/reopening-the-economy-foot-traffic?s=US&d=05-24-2020&i=all.

———. "U.S. Geographic Responses to Shelter in Place Orders." Safegraph.com, May 22, 2020. https://www.safegraph.com/dashboard/covid19-shelter-in-place?s=US&d=05-22-2020&t=counties&m=index.

Safronova, Valeriya. "The Rise and Fall of Yik Yak, the Anonymous Messaging App." *New York Times*, May 27, 2017. https://www.nytimes.com/2017/05/27/style/yik-yak-bullying-mary-washington.html.

Sageman, Marc. *Understanding Terror Networks*. Philadelphia: University of Pennsylvania Press, 2004.

Salganik, Matthew. *Bit by Bit: Social Research in the Digital Age*. Princeton, NJ: Princeton University Press, 2018.

Salganik, Matthew J., Ian Lundberg, Alexander T. Kindel, Caitlin E. Ahearn, Khaled Al-Ghoneim, Abdullah Almaatouq, Drew M. Altschul, Jennie E. Brand, Nicole Bohme Carnegie, Ryan James Compton, et al. "Measuring the Predictability of Life Outcomes with a Scientific Mass Collaboration." *Proceedings of the National Academy of Sciences of the United States of America* 117, no. 15 (April 14, 2020): 8398–8403. https://doi.org/10.1073/pnas.1915006117.

Schudson, Michael. "How Culture Works: Perspectives from Media Studies on the Efficacy of Symbols." *Theory and Society* 18, no. 2 (1989): 153–80. https://doi.org/10.1007/BF00160753.

———. "Was There Ever a Public Sphere? If So, When? Reflections on the American Case." In *Habermas and the Public Sphere*, edited by Craig Calhoun, 143–63. Cambridge, MA: MIT Press, 1992.

Scissors, Lauren E., Moira Burke, and Steven M. Wengrovitz. "What's in a Like? Attitudes and Behaviors around Receiving Likes on Facebook."

In *CSCW '16: Proceedings of the Computer-Supported Cooperative Work and Social Computing Conference*, 1501–10. New York: Association for Computing Machinery, 2016. https://doi.org/10.1145/2818048.2820066.

Serrano, Juan Carlos Medina, Orestis Papakyriakopoulos, and Simon Hegelich. "Dancing to the Partisan Beat: A First Analysis of Political Communication on TikTok." ArXiv 2004.05478 [Cs], May 11, 2020. http://arxiv.org/abs/2004.05478.

Settle, Jaime E. *Frenemies: How Social Media Polarizes America*. Cambridge: Cambridge University Press, 2018.

Sewell, William. "Historical Events as Transformations of Structures: Inventing Revolution at the Bastille." *Theory and Society* 25, no. 6 (December 1, 1996): 841–81. https://doi.org/10.1007/BF00159818.

Shaw, Daron, Christopher Blunt, and Brent Seaborn. "Testing Overall and Synergistic Campaign Effects in a Partisan Statewide Election." *Political Research Quarterly* 71, no. 2 (2017): 361–79. https://journals.sagepub.com/doi/abs/10.1177/1065912917738577.

Shearer, Elisa. "Social Media Outpaces Print Newspapers in the U.S. as a News Source." *Fact Tank* (blog). Pew Research Center, December 10, 2018. https://www.pewresearch.org/fact-tank/2018/12/10/social-media-outpaces-print-newspapers-in-the-u-s-as-a-news-source/.

Shearer, Elisa, and Elizabeth Grieco. "Americans Are Wary of the Role Social Media Sites Play in Delivering the News." Pew Research Center, October 2, 2019. https://www.journalism.org/2019/10/02/americans-are-wary-of-the-role-social-media-sites-play-in-delivering-the-news/.

Shepherd, Hana, and Jeffrey Lane. "In the Mix: Social Integration and Social Media Adoption." *Social Science Research* 82 (August 1, 2019): 1–17. https://doi.org/10.1016/j.ssresearch.2019.02.004.

Sherif, Carolyn W. "Social Categorization as a Function of Latitude of Acceptance and Series Range." *Journal of Abnormal and Social Psychology* 67, no. 2 (1963): 148–56. https://doi.org/10.1037/h0043022.

Sherman, Lauren, Ashley Payton, Leanna Hernandez, Patricia Greenfield, and Mirella Dapretto. "The Power of the Like in Adolescence: Effects of Peer Influence on Neural and Behavioral Responses to Social Media." *Psychological Science* 27, no. 7 (May 31, 2016): 1027–35. https://doi.org/10.1177/0956797616645673.

Shi, Feng, Yongren Shi, Fedor A. Dokshin, James A. Evans, and Michael W. Macy. "Millions of Online Book Co-Purchases Reveal Partisan Differences in the Consumption of Science." *Nature Human Behaviour* 1, article no. 0079, April 3, 2017. https://doi.org/10.1038/s41562-017-0079.

Shirado, Hirokazu, and Nicholas A. Christakis. "Locally Noisy Autonomous Agents Improve Global Human Coordination in Network Experiments." *Nature* 545, no. 7654 (May 2017): 370–74. https://doi.org/10.1038/nature22332.

Shontell, Alyson. "The Truth about Snapchat's Active Users (the Numbers the Company Doesn't Want You to See)." *Businessinsider.com*, December 9, 2013. https://www.businessinsider.com/snapchat-active-users -exceed-30-million-2013-12.

Sides, John, Michael Tesler, and Lynn Vavreck. *Identity Crisis: The 2016 Presidential Campaign and the Battle for the Meaning of America*. Princeton, NJ: Princeton University Press, 2018.

Siegal, Alexandra A. "Online Hate Speech." In *Social Media and Democracy: The State of the Field, Prospects for Reform*, edited by Nathaniel Persily and Joshua A. Tucker, 56–88. Cambridge: Cambridge University Press, 2020.

Skrentny, John. "The Effect of the Cold War on African-American Civil Rights: America and the World Audience, 1945–1968." *Theory and Society* 27, no. 2 (April 1998): 237–85.

Smith, Aaron. "Public Attitudes towards Computer Algorithms." Pew Research Center, November 16, 2018. https://www.pewresearch.org /internet/2018/11/16/public-attitudes-toward-computer-algorithms/.

———. "Public Attitudes toward Technology Companies." Pew Research Center, June 28, 2018. https://www.pewresearch.org/internet/2018/06 /28/public-attitudes-toward-technology-companies/.

Snow, David. "Framing Processes, Ideology, and Discursive Fields." In *The Blackwell Companion to Social Movements*, edited by David A. Snow, Sarah A. Soule, and Hanspeter Kriesi, 380–412. Hoboken, NJ: Wiley-Blackwell, 2004.

Sobieraj, Sarah. *Credible Threat: Attacks against Women Online and the Future of Democracy*. Oxford: Oxford University Press, 2020.

Sobieraj, Sarah, and Jeffrey Berry. "From Incivility to Outrage: Political Discourse in Blogs, Talk Radio, and Cable News." *Political Communication* 28, no. 1 (2011): 19–41. https://doi.org/10.1080/10584609.2010 .542360.

Stampnitzky, Lisa. "Disciplining an Unruly Field: Terrorism Experts and Theories of Scientific/Intellectual Production." *Qualitative Sociology* 34, no. 1 (March 1, 2011): 1–19. https://doi.org/10.1007/s11133-010-9187-4.

Starr, Paul. *The Creation of the Media: Political Origins of Modern Communications*. New York: Basic Books, 2005.

Suhay, Elizabeth, Emily Bello-Pardo, and Brianna Maurer. "The Polarizing Effects of Online Partisan Criticism: Evidence from Two Experiments." *International Journal of Press/Politics* 23, no. 1 (January 1, 2018): 95–115. https://doi.org/10.1177/1940161217740697.

Sunstein, Cass R. *Republic.com*. Princeton, NJ: Princeton University Press, 2001.

Tajfel, Henri. *Differentiation between Social Groups: Studies in the Social Psychology of Intergroup Relations*. London: Academic Press, 1979.

————. "Experiments in Intergroup Discrimination." *Scientific American* 223, no. 5 (1970): 96–103.

Tan, Chenhao, Vlad Niculae, Cristian Danescu-Niculescu-Mizil, and Lillian Lee. "Winning Arguments: Interaction Dynamics and Persuasion Strategies in Good-Faith Online Discussions." In *Proceedings of the 25th International Conference on World Wide Web*, edited by Jacqueline Bourdeau, 613–24. Montreal: International World Wide Web Conferences Steering Committee, 2016. https://doi.org/10.1145/2872427.2883081.

Tavory, Iddo, and Stefan Timmermans. *Abductive Analysis*. Chicago: University of Chicago Press, 2014. https://press.uchicago.edu/ucp/books/book/chicago/A/bo18785947.html.

Toennies, Ferdinand, Georg Simmel, Ernst Troeltsch, and Max Weber. "Max Weber on Church, Sect, and Mysticism." *Sociological Analysis* 34, no. 2 (1973): 140–49. https://doi.org/10.2307/3709720.

Traeger, Margaret L., Sarah Strohkorb Sebo, Malte Jung, Brian Scassellati, and Nicholas Christakis. "Vulnerable Robots Positively Shape Human Conversational Dynamics in a Human-Robot Team." *Proceedings of the National Academy of Sciences of the United States of America* 117, no. 12 (2020): 6370–75. https://doi.org/10.1073/pnas.1910402117.

Treier, Shawn, and D. Sunshine Hillygus. "The Nature of Political Ideology in the Contemporary Electorate." *Public Opinion Quarterly* 73, no. 4 (January 1, 2009): 679–703. https://doi.org/10.1093/poq/nfp067.

Tufekci, Zeynep. "Big Data: Pitfalls, Methods and Concepts for an Emergent Field." Social Science Research Network, March 7, 2013. http://papers.ssrn.com/abstract=2229952.

————. "Grooming, Gossip, Facebook and Myspace." *Information, Communication and Society* 11, no. 4 (June 1, 2008): 544–64. https://doi.org/10.1080/13691180801999050.

————. "YouTube, the Great Radicalizer." *New York Times*, March 10, 2018. https://www.nytimes.com/2018/03/10/opinion/sunday/youtube-politics-radical.html.

U.S. Customs and Border Protection. "CBP Use of Force Statistics." U.S. Customs and Border Protection, 2018. https://www.cbp.gov/newsroom/stats/cbp-use-force.

Vaidhyanathan, Siva. *Antisocial Media: How Facebook Disconnects Us and Undermines Democracy*. New York: Oxford University Press, 2018.

Vaisey, Stephen. "Is Interviewing Compatible with the Dual-Process Model of Culture?" *American Journal of Cultural Sociology* 2, no. 1 (February 1, 2014): 150–58. https://doi.org/10.1057/ajcs.2013.8.

————. "Motivation and Justification: Toward a Dual-Process Theory of Culture in Action." *American Journal of Sociology* 114, no. 6 (2009): 1675–715. https://doi.org/10.1086/597179.

Van Alstyne, Marshall, and Erik Brynjolfsson. "Electronic Communities: Global Village or Cyberbalkans." In *Proceedings of the 17th International Conference on Information Systems*, edited by Simane Hammoudi, Leszek Maciaszek, and Ernest Teniente. New York: Wiley, 1996.

Van Boven, Leaf, Charles M. Judd, and David K. Sherman. "Political Polarization Projection: Social Projection of Partisan Attitude Extremity and Attitudinal Processes." *Journal of Personality and Social Psychology* 103, no. 1 (July 2012): 84–100. https://doi.org/10.1037/a0028145.

Van den Bos, Kees. "Unfairness and Radicalization." *Annual Review of Psychology* 71, no. 1 (2020): 563–88. https://doi.org/10.1146/annurev-psych -010419-050953.

Van Green, Ted, and Alec Tyson. "5 Facts about Partisan Reactions to COVID-19 in the U.S." *Fact Tank* (blog). Pew Research Center, April 2, 2020. https://www.pewresearch.org/fact-tank/2020/04/02/5-facts-about -partisan-reactions-to-covid-19-in-the-u-s/.

Vavreck, Lynn. "COVID-19: Tracking American Responses." Democracy Fund Voter Study Group, August 5, 2020. https://www.voterstudygroup .org/covid-19-updates.

Vogel, Erin, Jason Rose, Bradley Okdie, Katheryn Eckles, and Brittany Franz. "Who Compares and Despairs? The Effect of Social Comparison Orientation on Social Media Use and Its Outcomes." *Personality and Individual Differences* 86 (November 30, 2015): 249–56. https://doi.org/10 .1016/j.paid.2015.06.026.

Von Der Heide, Rebecca, Govinda Vyas, and Ingrid R. Olson. "The Social Network-Network: Size Is Predicted by Brain Structure and Function in the Amygdala and Paralimbic Regions." *Social Cognitive and Affective Neuroscience* 9, no. 12 (December 2014): 1962–72. https://www.ncbi.nlm .nih.gov/pmc/articles/PMC4249478/.

Wagner-Pacifici, Robin. "Theorizing the Restlessness of Events." *American Journal of Sociology* 115, no. 5 (March 1, 2010): 1351–86. https://doi.org /10.1086/651462.

Walt, Stephen. "The Case against Peace." *Foreign Policy*, June 17, 2016. https://foreignpolicy.com/2016/06/17/the-case-against-peace-syria -europe-brexit-donald-trump/.

Watts, Duncan. *Everything is Obvious*. New York: Penguin Random House, 2012.

Watts, Duncan, and Peter S. Dodds. "Influentials, Networks, and Public Opinion." *Journal of Consumer Research* 34 no. 4 (2017): 441–58.

Watts, Duncan, and David M. Rothschild. "Don't Blame the Election on Fake News: Blame it on the Media." *Columbia Journalism Review*, December 5, 2017. https://www.cjr.org/analysis/fake-news-media-election -trump.php.

Weissman, Cale Guthrie. "How Amazon Helped Cambridge Analytica Harvest Americans' Facebook Data." *Fast Company*, March 27, 2018. https://www.fastcompany.com/40548348/how-amazon-helped-cambridge-analytica-harvest-americans-facebook-data.

Westen, Drew, Pavel S. Blagov, Keith Harenski, Clint Kilts, and Stephan Hamann. "Neural Bases of Motivated Reasoning: An FMRI Study of Emotional Constraints on Partisan Political Judgment in the 2004 U.S. Presidential Election." *Journal of Cognitive Neuroscience* 18, no. 11 (November 2006): 1947–58. https://doi.org/10.1162/jocn.2006.18.11.1947.

Westwood, Sean Jeremy, Solomon Messing, and Yphtach Lelkes. "Projecting Confidence: How the Probabilistic Horse Race Confuses and Demobilizes the Public." *Journal of Politics* 82, no. 4. Published ahead of print, February 25, 2020. https://doi.org/10.1086/708682.

Wimmer, Andreas. "The Making and Unmaking of Ethnic Boundaries: A Multilevel Process Theory." *American Journal of Sociology* 113, no. 4 (2008): 970–1022. https://doi.org/10.1086/522803.

Wojcieszak, Magdalena. "Carrying Online Participation Offline—Mobilization by Radical Online Groups and Politically Dissimilar Offline Ties." *Journal of Communication* 59, no. 3 (2009): 564–86. https://onlinelibrary.wiley.com/doi/abs/10.1111/j.1460-2466.2009.01436.x.

———. "'Don't Talk to Me': Effects of Ideologically Homogeneous Online Groups and Politically Dissimilar Offline Ties on Extremism." *New Media and Society* 12, no. 4 (2010): 637–55. https://journals.sagepub.com/doi/abs/10.1177/1461444809342775.

———. "False Consensus Goes Online: Impact of Ideologically Homogeneous Groups on False Consensus." *Public Opinion Quarterly* 72, no. 4 (2008): 781–91.

Wojcieszak, Magdalena, and Vincent Price. "Facts versus Perceptions: Who Reports Disagreement during Deliberation and Are the Reports Accurate?" *Political Communication* 29, no. 3 (2012): 299–318. https://www.tandfonline.com/doi/abs/10.1080/10584609.2012.694984.

———. "Perceived versus Actual Disagreement: Which Influences Deliberative Experiences?" *Journal of Communication* 62, no. 3 (2012): 418–36. https://academic.oup.com/joc/article-abstract/62/3/418/4085789.

Wojcieszak, Magdalena, and Benjamin R. Warner. "Can Interparty Contact Reduce Affective Polarization? A Systematic Test of Different Forms of Intergroup Contact." *Political Communication*. Published ahead of print, June 4, 2020. https://doi.org/10.1080/10584609.2020.1760406.

Wolak, Jennifer. *Compromise in an Age of Party Polarization*. New York: Oxford University Press, 2020.

Wood, Thomas, and Ethan Porter. "The Elusive Backfire Effect: Mass Attitudes' Steadfast Factual Adherence." *Political Behavior* 41, no. 1 (March 1, 2019): 135–63. https://doi.org/10.1007/s11109-018-9443-y.

Yang, JungHwan, Hernando Rojas, Magdalena Wojcieszak, Toril Aalberg, Sharon Coen, James Curran, Kaori Hayashi, Shanto Iyengar, Paul K. Jones, Gianpietro Mazzoleni, et al. "Why Are 'Others' So Polarized? Perceived Political Polarization and Media Use in 10 Countries." *Journal of Computer-Mediated Communication* 21, no. 5 (2016): 349–67. https://doi.org/10.1111/jcc4.12166.

Yang, Qi, Khizar Qureshi, and Tauhid Zaman. "Mitigating the Backfire Effect Using Pacing and Leading." ArXiv 2008.00049v1, July 31, 2020. https://arxiv.org/pdf/2008.00049.pdf.

Yudkin, Daniel, Stephen Hawkins, and Tim Dixon. *The Perception Gap: How False Impressions Are Pulling Americans Apart.* New York: More in Common, 2019. https://perceptiongap.us/media/zaslaroc/perception-gap-report-1-0-3.pdf.

Zaller, John R. *The Nature and Origins of Mass Opinion.* Cambridge: Cambridge University Press, 1992.

Zuboff, Shoshana. *The Age of Surveillance Capitalism: The Fight for a Human Future at the New Frontier of Power.* New York: PublicAffairs, 2019.

Zuckerberg, Mark. "Bringing the World Closer Together." Facebook.com, June 22, 2017. https://www.facebook.com/notes/mark-zuckerberg/bringing-the-world-closer-together/10154944663901634/.

Zuckerman, Ethan. "The Case for Digital Public Infrastructure." Knight First Amendment Institute, Columbia University, January 17, 2020. https://knightcolumbia.org/content/the-case-for-digital-public-infrastructure.

索 引

（条目后的页码为原书页码，见本书边码）

Abramowitz, Alan 阿布拉莫维茨，阿兰，178注16

addiction, to social media 社交媒体成瘾，9，10，52，88—89

Ahler, Douglas 阿勒，道格拉斯，103

Allcott, Hunt 奥尔科特，亨特，94

algorithms 算法，5，92—94，131，188注34

Allport, Gordon 奥尔波特，戈登，173注20

Al Qaeda "基地"组织，4

Amash, Justin 阿马什，贾斯汀，65

Amazon Mechanical Turk 亚马逊土耳其机器人，169注18，192注27

American National Election Study 美国国家选举研究，46，72，73

anonymity, in online exchanges 线上交流的匿名性，123—127，129—131，193注27

argument, attitudes toward 关于争论的态度，2，9，39，47，62—64，69，71，81，108—115

Armaly, Miles 阿马利，迈尔斯，100

backfire effects 逆火效应，174注23，175注24

Bannon, Steve 班农，史蒂夫，54

Barnidge, Matthew 巴尼奇，马修，76

Bearman, Peter 比尔曼，彼得，90

behavior 行为: individuals' explanations of their 个体对自己行为的解释，23; partial record of, captured by social media 社交媒体捕捉到的不完整的行为记录，7—8。See also political attitudes and behaviors; social media users 也请参见政治态度和行为；社交媒体用户

Berelson, Bernard 贝雷尔森，伯纳德，166注4

Berry, Jeffrey 贝里，杰弗里，101

Bishop, Bill, The Big Sort 毕晓普，比尔，《大分类》，90

Blumer, Herbert 布鲁默，赫伯特，173注20

bots 网络机器人，16—20，24—25，171注9

boyd, danah 博伊德，丹娜，50

Breitbart 布赖特巴特新闻网，18，34

Brooks, David 布鲁克斯，大卫，39

Brown, Michael, Jr. 布朗，小迈克尔，64

Brynjolfsson, Erik 布莱恩约弗森，埃里克，178注12

Bullock, Steve 布洛克，史蒂夫，39

Bush, George H. W. 老布什，25

Bush, George W. 小布什，37

Cambridge Analytica 剑桥分析公司，7，16，85，169注18

campaigns, influence of（政治）宣传活动的影响，95—96，169注19，188注41

Camp Fire (California) 山火（加利福尼亚州），13，24

Carlson, Tucker 卡尔森，塔克，3

Ceasefire 熄火，123

Change My View 改变我的观点，123—124

Chen, Keith 陈，基思，90—91

Cher 雪儿，85

Cikara, Mina 西卡拉，米娜，104

Clinton, Bill 克林顿，比尔，1，58，99

Clinton, Hillary 克林顿，希拉里，13—14，58，59，64，78

Clinton Foundation 克林顿基金会，58

CNN 美国有线电视新闻网 13，27—28

Cohen, Ellen 科恩，埃伦，65

Cohen, Geoffrey 科恩，杰弗里，45—46

Comey, James 科米，詹姆斯，14

common ground 基本共识，104，108—109，112，123，126

computational social science 计算社会科学，6—8，16，23，132

conspiracy theories 阴谋论，13，30，35

Converse, Philip 康弗斯，菲利普，27，33

Conway, Kellyanne 康韦，凯莉安妮，65

Cooley, Charles Horton 库利，查尔斯·霍顿，49

Coppock, Alexander 科波克，亚历山大，174注23

Cornell University 康奈尔大学，105，170注7

COVID-19 pandemic 新冠大流行，116—120

culture wars 文化战争，99—100

Daily Caller (website) 每日传讯（网站），3

Daniels, Stormy 丹尼尔斯，斯托米，14

deep learning 深度学习，92。*See also* machine learning 也请参见机器学习

deliberative polling 商谈民意测验，45

democracy 民主，44—45

Democrats 民主党人：attitudes of, about Republicans 民主党人对共和党人的态度，46—47，

100—103，110—113，120，124—127，190注15，193注27；consequences of exposure to opposing views 民主党人接触反对意见的结果，20，21图，29—30；COVID-19 response of 民主党人对新冠病毒感染的反应，118—120；echo chambers' influence on 回声室对民主党人的影响，4；geographic isolation from Republicans 民主党人与共和党人的地理隔离，90；immigration policies of 民主党人的移民政策，33—34；and polarization 民主党人和政治极化，99；self-criticism of 民主党人的自我批评，113

Diaspora, 130

Diderot, Denis 狄德罗，丹尼斯，44

DiMaggio, Paul 迪马乔，保罗，99—100，178注16

DiscussIt, 124—127

Dorison, Charles 多里松，查尔斯，109，111

Dorsey, Jack 多尔西，杰克，45—46

Drudge Report 德拉吉报道，34

Duke University 杜克大学，8，94—95

Earned Income Tax Credit 收入所得税减免政策，31

echo chambers 回声室：chicken-egg problem presented by 回声室带来的"先有鸡还是先有蛋"的问题，15；common wisdom about 关于回声室的普遍看法，4，6，9，11，20，38—39；cult-like behavior of 回声室中异教团体一样的行为，62，65—66；dangers of 回声室的危险，3—4；extremists' use of 极端派对回声室的使用，96；meaning of term 回声室这个术语的含义，166注4；methodological issues in studying 回声室研究中的方法论问题，167注15；overview of 关于回声室的概述，3—5；political affiliations of participants in 回声室参与者的政治背景，4—5；prevalence of 回声室的盛行程度，96；stepping outside of 走出回声室，15—25，38—39，107—108；worldviews shaped by 被回声室塑造的世界观，168注15。*See also* feedback loops 也请参见反馈循环

Elias, Norbert 埃利亚斯，诺贝特，49

Eliasoph, Nina 埃利亚索夫，尼娜，27

Enders, Adam 恩德斯，亚当，100

Enlightenment 启蒙运动，44

Enos, Ryan 伊诺斯，瑞安，173注21

extremists 极端派：algorithms' influence on online behavior of 算法对极端派线上行为的影响，92—94，188注34；backgrounds of 极端派的背景，55，57，60—62；bonding of 极端派之间的联系，62—66，182注11；and COVID-19 极端派与新冠病毒感染，119—120；defined "极端派"的定义，181注

2; and echo chambers 极端派与回声室，96; exaggerated portrayals of 极端派被夸大的画像，67，75—76，100; feedback loops of 极端派的反馈循环，67; hidden 隐藏的极端派，59—62; media's airing of views of 媒体对极端派观点的传播，101; moderates as target of 作为极端派攻击目标的温和派，64—65，73—75，79; in political views 政治观点上的极端派，55，72; radicalization of 极端派的激进化，92—94; self-presentation of, online vs. offline 极端派线上线下的自我呈现，60—62; sharpening of views of 极端派观点的增强，66; social media use by 极端派对社交媒体的使用，9，54—67，76，109，119，129; social status of 极端派的社会地位，56—59，183注12; study of 对极端派的研究，56。*See also* trolls 也请参见"喷子"

Eyal, Nir, *Indistractable* 埃亚尔，尼尔，《不可打扰》，91

Facebook 脸书: algorithms used by, for providing content 使用脸书的算法来提供内容，5; Application Programming Interface 脸书的应用程序接口，168注18; attacks posted on 脸书上的攻击性帖子，75; controversies involving 涉及脸书的争议，16—17，85—86，170注7，187注28，188注34; COVID-19 usage of 新冠病毒感染期间人们对脸书的使用，118，120; deactivation of 注销脸书，85—86; echo chambers on 脸书上的回声室，5，93; exchange of ideas on 脸书上观点的交流，2，45; extremists on 脸书上的极端派，67; growth of 脸书的增长，120—121; internal experiments of 脸书的内部实验，122; purpose of 脸书的愿景，128; recommendations for 给脸书的建议，131; self-presentation on 脸书上的自我呈现，105—106; and social status 脸书与社会地位，51

fake news 假新闻，35，37，45，59，94—95，109。*See also* misinformation 也请参见虚假信息

false consensus effect 错误共识效应，183注16

false polarization 虚假政治极化，75—77，99—102，111，129

feedback loops 反馈循环，67，102，114，122。*See also* echo chambers 也请参见回声室

Feinberg, Matthew 范伯格，马修，110

Ferrell, Will 费雷尔，威尔，85

Festinger, Leon 费斯汀格，利昂，66

field experiments 实地实验，16，18

Fiorina, Morris 菲奥里纳，莫里斯，178注16

Fishkin, James 菲什金，詹姆斯，45

fivethirtyeight.com "538"，14

Floyd, George 弗洛伊德，乔治，114

4chan.org, 123

Fox and Friends (television show)
《福克斯和朋友们》(电视节目)，
57

Fox News 福克斯新闻频道，3，4，
13，28，34，119

Friendster, 120

Generation Z Z世代，86—87

Gentzkow, Matthew 根茨科，马修，
94

Gingrich, Newt 金里奇，纽特，99

Goffman, Erving 戈夫曼，欧文，49，
50

Golding, William, *Lord of the Flies*
戈尔丁，威廉，《蝇王》，43

Google 谷歌，5，93，116，120，
187注28

Google Classroom 谷歌课堂，118

government role, socioeconomic 社会
经济议题的政府角色，12，29，
30—31

group threat 群体威胁，173注20，
173注21

Guantanamo Bay detention center 关
塔那摩湾监狱，37

Guess, Andrew 格斯，安德鲁，94，
174注23

Habermas, Jürgen 哈贝马斯，于尔
根，44—45

Harris, Tristan 哈里斯，特里斯坦，

91

Harvard University John F. Kennedy
School of Government 哈佛大学
约翰·F.肯尼迪政府学院，109

Hawthorne effect 霍桑效应，19，29

Hill, Seth J. 希尔，塞思·J.，175注
24

Hillygus, D. Sunshine 希拉古思，
D.森夏恩，184注1

Hochschild, Arlie 霍赫希尔德，阿
莉，47

homophily 同质性，15，166注4

Houseparty, 118

Huber, Gregory 休伯，格雷戈里，
90

Huckfeldt, Robert 哈克费尔特，罗
伯特，174注22

Hussein, Saddam 侯赛因，萨达姆，
4

identity 身份认同：defense/streng-
thening of 捍卫和强化身份认同，
31—32，38，39；development of
身份认同的发展，10，48—52；
evolution of 身份认同的演化，
49；exploration of 对身份认同
的探究，10，48—53，88，123，
127—128；influence of inter-group
contact on 群际接触对身份认同
的影响，41—43；significance and
value of 身份认同的重要性和价
值，48—49；social media as means
for developing 社交媒体作为发展
身份认同的工具，10，48，50—

53，88—89，123，127—128；social media prism as opportunity to examine one's 社交媒体棱镜作为检验一个人身份认同的机会，104—107；social status as component of 社会地位作为身份认同的组成部分，48—52；thought influenced by 被身份认同影响的思想，46—47；voting behavior influenced by 被身份认同影响的投票行为，179注21。See also personal psychology 也请参见个人心理

immigration 移民：Democratic policies on 民主党的移民政策，33—34，37；negative attitudes toward 对移民的消极态度，12—13，28，33—34；positive attitudes toward 对移民的积极态度，30，69，73

Instagram：COVID-19 usage of 新冠病毒感染期间人们对Instagram的使用，120；growing use of 使用Instagram的频率持续增加，86，121；internal changes to Instagram的内部改变，122；neuropsychology of 关于Instagram的神经心理学，52；political content on Instagram上的政治内容，89；purpose of Instagram的愿景，128；and social status Instagram与社会地位，52

intergroup contact 群际接触，22，41—43，172—173注20和注21

Internet Research Agency (IRA) 互联网研究机构，16，95，170注8，178注9

Iraq 伊拉克，U.S. invasion of 美国对伊拉克的入侵，4

Jackson, Samuel L. 杰克逊，塞缪尔·L.，36

Jigsaw (unit of Google) 拼图（谷歌的一个部门），93

Johnson, Gary 约翰逊，加里，13

Jordan, Michael 乔丹，迈克尔，35

Kahan, Dan 卡汉，丹，175注24

Kavanaugh, Brett 布雷特，卡瓦诺，24，71

Key, V. O. 基，V. O.，4

Khashoggi, Jamal 卡舒吉，贾迈勒，25

Klar, Samara 克拉尔，萨马拉，112

Kosinski, Michal 科辛斯基，米哈尔，7，168注18

Krupnikov, Yanna 克鲁普尼科夫，扬娜，112

Kunda, Ziva 昆达，日娃，175注24

Lanier, Jaron 拉尼尔，杰伦，84—86，88—89

Laswell, Harold 拉斯韦尔，哈罗德，166注4

Lazarsfeld, Paul 拉扎斯菲尔德，保罗，14—15，166注4，173注22

Lazer, David 拉泽，大卫，94

Lee, Byungkyu 李，布温丘，90

Lees, Jeffrey 利斯，杰弗里，104

Lelkes, Yphtach 莱尔凯什，雅夫塔

克，184注7

Lemmer, Gunnar 莱麦尔，贡纳尔，173注22

Lemon, Don 莱蒙，唐，3，28

Levendusky, Matthew 莱文达斯基，马修，75，100—101

looking-glass self 镜中我，49

machine learning 机器学习，92—94，97

Malhotra, Neil 尼尔，马尔霍特拉，75，90，100—101

Marwick, Alice 马威克，爱丽丝，50

Mason, Lilliana 梅森，莉莉安娜，44

Massachusetts Institute of Technology 麻省理工学院，21

Mastadon 长毛象，130

McNamee, Roger, *Zucked* 麦克纳米，罗杰，《"扎"心了》，91

media 媒体: historical changes in composition of 媒体构成的历史变化，166注6; misinformation in 媒体上的虚假信息，35—37; partisanship/bias in 媒体中的党派偏见和倾向，28，32，35—37，99—100，166注6; polarization fed by 媒体推动的政治极化，99—102，166注6; process of message transmission 媒体信息传递的过程，166注4。*See also* news sources 也请参见新闻来源

Medicare for All 全民医保，12

Merton, Robert 默顿，罗伯特，14—15，67，166注4

microtargeting 精准投放，7，10，95—96，169注18—19

Midgley, Claire 米奇利，克莱尔，51

migrant caravan 移民车队，12—13，24，30

millennials 千禧一代，86

Minson, Julia 明森，朱莉娅，109，111—112

misinformation 虚假信息，16，94—95，118，178注9。*See also* fake news 也请参见假新闻

moderates 温和派: extremists' attacks on 极端派对温和派的攻击，64—65，73—75，79; negative social media experiences of 温和派在社交媒体上的负面经历，68—72，74—75; prevalence of 广泛存在的温和派，72—73; reluctance of, to discuss politics 温和派不愿意讨论政治，77—83; social media's influence on 社交媒体对温和派的影响，68—83; social media use by 温和派对社交媒体的使用，68—69，71—72，75—79，81—82，106—107，119

motivated reasoning 动机推理，151，175注24

MSNBC 微软全国广播公司，13

Mueller, Robert 穆勒，罗伯特，13，24，58，70

Munger, Kevin 芒格，凯文，93—94，171注9

Musk, Elon 马斯克，埃隆，85

Mutz, Diana 穆茨，戴安娜，174注22

myPersonality (app), 168 注 18

MySpace 聚友网，120—121

Nagler, Jonathan 纳格勒，乔纳森，94

Netflix 网飞，117

news feeds 新闻信息流，51—52，92，181 注 46

news sources 新闻来源，3，5，32，57，89

New Yorker (magazine),《纽约客》（杂志），70

New York Times (newspaper)《纽约时报》（报纸），70，92—93

New York University Center for Social Media and Politics 纽约大学社交媒体和政治中心，96

Nextdoor.com, 118

Noelle-Neumann, Elisabeth 诺尔－诺依曼，伊丽莎白，166 注 4

Nyhan, Brendan 尼汉，布伦丹，174 注 23

Obama, Barack 奥巴马，巴拉克，14，33—35，37，57，59，64

Ocasio-Cortez, Alexandria 奥卡西奥－科尔特斯，亚历山德里娅，59

opinion leaders 意见领袖，17，63，113，166 注 4

Pariser, Eli, *The Filter Bubble* 帕里泽，伊莱，《过滤泡》，4—5

partisanship 党派偏见：exercising, pros and cons of 实践党派偏见的优缺点，107；interpersonal relations influenced by 被党派偏见影响的人际关系，46—47；media's demonstrations of 媒体对党派偏见的呈现，28，32，35—37，99—100，166 注 6；social identities shaped by 被党派偏见塑造的社会认同，179 注 21；stability of 党派偏见的稳固性，73；thought influenced by 被党派偏见影响的观点，46—47。See also polarization 也请参见政治极化

partisan sorting 政党选择，73，179 注 16

Pelosi, Nancy 佩洛西，南希，37，59

personal psychology 个体心理特征：political tribalism rooted in 根植于个体心理特征的政治部落主义 10；self-presentation, online vs. offline 线上和线下个体心理特征的自我呈现，25，60—62，72，88，104—106；self-worth 自我价值感的个体心理特征，49，66—67，107；social awareness as component of 作为个体心理特征组成部分的社会意识，49—50，53。See also identity; social media users 也请参见身份认同；社交媒体用户

Pettigrew, Thomas 佩蒂格鲁，托马斯，173 注 21

Pew Research Center 皮尤研究中心，73—76，78—79，81，85—87，89，97，113

Phillips, Joseph 菲利普斯，约瑟夫，93—94

polarization 政治极化：COVID-19 pandemic's effect on 新冠大流行对政治极化的影响，116—120；extent of 政治极化的程度，99—102；extreme 极端政治极化，55；false 虚假政治极化，75—77，99—102，111，129；international incidence of 政治极化在国际范围内的发生率，102；media linked to 与政治极化联系在一起的媒体，99—102，166注6；in 1970s-1990s 20世纪70—90年代的政治极化，178注16；partisan sorting as explanation for 政党选择作为对政治极化的解释，179注16；perspectives on 关于政治极化的不同观点，6—11；psychological sources of 政治极化的心理根源，10；social media as source of 社交媒体作为政治极化的根源，5，9，10—11，101—102，112—113，118—120；social media-reality gap as source of 社交媒体与现实之间的鸿沟作为政治极化的根源，8；social media's capacity to combat 社交媒体用来对抗政治极化的能力，96—97；strategies for reducing 用来减少政治极化的策略，100—104，112—114，122—132，193注27。See also partisanship 也请参见党派偏见

Polarization Lab 政治极化实验室，8，11，98，102，104，108—109，122—132

political attitudes and behaviors 政治态度和行为：in anonymous settings 匿名环境中的政治态度和行为，123—127，129—131，193注27；backfire effects on 政治态度和行为的逆火效应，174注23，175注24；campaigns' influence on（政治）宣传运动对政治态度和政治行为的影响，95—96，169注19，188注41；concerning argument 政治态度和行为的相关争论，2，9，39，47，62—64，69，71，81，108—115；conversion 改变政治态度和行为，33，64；COVID-19 pandemic's effect on 新冠大流行对政治态度和行为的影响，116—120；deceptive 欺骗性的政治态度和行为，59；desire for compromise in 在政治态度和行为上的妥协需求，109；disenchantment/disinterest in 政治态度和行为中的悲观和漠不关心，26—27，31，81—82，112，177注6；effective communication of 关于政治态度和行为的有效沟通，110—115，129—131；engagement in 持有政治态度，表现出政治行为，32—33；entertainment linked to 与政治态度和行为相关的娱乐，181注46；exchange of ideas 政治态度和行为的观点交流，89—90，108—115，123—127；of extremists 极端派的政治态度和行为，54—67；family and friend relationships affected by 被政治态度和行为影响的家庭和朋友关系，55，71，78—79，90—91；on intimate relationships across party lines 政治态度和行为对跨党派亲密关系的影响，90，112；microtargeting's influence on 精准投放对政治态度和行为的影响，169注19；misinformation's effect on 虚假信息对政治态度和行为的影响，94—95；of moderates 温和派的政治态度和行为，68—83；moderation of views after exposure to alternatives 接触不同的政治态度和行为后，观点的缓和，22，38—39，108—115，125，129，172—173注20，173—174注22；multidimensionality of 政治态度和行为的多维性，184注1；partisan identity as factor in 党派身份认同作为政治态度和行为的因素，179注21；social media linked to 与政治态度和行为相关的社交媒体，89—91，122—127，170注8；strengthening of views after exposure to alternatives 接触不同的政治态度和行为后，观点的强化，13，20—23，21图，25，29—31，38—40，107—108，174注22。See also behavior；extremists；moderates；partisanship 也请参见行为；极

端派；温和派；党派偏见
political-ideological exposure 政治-意识形态接触：in anonymous settings 匿名环境中的政治-意识形态接触，123—127，129—131，193注27；backfire effects from 来自政治-意识形态接触的逆火效应，174注23，175注24；bots trained for 被训练来进行政治-意识形态接触的网络机器人，16—20；individuals' experience of 个体对政治-意识形态接触的体验，22—25，31—32；moderation of views after 政治-意识形态接触后，观点的缓和，22，38—39，108—115，125，129，172—173注20，173—174注22；scholarship on 关于政治-意识形态接触的学术研究，173—174注22；social media experiments on 关于政治-意识形态接触的社交媒体实验，16—21，123—127；strengthening of views after 政治-意识形态接触后，观点的强化，13，20—23，21图，25，29—31，38—40，107—108，173—174注22。See also worldviews 也请参见世界观
political isolation 政治孤立，89—91，117
political tribalism 政治部落主义。See polarization 参见政治极化
Porter, Ethan 波特，伊桑，174注23
Postman, Neil 波兹曼，尼尔，181注46

Psychology 心理特征。*See* identity; personal psychology 参见身份认同；个体心理特征

public sphere 公共领域，44—45，89—91

qualitative research, methodological considerations in 对定性研究中方法论的考虑，176注28

racial discrimination 种族歧视，80—81

radicalization 激进化，92—94

rationality 理性，44—47

Reagan, Ronald 里根，罗纳德，1，57

Reddit 红迪网，123—124

Reifler, Jason 赖夫勒，杰森，174注23

Republicans 共和党人：attitudes of, about Democrats 共和党人对民主党人的态度，46—47，100—103，110—113，120，124—127，190注15，193注27；attitudes of, toward social media platforms 共和党人对社交媒体平台的态度，98；consequences of exposure to opposing views 共和党人接触反对意见的后果，20，21图，172注17；COVID-19 response of 共和党人对新冠病毒感染的反应，118—120；echo chambers' influence on 回声室对共和党人的影响，4；geographic isolation from Democrats 共和党人与民主党人的地理隔离，90；immigration views held by 共和党人持有的关于移民的观点，28，73；and polarization 共和党人与政治极化，99；self-criticism of 共和党人的自我批评，113

Robinson, Robert 鲁宾逊，罗伯特，99—100

Rockefeller Foundation 洛克菲勒基金会，41

Rogers, Todd 罗杰斯，托德，109

Rohla, Ryne 罗赫拉，赖恩，90—91

Romney, Mitt 罗姆尼，米特，60

Roose, Kevin 鲁斯，凯文，93

Rossiter, Erin 罗西特，埃琳，192注27

Ryan, John 瑞安，约翰，112

Safegraph, 117

Salganik, Matthew 萨尔加尼克，马修，97

salons 沙龙，44

Sanders, Bernie 桑德斯，伯尼，12，65

Schumer, Chuck 舒默，查克，37

Scott, Keith Lamont 斯科特，基思·拉蒙特，81

self 自我。*See* identity; personal psychology 参见身份认同；个体心理特征

self-fulfilling prophecies 自证预言，50，56

self-worth 自我价值感，49，66—67，107

Settle, Jaime 赛特尔, 贾梅, 67, 76—77

Sherif, Carolyn 谢里夫, 卡罗琳, 108

Sherif, Muzafer 谢里夫, 穆扎费尔, 41—43, 116

Silicon Valley 硅谷, 9—10, 52, 89, 91—92, 96, 187注28

smartphones 智能手机, 87

Snapchat 色拉布, 86, 121

snopes.com, 35, 37

Sobieraj, Sarah 索别拉伊, 萨拉, 74, 101

social isolation 社会孤立, 89—91, 117

social media 社交媒体: addiction to 社交媒体成瘾, 9, 10, 52, 88—89; anonymity on 社交媒体匿名性, 123—127, 129—131, 193注27; attacks posted on 社交媒体上的攻击性帖子, 32, 62—65, 68—75; attractions of 社交媒体的吸引力, 87—88, 127—138; COVID-19 usage of 新冠病毒感染期间对社交媒体的使用情况, 117—120; criticisms of 对社交媒体的批评, 84—86, 91—98, 187注28; echo chambers in 社交媒体上的回声室, 5; exchange of ideas on 在社交媒体上交流观点, 2, 45—46, 108—115, 123—127; extremist behavior on 社交媒体上极端派的行为, 9, 54—67; historical changes in 社交媒体的历史变化, 120—121; human behavior recorded by 社交媒体记录下的人的行为, 7—8; identity development via 通过社交媒体发展身份认同, 10, 48, 50—53, 88—89, 123, 127—128; insiders'criticisms of 内部人士对社交媒体的批评, 9—10; intellectual and political promise of 社交媒体的智识和政治前景, 45; and moderates 社交媒体和温和派, 68—83; as news source 社交媒体作为新闻来源, 5, 32, 89; platforms of 社交媒体平台, 91—94, 120—122, 127—132, 193注31; polarization aided by 由社交媒体促成的政治极化, 5, 9, 10—11, 101—102, 112—113, 118—120; political attitudes and behaviors associated with 与社交媒体相关的政治态度和行为, 89—91, 122—127, 170注8; public opinion about 关于社交媒体的公共舆论, 97—98, 186注12; public usage of 公众对社交媒体的使用, 86—87, 176注3; reform/rethinking of 对社交媒体的改革或反思, 120—132; research data constituted by 社交媒体提供的研究数据, 6—7; responsibilities of, to shareholders 社交媒体对股东的责任, 97; social status linked to 与社交媒体相关的社会地位, 51—53, 56—59, 65—67, 107, 122, 128—131, 183注12。See *also* social media prism; social media users 也请参见社交媒体棱镜；社交媒体用户

social media prism 社交媒体棱镜：breaking 打破社交媒体棱镜，107—115; and COVID-19 社交媒体棱镜与新冠病毒感染，119—120; false polarization aided by 社交媒体棱镜促成的虚假政治极化，75—77，101—103; identifying and analyzing 识别和分析社交媒体棱镜，103—104; seeing oneself through 透过社交媒体棱镜看自己，104—107; social/personal distortions resulting from 由社交媒体棱镜导致的社会扭曲和个人扭曲，10，53，56—59，66—67，75—77，82—83，103，119—120，128

social media users 社交媒体用户：active 积极的社交媒体用户，33—34，37—38; avoidance of echo chambers by 社交媒体用户避开回声室，96; data collected about 收集到的来自社交媒体用户的数据，168注18; deactivation of accounts by 社交媒体用户停用自己的账号，69，85—89; extremist 极端派社交媒体用户，54—67，76，109，119—120，129; followers of 社交媒体用户的关注者，34，52，58，62—65，65，71; following by 社交媒体用户的关注，2—3，7，17—25，27，29—32，34—35，38—39，62—65，71，78—79，88; moderate 温和派社交媒体用户，68—83，106—107，119; personal responsibility of 社交媒体用户的个人责任，98; prevalence of 广泛存在的社交媒体用户，176注3; self-presentation of, online vs. offline 社交媒体用户线上和线下的自我呈现，25，60—62，72，88，104—106; self-representation of use of 社交媒体用户对自我呈现的利用，54; social media prism strategies for 社交媒体用户驾驭社交媒体棱镜的策略，103—315; social status of 社交媒体用户的社会地位，51—53，56—59，65—67，107，122，128—131，183注12; study of 对社交媒体用户的研究，9—10。*See also* behavior; extremists; moderates; political attitudes and behaviors 也请参见行为；极端派；温和派；政治态度和行为

social networks 社会网络，166注4，167—168注15

social status 社会地位：exploration of 对社会地位的探究，48—53; of extremists 极端派的社会地位，56—59，183注12; social media linked to 与社会地位相关的社交媒体，51—53，56—59，65—67，107，122，128—131，183注12

Sood, Guarav 苏德，高拉夫，103

Southern Poverty Law Center 南方贫困法律中心，2

Stack Overflow, 130

Stephens, Bret 斯蒂芬斯，布雷特，3

Sunstein, Cass, *Republic.com* 桑斯坦，卡斯，《网络共和国》，4

tax breaks 税收减免，56

Thanksgiving family gatherings 感恩节家庭聚会，90—91

TikTok, 87, 89, 121, 128

Today Show (television show)《今日秀》(电视节目)，27

Treier, Shawn 特雷尔，肖恩，184注1

tribalism 部落主义。*See* polarization 参见政治极化

trolls "喷子"，3，54—56，61—63，65，69，95，123，127，129—130。*See also* extremists 也请参见极端派

Tropp, Linda 特罗普，琳达，173注21

Trump, Donald 特朗普，唐纳德：*The Art of the Deal* 特朗普《交易的艺术》，57; and COVID-19 特朗普与新冠病毒感染，119; criticisms of 对特朗普的批评，35—36; and immigration 特朗普与移民，12—13，30; inaugural address of 特朗普的就职演说，109; Mueller's investigation of 穆勒对特朗普的调查，13，24，58，70; negative attitudes toward 对特朗普的消极态度，29，55—56; news sources for 特朗普的新闻来源，57; supporters/defenders of 特朗普的支持者和捍卫者，1，13—14，34，57—58，64; Twitter use of 特朗普对推特的使用，34

Tucker, Joshua 图克，乔舒亚，94

Twitter 推特: active users of 推特的活跃用户，34，37—38; attacks posted on 推特上的攻击性推文，68—69; COVID-19 usage of 新冠病毒感染期间人们对推特的使用情况，118，120; deactivation of 注销推特，69; echo chambers on 推特上的回声室，5; exchange of ideas on 推特上的观点交流，2，45—46，123; internal changes to 推特的内在改变，122; as news source 推特作为新闻来源，3; political-ideological exposure study conducted on 在推特上进行的关于政治-意识形态接触的研究，17—21; purpose of 推特的愿景，128; recommendations for 给推特的建议，131; and social status 推特和社会地位，52; Trump's use of 特朗普对推特的使用方式，34

University of North Carolina at Chapel Hill 北卡罗来纳大学教堂山分校，95

U.S. Customs and Border Protection

美国海关和边境保护局，37

users 用户。*See* identity; personal psychology; social media users 参见身份认同；个体心理特征；社交媒体用户

us vs. them mentality "我们和他们相对立"的思维模式，39，41—43，49

van Alstyne, Marshall 范·埃尔斯泰恩，马歇尔，178注12

video games 电子游戏，87

Vietnam War 越南战争，26

Vogel, Erin 沃格尔，埃琳，51

voting behavior 投票行为。*See* political attitudes and behaviors 参见政治态度和行为

Wagner, Ulrich 瓦格纳，乌尔里希，173注21

Weber, Max 韦伯，马克斯，65—66

Westen, Drew 韦斯滕，德鲁，175注24

Willer, Robb 维勒，罗布，110

wisdom of crowds 群体智慧，193注27

Wojcieszak, Magdalena 沃伊切扎克，玛格达莱娜，182注5，182注11

Wolak, Jennifer 沃拉克，珍妮弗，

109

women, as subject of social media attacks 作为社交媒体上被攻击对象的女性，74

Wood, Thomas 伍德，托马斯，174注23

worldviews 世界观：echo chambers' influence on 回声室对世界观的影响，168注15；exposure to novel/conflicting 接触新颖的或与自己的世界观冲突的世界观，22；identities as influence on 身份认同作为影响世界观的因素，46—47。*See also* political-ideological exposure 也请参见政治−意识形态接触

Yale University 耶鲁大学，21

Yik Yak, 123

YouTube 油管，93—94，117，187注31

Zaller, John 扎勒，约翰，177注6

Zoom, 118

Zuboff, Shoshana 祖博夫，肖莎娜，187注28

Zuckerberg, Mark 扎克伯格，马克，45，91

Zuckerman, Ethan 祖克曼，伊桑，130